Arne Molfenter
GARBO, DER SPION

Arne Molfenter

GARBO
DER SPION

Das Geheimnis des D-Day

Mit 26 Abbildungen

Piper München Zürich

Mehr über unsere Autoren und Bücher:
www.piper.de

MIX
Papier aus verantwor-
tungsvollen Quellen
FSC® C014889

ISBN 978-3-492-05583-3
© Arne Molfenter und Piper Verlag GmbH, München 2014
Gesetzt aus der Minion Pro
Satz: Kösel, Krugzell
Litho: Lorenz & Zeller, Inning am Ammersee
Druck und Bindung: Pustet, Regensburg
Printed in Germany

Für A.

I'm the twisted name on Garbo's eyes
Living proof of Churchill's lies
I'm destiny
I'm torn between the light and dark

Don't believe in yourself
Don't deceive with belief
Knowledge comes with death's release

David Bowie, »Quicksand«

Inhalt

Prolog

Sainte Mère Eglise, Normandie, 6. Juni 1944

Im Morgengrauen herrschte grenzenloses Entsetzen bei den deutschen Soldaten. Drei Tage lang war die riesige Flotte in Sturm und Nebel auf See gewesen. Über 7000 Schiffe und 1000 Flugzeuge hatten sich auf den Weg gemacht. Am frühen Morgen des 6. Juni 1944 landeten britische, US-amerikanische, kanadische und französische Soldaten an der Küste der Normandie, auf einem 98 Kilometer breiten Abschnitt zwischen Sainte Mère Eglise im Osten und der Halbinsel Cotentin im Westen. Es war die größte militärische Landungsoperation, die die Welt je erlebt hatte. Die Vorbereitungen hatten 18 Monate gedauert, alles hatte bei der Konferenz von Casablanca im Januar 1943 begonnen. Jetzt entschied sich, wie gut der Plan war, als in der Nacht zum 6. Juni der Oberbefehlshaber der Alliierten, General Dwight D. Eisenhower, das Startsignal für die »Operation Overlord« gab. Die größte Schiffsflotte aller Zeiten hatte den Ärmelkanal passiert, jetzt sollten die alliierten Truppen die deutschen Linien überwinden und die Wehrmacht vernichtend schlagen. Der Morgen begann mit schweren Luftangriffen. Dann schafften es die ersten 20 000 Soldaten, am *Utah Beach* an Land zu gehen. Bis zum Abend hatten sie hier nur 200 Opfer zu beklagen. Die Angriffe der Alliierten trafen die deutsche Wehrmacht vollkommen überraschend. Niemand

11

glaubte auf deutscher Seite, dass dies die »wirkliche Invasion« war. Noch einen Tag zuvor, am 5. Juni 1944, hatte der Oberbefehlshaber West, Generalfeldmarschall Gerd von Rundstedt, in seinem Lagebericht für Frankreich vermerkt, »dass die Invasion keinesfalls unmittelbar bevorsteht«. 24 Stunden später waren bereits 176 000 alliierte Soldaten an Land gegangen.

Trotz der monumentalen Truppenstärke waren sich die Alliierten zu Beginn keineswegs sicher, ob sie mit der »Operation Overlord« überhaupt einen dauerhaften Brückenkopf für die nachfolgenden Truppen würden errichten können. Doch innerhalb eines Jahres erreichten sie Berlin, und Europa wurde von der fünfjährigen grausamen Besetzung durch das nationalsozialistische Deutschland befreit.

Was war der entscheidende Grund für den Erfolg der Operation? War es die Luftschlacht um England vier Jahre zuvor, in der die Alliierten die endgültige Lufthoheit errungen hatten? Waren es die Entschlossenheit General Eisenhowers und des britischen Feldmarschalls Bernard Montgomery oder die Unfähigkeit Hitlers und seiner Generäle? Waren es die umfangreichen Täuschungsmanöver der Alliierten, die den Deutschen vormachten, es gebe eine gewaltige ›Erste US-Armee‹, die erst später in Calais angreifen würde? Oder gab es noch einen anderen Grund, über den bisher nur wenig bekannt ist?

Die Landung in der Normandie war erfolgreich, weil die deutsche Führung den umfassenden Täuschungsplan der Alliierten für die Landung nicht durchschaute. In diesem Plan spielte ein Mann die entscheidende Rolle: der spanische Hühnerzüchter Joan Pujol Garcia. Dem Doppelagenten gelang es, die deutsche Seite davon zu überzeugen, dass die Landung in der Normandie nur ein erstes Ablenkungsmanöver sei und die wirkliche Landung erst einige Wochen später anlaufen würde, rund 150 Kilometer weiter nordöstlich in der Nähe von Calais, an der engsten Stelle des Ärmelkanals. Hitler selbst vertraute seinem vermeintlichen Agenten und dessen Funksprüchen voll und ganz und entschied, die Mehrheit der deutschen Truppen in Calais zu lassen und nicht in die Normandie zu verlegen. Der Plan von Joan Pujol Garcia ging auf. Dies ist die wahre Geschichte eines der größten Täuschungsmanöver aller Zeiten: die Geschichte von Joan Pujol Garcia – dem Mann, der ›Garbo‹ hieß.

Kapitel 1

Auf der Jagd nach ›Alaric Arabel‹

Berlin/Malta, 2. April 1942

Nur noch wenige Lichter brannten um 22:07 Uhr in dem fünfstöckigen Gebäude aus grauem Sandstein. Ruhig floss das schwarze Wasser im Landwehrkanal vor dem Haus.

»Eine Eilmeldung aus Madrid! ›Alaric Arabel‹ hat Neuigkeiten!«, rief plötzlich eine der Sekretärinnen, die im Fernschreiberraum Nachtdienst hatte. Die Nachricht, die langsam aus dem Fernschreiber im vierten Stock der Abwehrzentrale am Tirpitzufer in Berlin kam, versetzte den diensthabenden Offizier sofort in Aufregung:

»V-Mann 372 der Stelle ›Felipe‹ berichtet, dass am 26. März 1942 ein Konvoi mit 15 Schiffen von Liverpool aus Kurs auf Gibraltar genommen hat. Möglicher Zwischenstopp: Lissabon. Endgültiges Ziel: Wahrscheinlich Malta. In diesem Konvoi unter anderem: ein Kohlenschiff, ein Tanker, fünf Frachtschiffe mit Munition und Waffen, drei Frachter mit Lebensmitteln, ein Frachter mit Technikern der britischen Luftwaffe an Bord sowie ein Frachter mit Medikamenten und Verbandsmaterial.«[1]

Nachdem die Meldung der Abwehrstelle Madrid eingegangen war, handelte das Hauptquartier der deutschen Spionage und Sabotage in Berlin rasch. Hektik brach aus in dem Haus, das intern nur der »Fuchsbau« hieß.[2]

»Alarmieren Sie sofort unsere Luftwaffenstützpunkte in Südfrankreich und die der Italiener auf Sardinien!«, befahl der diensthabende Offizier den Funkern im Nebenraum. Nur kurze Zeit später stiegen deutsche und italienische Jäger in den Nachthimmel. Sie sollten aufklären, was es mit diesem großen Konvoi auf sich hatte. Auch über der Hauptstadt Maltas, La Valetta, tauchten erste Maschinen auf, um die mögliche Route der Schiffe zu überwachen.

Malta, das angebliche Ziel des Konvois, war britische Kolonie. Die Inselgruppe diente den Alliierten wegen ihrer strategisch wichtigen Lage als Marine-Stützpunkt. Wer Malta und seine Häfen beherrschte, kontrollierte das westliche Mittelmeer zwischen Sizilien und der nordafrikanischen Küste sowie die wichtige Route durch den Suez-Kanal. Deshalb versuchten die Deutschen und Italiener, jeden Konvoi zu versenken und die Inseln somit auszuhungern. Anfang 1942 waren viele Schiffszüge auf dem gefährlichen Weg nach Malta, um die Bevölkerung zu versorgen und die Alliierten mit Nachschub zu beliefern. Die meisten Versorgungsschiffe starteten vom ägyptischen Alexandria aus, und ihr Schicksal war rasch besiegelt. Deutsche und italienische Kampfflugzeuge versenkten die meisten Schiffe, kurz nachdem sie aufgebrochen waren, und Malta wurde ohne Pause bombardiert. Im Januar 1942 mussten die Bewohner der Inseln mehr als 2000 Luftangriffe überstehen, allein im Februar 1942 fielen über 1000 Tonnen Bomben auf die kleinen Mittelmeerinseln. Am 7. Februar hörte der Bombenhagel kaum noch auf, und es kam zu einem 13-stündigen Luftkampf. Die britische Luftwaffe hatte zur Verteidigung der Inseln nur eine Handvoll Flugzeuge zur Verfügung. Insgesamt wurden fast 35 000 Häuser zerstört, mehr als 1000 Einwohner kamen bei den Angriffen ums Leben. Mit einer Fläche von 316 Quadratkilometern besitzt Malta nur ein Drittel der Größe Berlins. Bezogen auf die Fläche fielen hier pro Quadratmeter die meisten Bomben des Zweiten Weltkriegs – insgesamt 14 000 Tonnen.[3]

Die Deutschen und Italiener wollten den Konvoi aus Liverpool stoppen, koste es, was es wolle. U-Boote gingen östlich vor Gibraltar in Position, um die britischen Schiffe in einen Hinterhalt zu locken und notfalls verfolgen zu können. Das Warten begann, ab und zu meldeten deutsche Schiffe Rauchfahnen am Horizont. Dann wieder funkten die Mannschaften, dass es sich um einen Fehlalarm gehandelt habe, denn vom gemeldeten Konvoi war auch nach Tagen nichts zu sehen. Alles schien vergebens. Hunderte Männer der Luftwaffe und der Marine waren ohne Erfolg in Bereitschaft gewesen, die Piloten hatten ihren Treibstoff verflogen und mussten wieder zurückkehren, die U-Boote nahmen ihren ursprünglichen Kurs wieder auf und begannen erneut, andere Schiffszüge zu verfolgen. Der Einsatz war zum Fiasko geworden, doch an der Meldung ihres Agenten ›Alaric Arabel‹ zweifelte die deutsche Seite nicht. Die Schuld am Scheitern der Aktion gab die Abwehr stattdessen den Italienern. Ungeduldig warteten die Deutschen auf weitere Erklärungen ihres Agenten. Doch auch an einem anderen Ort wuchs die Spannung, ob sich ›Alaric Arabel‹ bald wieder melden würde.

Bletchley Park, April 1942

Im abgeschiedenen Landsitz Bletchley Park, in der britischen Grafschaft Buckinghamshire, residierten die Codeknacker des britischen Geheimdienstes MI5. Gebaut im 19. Jahrhundert für Sir Herbert Leon und seine Frau Fanny, lag das Herrenhaus inmitten einer 120 Hektar großen Parklandschaft. Jedes Mal, wenn Sir Herbert auf einer seiner zahlreichen Reisen einen Architekturstil reizvoll fand, ließ er ihn am eigenen Herrenhaus nachbauen. So zierte ein grüner Kupferturm das Haus, an einem anderen Flügel wurden mächtige Burgzinnen angebracht, und georgianische Säulen schmückten die Eingangshalle. Der Taubenschlag neben dem Haus barg ein Geheimnis. Er wurde als Empfangsstation für geheime Nachrichten der Résistance genutzt. Die Tauben wurden in Käfigen per Fallschirm über Frankreich abgeworfen, von Widerstandskämpfern mit Botschaften versehen und wieder freigelassen.

Unter den Mitarbeitern in Bletchley Park waren viele Naturwissenschaftler und Mathematiker aus den nahe gelegenen Universitäten von Oxford und Cambridge. Der Aufwand, der betrieben wurde, um die deutschen Funkcodes zu brechen, war gigantisch. Die Codebrecher mussten hohe intellektuelle Fähigkeiten besitzen, und gegen Kriegsende arbeiteten hier bis zu 14 000 Männer und Frauen. Ihre Aufgabe war es seit 1939, den deutschen Nachrichtenverkehr zu analysieren und die geheimen Verschlüsselungsmethoden der deutschen Wehrmacht, die Codes der Rotor-Schlüsselmaschine ENIGMA, des Siemens-Geheimschreibers und der Lorenz-Schlüsselmaschine zu entziffern. Die ENIGMA ähnelte einer Schreibmaschine mit eingebauter Verschlüsselung. Sie codierte alle Nachrichten durch die jeweils veränderte Stellung mehrerer Zahnräder und so konnte sie bis zu 200 Trilliarden mögliche Kombinationen schaffen. Aus Sicht der Deutschen war dieses System nicht zu knacken. Doch sie irrten sich. Einige der ENIGMA-Maschinen wurden von den Briten erbeutet, außerdem begingen die Deutschen schwere Fehler. Die deutsche Gründlichkeit beim Erstellen von Routinemeldungen war ihr Verhängnis. Jeden Morgen wurden Wetterberichte pünktlich zur gleichen Zeit und vom selben Ort gesendet. Das war eine Steilvorlage für die britischen Codeknacker. Eine täglich frisch verschlüsselte ENIGMA-Meldung, die stets mit den Worten »WETTERVORHERSAGE BEREICH SIEBEN« begann, war ebenso nützlich, wie wenn die Deutschen ihren Feinden direkt den gültigen Tagesschlüssel für die Maschine gegeben hätten. Die Vorarbeiten hatten polnische Wissenschaftler geleistet, doch endgültig brachen die Briten dann die deutschen Verschlüsselungscodes. Denn die britischen Mathematiker Alan Turing und Gordon Welchman reduzierten den Suchaufwand nach dem richtigen Schlüssel drastisch. Sie nutzten elektromechanische Maschinen, die wegen ihres Tickens »Turing-Welchman-Bomben« hießen. Mit einem weiteren Gerät namens »Colossus« konnten sie dann die verschlüsselten deutschen Nachrichten entziffern. »Colossus« gilt als einer der ersten Computer überhaupt.

Der Arbeit der britischen Entschlüsselungsexperten wurde so große Bedeutung beigemessen, dass für sie eine neue Geheimhaltungsstufe entwickelt wurde, die noch über der bisher höchsten Stufe »Streng Geheim« lag. Unter der neuen Bezeichnung »Ultra« konnten ab Januar 1940 zunächst die von der Luftwaffe und später auch die vom Heer mit der ENIGMA 1 verschlüsselten Nachrichten während des gesamten Krieges mitgelesen werden. Es war die reichste Quelle für geheime Informationen, und sie hatte einen immensen Einfluss auf die Strategie der Alliierten. Winston Churchill war sich rückblickend sicher, dass durch »Ultra« der Krieg gewonnen worden war.

Innerhalb des Deutschen Reichs kommunizierte die Abwehr über Landleitungen, die nicht abgehört werden konnten. Aber mit den Büros im Ausland stand das Hauptquartier in Berlin zunächst nur per Funk in Verbindung und sendete und empfing von Hand verschlüsselte Nachrichten im Morsecode. Der erste Einbruch in diese Verschlüsselungstechnik war Bletchley Park im März 1940 gelungen, als die Abwehrstelle in Hamburg Nachrichten an ein deutsches Spionageschiff vor der norwegischen Küste sendete. In Bletchley Park entstand eine neue Abteilung, die von dem erfahrenen Codeknacker Oliver Strachey geleitet wurde. Die entschlüsselten Meldungen wurden ISOS-Meldungen genannt (nach »Intelligence Service Oliver Strachey«). Diejenigen, die Zugang zu dem Material bekamen, bezeichneten sie mit dem ähnlich klingenden englischen Wort »Ice«. Die Eingeweihten galten als »geeist«.[4] Ab Oktober 1941 konnten die Briten dann den gesamten Funkverkehr der Abwehr abhören.

Später nutzte die deutsche Abwehr zwischen Berlin und den Büros im neutralen und feindlichen Ausland etwas kompliziertere ENIGMA-Maschinen mit stärkerer Verschlüsselung. Sie sorgten dafür, dass andere deutsche Stellen nicht mitlesen konnten. Doch auch bei dieser Übermittlung gelang Bletchley Park im Dezember 1941 der Durchbruch, und die Codes wurden geknackt. Seit diesem Zeitpunkt war London jederzeit über alle Nachrichten, die von deutschen Agenten und für deutsche Agenten nach Großbritannien geschickt wurden, im Bild. Der britische Inlandsgeheimdienst MI5 und die Kollegen des Auslandsdienstes MI6 erhielten so genaueste Informationen über die Pläne und das Wissen der Abwehr. Jeder einzelne von den Deutschen angeworbene Agent war bekannt und konnte, wenn nötig, von den Briten als Doppelagent angeheuert werden. Über ihre Arbeit durften die Codeknacker von Bletchley Park niemals sprechen. Das ENIGMA-Geheimnis blieb bis in die Siebzigerjahre gut gehütet.

London, April 1942

Die mysteriösen Meldungen von › Alaric Arabel‹ hatten auch bei den Mitarbeitern des britischen Auslandsgeheimdienstes MI6 für Nervosität gesorgt. Gerüchte machten die Runde, dass es sich um einen deutschen Agenten handeln musste, der es geschafft habe, unbemerkt nach England zu kommen. Andere Mitarbeiter hegten einen anderen Verdacht. In einer ersten Analyse hieß es:

»Das Unwissen über Geografie und militärische Angelegenheiten lässt eine drittklassige Quelle vermuten. Sehen wir wirklich tief unten genug in der Hierarchie nach, beim Personal der spanischen Botschaft? Üblicherweise machen Portiers, Diener und andere solche Fehler.«[5]

Als an einem nebeligen Morgen im April 1942 der Motorradkurier die neuen entschlüsselten Berichte aus Bletchley Park zum streng geheimen Sitz des MI6 in der Nähe der Abtei von St. Albans in London brachte, waren die Mitarbeiter wie elektrisiert.

»Das hier klingt wirklich sehr merkwürdig«, sagte Tim Milne, der die von den Deutschen abgefangenen Meldungen des vergangenen Tages sortierte. Der Raum war noch eiskalt von der Nacht. Milnes Kollege, Desmond Bristow, hatte erst vor wenigen Augenblicken das Holz im Kamin angezündet.

»Die Abwehr in Madrid berichtet nach Berlin, dass ihr V-Mann ›Alaric Arabel‹ die Zusammenstellung eines Konvois in der Bucht von Caernarfon an der Westküste südlich von Holyhead beobachtet habe.«

»›Alaric Arabel‹?«, fragte Bristow, »dieser Name ist doch schon ein paar Mal in den Meldungen aufgetaucht. Setzen Sie Scotland Yard auf seine Spur. Sie sollen herausfinden, wo sich dieser ›Alaric Arabel‹ aufhält. Wahrscheinlich ist er einer dieser spanischen Matrosen auf einem der Handelsschiffe, die in Liverpool angelegt haben.«

»I-i-ch fra-ge m-mich nur, wie er mm-ii-t den Deutschen k-o-m-m-uniziert«, meldete sich Kim Philby leise stotternd zu Wort. Philby hatte dieses Problem von Geburt an. Er war der Vorgesetzte von Bristow und Milne. Das Stottern, so behauptete er gegenüber seinen Kollegen, hatte ihm in seiner frühen Geheimdienstkarriere einmal das Leben gerettet, als er einen feindlichen Verhörbeamten damit völlig aus dem Konzept brachte und freigelassen wurde. Ob Legende oder Wahrheit, er war für seinen trockenen und leicht verzögerten Humor bekannt. Philby gehörte zur Abteilung V des MI6 und war zuständig für offensive Gegenspionage und verdeckte Operationen in Spanien, Portugal und Gibraltar.

Sein Interesse war geweckt. Schließlich bewies die gescheiterte gegnerische Attacke auf den Schiffskonvoi, dass dieser Agent unglaublichen Einfluss auf den Feind besitzen musste. Würde er gefunden und vom britischen Geheimdienst gesteuert werden, könnte er – unter richtiger Anleitung des MI6 und des Inlandsgeheimdienstes MI5 – zu einem strategischen Spieler dieses Krieges werden und die Deutschen dank seiner hohen Glaubwürdigkeit entscheidend täuschen. Die Suche begann sofort.

Der erste Hinweis ließ nicht lange auf sich warten. Am nächsten Morgen telegrafierte der Verbindungsoffizier des MI5 zur britischen Admiralität, Ewen Montagu, an Philby:

»Konvoi. Caernarfon. Existiert nicht.«[6]

Einige Tage später waren Bristow und Philby noch verblüffter. Die Sondereinheit von Scotland Yard meldete:

»Nach intensiver Suche. Nord-Wales und Liverpool. Negativ zu unserem spanischen Freund ›Arabel‹.«[7]

Tatsächlich hatten zahlreiche britische Schiffskonvois im März den Hafen von Liverpool verlassen. Doch das Rätselhafte war: Keiner von ihnen stimmte mit der Beschreibung des Agenten überein, und keiner hatte Malta als Ziel. Wer war dieser Agent, der den Deutschen weismachen konnte, dass sich ein solcher Konvoi in Bewegung gesetzt hatte? Wieso hatten sie nicht den geringsten Zweifel, und wo hielt er sich auf? Dass der Konvoi nicht existierte, ließ nur einen Schluss zu: Irgendjemand, dem die deutsche Seite offenbar voll vertraute, tischte ihr Lügen und Phantasiemeldungen auf.

Plötzlich gab es wieder ein Zeichen von ›Alaric Arabel‹. Eine Woche später fing Bletchley Park eine weitere Meldung von ihm ab. Nun war Bristow, ein erfahrener Geheimdienstmann, völlig perplex. Die Fernschreibermeldung trug den gleichen Code wie die vorherige, die von der deutschen Abwehr in Madrid benutzt wurde:

21

»60: Abwehrstelle 1 Berlin. ›Arabel‹ berichtet: Konvoi fährt weiter in südliche Richtung.«[8]

»Was ist hier los?«, fragte Bristow und blickte seine Kollegen an. »Wir wissen, dass es keinen verdammten Konvoi gibt. Wer und wo ist ›Alaric Arabel‹, und warum lügt er so unverfroren?«

»Sollen wir nicht auch unsere Büros in Lissabon und Madrid alarmieren?«, fragte Tim Milne.

»Aaa- uuuf kk-keinen Faaa-ll!«, herrschte ihn Kim Philby an.

»Sonst bringen wir sie auf die Spur, dass wir ihre Codes geknackt haben«, sagte Bristow. »›Alaric Arabel‹ existiert nicht, sie wollen uns täuschen und auf eine falsche Fährte locken.«

Der seltsame Agent war den Abhörspezialisten bereits vor einigen Wochen aufgefallen, also bevor er die Meldungen zum Konvoi aus Liverpool übermittelte. Sein Wissen über Großbritannien schien gering zu sein. ›Alaric Arabel‹ kam offensichtlich nicht mit dem britischen Währungssystem zurecht, dem damaligen Prädezimalsystem, und stellte in seinen Berichten an die Deutschen seltsame Berechnungen an. Er schien völlig überfordert zu sein und nicht zu wissen, dass auf der Insel in einem komplizierten System von Pfund, Schillingen und Pennies gerechnet wurde. Damals war ein Pfund 240 Pennies wert und nicht 100 Pennies. ›Alaric Arabel‹ erschloss sich diese Welt des britischen Geldes nicht, und er gab deshalb grundsätzlich alles nur in Schillingen an. Auch in Fragen des lokalen Wetters schien es ihm an Erfahrung zu mangeln. So hatte er einige Wochen zuvor an die Abwehr berichtet:

»Die portugiesische Gesandtschaft ist heute gemeinsam mit den Diplomaten aller anderen Länder, die in London eine Botschaft unterhalten, an die englische Südküste nach Brighton umgezogen. Die Sommer in der britischen Hauptstadt sind einfach unterträglich heiß. Ich folge den Diplomaten jetzt dorthin, um weitere Kenntnisse zu erlangen.«[9]

Der merkwürdige Spion gab auch an, kürzlich einen seiner Mitagenten nach Glasgow geschickt zu haben. Dort habe dieser mit schottischen Hafenarbeitern gesprochen, um Routen weiterer Schiffskonvois herauszubekommen. Sein abschließendes Urteil über die Arbeiter im größten schottischen Hafen:

»Sie sind sehr geschwätzig gewesen und würden fast alles für einen Liter Rotwein tun.«[10]

Die Vorstellung, dass schottische Dockarbeiter neuerdings Rotwein trinken würden, sorgte beim MI6 für ungläubiges Staunen. Hier war ein Betrüger am Werk, der, obwohl er haarsträubende Fehler machte, die deutsche Seite zu militärischen Aktionen verleitete und manchmal in seinen Meldungen der Wahrheit nahe kam. Gefährlich nahe, wie die Briten fanden. Fest stand: Je größer seine Lügen waren, umso mehr schienen ihm die Deutschen zu glauben. Doch wo hielt er sich auf? In England? In Schottland? Oder außerhalb des Vereinigten Königreichs? ›Alaric Arabel‹ musste gefunden werden.

Kapitel 2

Die Flucht

Madrid, Januar 1941

Ein gutes Jahr zuvor lag der Januarhimmel tief und grau über der spanischen Hauptstadt, als eine zierliche Frau vor den eisernen Toren der britischen Botschaft am Paseo de la Castellana 259 auftauchte. Sie hatte ein graues Wollkostüm an, die Haare waren hochgesteckt, und um den Hals trug sie als einziges Schmuckstück eine dünne, silberne Kette. In der Empfangshalle verlangte sie, ohne zu zögern, ein vertrauliches Gespräch mit einem der Botschaftsattachés.

»Ihr Name und der Grund?«, fragte der Rezeptionist in einem nur mühsam freundlichen Ton.

»Araceli González«, sagte die Frau. »Es geht um meinen Mann. Es ist vertraulich.« Für eine Fremde war es mehr als schwierig, unangemeldet ein Gespräch mit einem leitenden Botschaftsmitarbeiter zu bekommen. Die Frau wurde vom Empfang ins Zentralsekretariat im ersten Stock geführt, dann weiter zu Botschaftsangestellten der mittleren Ebene. Keiner fand sich bereit, sie länger anzuhören.

»Die Mitarbeiter der Botschaft sind viel zu beschäftigt, um Ihrer Bitte nachzukommen. Wenn Sie uns etwas mitteilen möchten, tun Sie das schriftlich«, sagte einer der Angestellten zu Araceli González. Die britischen Diplomaten hatten strikte Anweisung, alles zu unterlassen, was die spanische Neutralität gefährden könnte. Der britische Bot-

schafter, Sir Samuel Hoare, wollte jede Art geheimdienst-
licher Tätigkeit vermeiden, und so wurde Araceli schnell
abgespeist.

Enttäuscht verließ sie nach kurzer Zeit die Botschaft und
kehrte nach Hause zurück. Dort wartete voller Anspannung
der Mann, der sie zu den britischen Diplomaten geschickt
hatte: Joan Pujol Garcia. Er war Aracelis Ehemann und hatte
beschlossen, auf seine ganz eigene und stille Weise gegen das
Dritte Reich zu kämpfen. Seiner Frau hatte er aufgetragen,
in der Botschaft herauszufinden, ob die Briten ihn als einen
ihrer Spione anheuern würden.[11]

Pujol war frustriert, als seine Frau berichtete, dass sein
reichlich naiver Plan nicht aufgegangen war. Doch seine
Enttäuschung wandelte sich rasch in Entschlossenheit.

»Wenn mich die Briten nicht akzeptieren, biete ich mich
den Deutschen an. Vielleicht steigen so meine Chancen,
doch noch von der britischen Seite angenommen zu werden«, sagte er zu seiner Frau.

Einige Zeit später setzte er seinen Plan um, rief die deut-
sche Botschaft an und ließ sich zur Abteilung für vertrauli-
che Angelegenheiten durchstellen. Rasch wurde er an einen
›Herrn Heidelberg‹ weitergeleitet, der sich am Apparat in
fließendem Spanisch als Kanzler der Botschaft vorstellte.
Pujol konnte nicht wissen, dass ›Heidelbergs‹ richtiger
Name Wilhelm Leissner war. Leissner leitete seit 1937 die
Abwehrstelle in Madrid.

Die deutschen Geheimdienstoperationen in der spani-
schen Hauptstadt waren beträchtlich. 87 feste Mitarbeiter
der Abwehr waren direkt der deutschen Botschaft am Paseo
de la Castellana 4 angegliedert. Hinzu kamen weitere 228
Abwehrmitarbeiter. Die gesamte Zahl von 315 überstieg bei
Weitem die der Diplomaten in der Botschaft. Das Abwehr-
Büro in Spanien galt als das am besten ausgestattete im
Ausland. Zunächst waren alle Abwehrmitarbeiter in der
Botschaft untergebracht worden, doch bald wurden sie

gezwungen, sich eigene Gebäude zu suchen. Sie mieteten die erstbesten größeren Häuser an, die sie finden konnten. Eines in der Calle de Maria de Molina, das größere Haus in der Calle Claudio Coello, dessen Eingangstore immer weit offen standen. Stets parkten einige deutsche Autos davor. Alles sah sehr heruntergekommen aus.[12]

Die Abwehr kontrollierte in Spanien rund 1500 Agenten, viele von ihnen waren deutsche Emigranten. Diese wiederum unterhielten ein stetig wachsendes Netzwerk von Unteragenten. »Alle Schichten und Klassen sind darin zu finden – von Ministern mit Kabinettsrang bis zu unbekannten Schiffskellnern«, hieß es dazu in einem britischen Geheimdienstbericht. »In den höheren Schichten gibt es ohne Zweifel echte ideologische Überzeugungen, in den unteren Schichten ist die Gier bestimmendes Motiv. In einem Land, in dem so viele kurz vor dem Verhungern stehen, ist die Rekrutierung sehr einfach.«[13]

Der Leiter der Abwehr in Spanien, Wilhelm Leissner, war von seinem ehemaligen Marinekameraden, Admiral Wilhelm Canaris, dem Chef der deutschen Abwehr, auf diesen Posten gehoben worden. Direkt nach dem Ersten Weltkrieg war Leissner nach Nicaragua emigriert und hatte dort ein kleines Verlagshaus eröffnet. Doch mit Ausbruch des spanischen Bürgerkriegs überredete Canaris ihn, als sein persönlicher Vertreter nach Spanien zu gehen. Zunächst kümmerte sich Leissner um das Büro der Abwehr im südspanischen Algeciras, später lenkte er dann alle geheimdienstlichen Arbeiten in Spanien, unter anderem setzte er ein neuartiges Überwachungssystem mit Infrarot-Strahlen ein, um die Straße von Gibraltar besser kontrollieren zu können. Leissners Agentennetz sammelte so viele Informationen, dass 34 Funker und zehn Sekretärinnen für die Verschlüsselung gebraucht wurden. Madrid produzierte Berge von Nachrichtenmaterial, sodass neue Meldungen stündlich an eine Empfangsstation bei Wiesbaden gefunkt wurden und seit

1940 eine direkte Fernschreiberverbindung mit Berlin über Paris bestand. Im Ausland gliederte sich die Abwehr in sogenannte Kriegsorganisationen (KO). Die KO-Spanien bestand aus einem zentralen Büro und drei Abteilungen. Abteilung 1 war für Spionage zuständig. Abteilung 2 kümmerte sich um Sabotage und arbeitete gegen die Interessen der Alliierten in Spanien. Abteilung 3 konzentrierte sich auf Spionageabwehr und Desinformation. Diese Abteilung, die Oberstleutnant Eberhard Kiekebusch leitete, war wiederum in sieben Referate gegliedert, eines davon kümmerte sich um potenzielle neue Agenten, die ins Ausland geschickt werden sollten.

Am Telefon erklärte Joan Pujol seinem Gesprächspartner ›Heidelberg‹ alias Leissner, dass er für das »Neue Europa« arbeiten wolle und für die Deutschen alles tun würde, was für sie nützlich sein könnte. Er schlug vor, in Lissabon tätig zu werden oder, falls die Abwehr seine Reise nach England organisieren könnte, auch dort als Informant zu arbeiten. Leissner reagierte schroff und hielt das Telefonat kurz. Aber wenige Tage darauf meldete er sich wieder. Pujol wurde mitgeteilt, dass es für die Deutschen nicht interessant sei, wenn er nach Lissabon ginge. Grundsätzlich aber habe die Abwehr Interesse, wenn er es auf eigene Faust schaffen könne, nach England zu reisen.

»Wie Sie dort hingelangen und welche Tarnung Sie sich geben, ist Ihre Sache. Wir werden keine Vorschläge machen. Versuchen Sie in Lissabon ein Visum für Großbritannien zu bekommen«, sagte Leissner dem aufmerksam zuhörenden Pujol. Er wollte ihn auf die Probe stellen.

»Sie werden heute Abend Besuch von einem Mann namens ›Emilio‹ erhalten.« Dann hängte Leissner auf.

Einige Stunden später klingelte ein Mann an Pujols Tür. Er hatte dunkle Augen und dunkles Haar und trug einen Schnurrbart.[14] Er sieht aus wie ein Spanier, dachte sich Pujol, als er dem Mann in die Augen blickte und dieser sich als

27

›Emilio‹ vorstellte. In Wahrheit handelte es sich um Georg Helmut Lang aus Heilbronn, der für die Abwehr arbeitete. Pujol erzählte ihm eine verwirrend lange und frei erfundene Geschichte über ein mögliches illegales Devisengeschäft in London, von dem er erfahren habe und das riesige Gewinne versprach. Insgesamt gehe es um fünf Millionen Peseten, die in britische Pfund getauscht werden sollten.

»Alles was ich von Ihnen brauche, ist ein Visum für Großbritannien. Können Sie mir dabei helfen?«, fragte er und schaute ›Emilio‹ dabei in die Augen.

»Das ist doch viel zu kompliziert und total absurd. Versuchen Sie, als Korrespondent einer spanischen Zeitung nach England zu kommen. Die Ausreise über Lissabon ist am unverdächtigsten.«

Der Deutsche gab Pujol 1000 Peseten und verließ rasch die Wohnung.

Lissabon, 26. April 1941

Pujol hatte nicht lange überlegt und sich auf den Weg von Madrid nach Lissabon gemacht. Sofort nach seiner Ankunft rief er die britische Botschaft an und beantragte formal ein Visum für Großbritannien. Dies tat er auch, um ein Alibi zu haben, falls ihn die Deutschen beobachten sollten.

Sein eigentlicher Plan war deutlich riskanter. Pujol versuchte, ein spanisches Diplomatenvisum zu fälschen. Durch Zufall war es ihm gelungen, das echte Dokument eines Geschäftsmannes abzufotografieren. Damit ging er in eine Druckerei, gab sich als Mitarbeiter der spanischen Botschaft aus und ließ sich 200 Blankobögen mit dem spanischen Staatswappen drucken.[15] Auf einem der Bögen befestigte er sein Passfoto und trug seinen Namen als Inhaber ein. Sein neues Visum war fertig. Zufrieden kehrte er nach Madrid zurück und rief in der deutschen Botschaft an.

›Emilio‹, so erklärte ihm ein Mitarbeiter der Botschaft, könne ihn nicht treffen. Stattdessen solle sich Pujol in das Café Negresco in der Calle de Alcalá aufmachen. Dort werde ein anderer Kontaktmann mit dem Namen ›Federico‹ auf ihn warten.

Als Pujol in das Café hineinging, saß an einem der Tische ein junger Mann mit dunklem, leicht gewelltem Haar, der ihn bereits beim Betreten des Cafés ausführlich gemustert hatte. ›Federico‹ hatte »eine gerade Nase«, er »trug ein mächtiges silbernes Armband« und »einen Ring am Mittelfinger, den er ständig drehte«.[16] Beide stellten sich einander vor, das Gespräch lief schleppend. Pujol gab sich als glühender Anhänger der Nationalsozialisten aus, ›Federico‹ zeigte sich nicht allzu interessiert, blies den Rauch seiner filterlosen Zigarette senkrecht in die Luft, und immer wieder schweifte sein Blick abseits und hinüber zur Bar. Aber Pujol spürte, dass der Deutsche seine Ideen auch nicht völlig ablehnte.

›Federico‹ alias Friedrich Knappe-Rathey wurde als jüngstes von sechs Kindern am 20. März 1914 in Madrid geboren und besaß einen deutschen Pass. In vielerlei Hinsicht war er unter den deutschen Agenten eine Ausnahme. Seine Familie war schon vor langer Zeit von Deutschland nach Madrid ausgewandert. Ursprünglich hatte er vorgehabt, Agraringenieur zu werden und nach Guinea auszuwandern. Sein Vater, Carlos Knappe, hatte seit 1896 Elektrogeräte importiert und verkaufte in Spanien die ersten Elektroherde und Röntgengeräte. Als erfolgreicher Geschäftsmann gewann Carlos Knappe Einfluss in Wirtschaft und Politik, auf seiner Finca waren viele bekannte Persönlichkeiten zu Gast, darunter der spanische General und Diktator Miguel Primo de Rivera und der spanische König Alfonso XIII. Ein regelmäßiger Besucher stammte aus Deutschland, es war der künftige Chef der Abwehr, Admiral Wilhelm Canaris.

Im Zuge des spanischen Bürgerkriegs kehrten die Knappes nach Deutschland zurück. Nur Friedrich blieb in Spanien, führte die Geschäfte des elterlichen Betriebs bis 1937 weiter, folgte aber kurze Zeit später seiner Familie. Dann zog es ihn zurück nach Spanien, als Funker der Legion Condor.

Die Legion Condor war eine verdeckt operierende Einheit der deutschen Wehrmacht, die 1936 gegründet worden war und an allen bedeutenden Kämpfen im spanischen Bürgerkrieg beteiligt gewesen war. Sie hatte einen beträchtlichen Anteil daran, dass die Putschisten unter General Franco Spaniens demokratisch gewählte Regierung besiegt hatten. Bis heute gilt die völkerrechtswidrige Bombardierung und Zerstörung der Stadt Guernica durch die Legion Condor, die weltweites Entsetzen ausgelöst hatte, als eines der dunkelsten Kapitel in der Geschichte des spanischen Bürgerkriegs.

Nach seinen Einsätzen für die Legion Condor erhielt Knappe-Rathey von Wilhelm Canaris das Angebot, als Agent für die Abwehr in Madrid zu arbeiten. Eine seiner ersten Aktionen bestand darin, zwei Funkgeräte zu installieren, von denen eines in seiner eigenen Wohnung in der Calle Viriato 73 stand, ein anderes im Stadtteil Cuatro Caminos. Er wurde einer der führenden Mitarbeiter von Karl-Erich Kühlenthal, der eines der wichtigsten Referate der Abwehr in Madrid leitete, das »Referat für Vertrauensmänner«, das Agenten für den Einsatz im Ausland anwarb. Knappe-Rathey und Kühlenthal hatten einiges gemeinsam. Beide hatten in der Legion Condor gedient, beide besaßen enge Verbindungen zum Chef der Abwehr, Wilhelm Canaris.

Mit 35 Jahren stand Kühlenthal im Rang eines Sonderführers. Dafür hatte Admiral Wilhelm Canaris persönlich gesorgt und mit dieser Beförderung Kühlenthals unter seinen Kameraden in der Abwehr »großes Erstaunen verursacht«.[17] Kühlenthal operierte unter dem Namen ›Don Carlos‹ oder als ›Felipe‹, manchmal war er in den Madrider

Bars und Cafés auch als ›Don Pablo‹ unterwegs. Den gegnerischen Geheimdiensten war Kühlenthal bekannt, weil er und seine engsten Mitarbeiter Georg Helmut Lang und Friedrich Knappe-Rathey im neutralen Spanien Agenten anheuerten, um sie dann ins Ausland zu schicken: nach Nordafrika, Portugal, Gibraltar und vor allem nach Großbritannien und in die Vereinigten Staaten. Das sogenannte ›Felipe-Netzwerk‹ umfasste Dutzende von Geheimagenten, die äußerst detaillierte Berichte zurückschickten. Kühlenthal galt als sehr vorsichtig und misstrauisch, er versuchte zu jeder Zeit, alle Fäden in der Hand zu behalten. »Seine Untergebenen konnten ihm zu keiner Zeit trauen«, hieß es in einem internen Bericht.[18] »Nichts passierte in der Abwehrstation in Madrid, ohne dass er davon wusste«, erinnerte sich einer seiner Mitarbeiter.[19]

Alle Agenten Kühlenthals wurden übrigens meist unmittelbar nach ihrer Ankunft in Großbritannien von der gegnerischen Seite enttarnt. Entweder wurden sie sofort hingerichtet oder dazu gezwungen, als Doppelagenten zu arbeiten.

Mit seiner Erscheinung fiel Kühlenthal in den Straßen von Madrid auf. »Breitschultrig und sehr dünn«, trug er seine Haare zurückgekämmt, er hatte »fleischige, knochenlose Wangen« und »stechende, blaue Augen«. Seine Finger waren immer »sorgfältig maniküert«, er wirkte auf einige der gegnerischen Agenten, die ihn Tag und Nacht observierten, »eher unmännlich«. Er trug »gut geschnittene, doppelreihige Anzüge« und fuhr als Auto ein »dunkelbraunes, französisches Coupé mit vier Sitzen, dessen Nummernschilder er häufig wechselt«. Abends war er »mit einem dunklen deutschen Wagen unterwegs«. Die Leidenschaft für beide Autos mache es sehr leicht, ihm stets überallhin folgen zu können, notierten britische Agenten. Er galt außerdem als »sehr guter Tennisspieler« und bat einen seiner Agenten in Großbritannien »für ihn in England einen neuen Tennisschläger zu besorgen«.[20]

Kühlenthal wurde am 10. März 1908 in Koblenz als erstes Kind des Offiziers und späteren Generals Erich Kühlenthal geboren. Seine Mutter Josefine, geborene Wegeler, war eine Tochter von Carl Clemens Wegeler, dem Mitinhaber der Sektkellerei Deinhard in Koblenz. Kühlenthal zeichnete sich früh durch seine Sprachbegabung aus und zeigte auch großes Interesse an politischen, kulturellen und wirtschaftlichen Entwicklungen auf internationaler Ebene. Das alles wurde gefördert durch sein Elternhaus und dessen nationale und internationale Verbindungen. Seine Eltern sprachen Englisch und Französisch, und das passte zu seinen beruflichen Zielen, die von seiner Mutter sehr unterstützt wurden. Kühlenthal sollte sich umfassend auf eine spätere Führungsaufgabe im internationalen Geschäft der Sektkellerei Deinhard vorbereiten. Er absolvierte nach seinem Abitur eine Lehre als Import- und Exportkaufmann in Hamburg. Nach dieser Ausbildung arbeitete er zunächst ein Jahr in der Londoner Niederlassung von Deinhard. In seiner Zeit in der britischen Hauptstadt lernte er viel über die Mentalität der Briten und übernahm die britischste Eigenart schlechthin: Er wurde auf der Insel zu einem großen Liebhaber des Nationalgetränks. Für sein Leben gern trank er Tee und kannte alle Sorten. Sein weiterer Berufsweg führte ihn anschließend zu einem großen Importunternehmen nach Barcelona. Er sah im Medium Hörfunk eine große Geschäftschance und spezialisierte sich in der Folge auf den inländischen Handel und den Import von Radiogeräten. Mitte der Dreißigerjahre hatte er es zu einem erfolgreichen und angesehenen Geschäftsmann in Madrid gebracht. Er hatte Grundbesitz erworben und sich weiteres Vermögen erarbeitet. Kühlenthal besaß aufgrund seiner geschäftlichen und gesellschaftlichen Kontakte gute Verbindungen zu vielen Menschen in Spanien, zu Verwaltung und Politik und auch zu anderen ausländischen Geschäftsleuten, besonders natürlich zu deutschen und schweizerischen. Spanien und die Mentalität der

Menschen kannte er sehr genau. Er sprach perfekt Spanisch und Englisch und auch ein gutes Französisch. Schon deshalb war er ein Wunschkandidat für die Abwehr, die dringend geeignete Mitarbeiter in Spanien und Portugal suchte.[21]

Von den Wirren des spanischen Bürgerkriegs war auch Kühlenthal betroffen gewesen. Er hatte Teile seines Vermögens in dieser Zeit verloren. 1938 war er in Spanien Mitglied der deutschen Legion Condor geworden und beim Leiter der geheimdienstlichen Abteilung, Joachim Rohleder, tätig.[22] Als Mitarbeiter der Abwehr wurde Karl-Erich Kühlenthal in einem britischen Geheimdienstdossier beschrieben als »sehr effizienter, ambitionierter und äußerst gefährlicher Mann, der enorme Leistungen erbringen kann«.[23] Kühlenthal hatte sechs Mitarbeiter. Sein Büroleiter war Unteroffizier Wilhelm Knittel, der Gefreite Zierath arbeitete als Übersetzer; unter dem Tarnnamen ›Federico‹ führte Friedrich Knappe-Rathey die angeworbenen Agenten, zusammen mit dem Gefreiten Georg Helmut Lang alias ›Emilio‹. Fräulein Heinsohn war die Sekretärin, und als Sachbearbeiterin war Fräulein Mann tätig, die mit den Agenten korrespondierte und dafür verantwortlich war, die mit unsichtbarer Tinte geschriebenen Botschaften der Agenten zu entwickeln. Die Abwehr unterhielt in Madrid eine »Abteilung für Spezialunterlagen«, die vom Chemiker Dr. Künkele geleitet wurde. Er arbeitete in einem gut ausgerüsteten Labor und stellte die unterschiedlichen Geheimtinten her, mit denen die deutschen Agenten meist kommunizierten.

Eine der Hauptaufgaben von Friedrich Knappe-Rathey bestand darin, im Auftrag seines Vorgesetzten Kühlenthal neue Agenten für Einsätze im Ausland anzuwerben und diese auszubilden. Er zeigte ihnen, wie sie die Funkgeräte zu bedienen hatten und wie sie per Geheimcode mit der Abwehr in Kontakt treten sollten.[24] Bevor das geschah, wollte die Abwehr in vielen Gesprächen möglichst genau die Motive und Kontakte der künftigen Agenten in Erfahrung

33

bringen. Knappe-Rathey tat dies akribisch. Als ›Federico‹ benutzte er mehrere Tarnadressen der Abwehr; zum Beispiel traf er sich oft mit Agenten in einer kleinen Elektrikfirma, der Sanitas Electricidad in der Calle de Ayalá 53.[25]

In den nächsten Wochen kam es zu einem guten Dutzend Treffen zwischen ›Federico‹ und Pujol. »Ich besuchte so viele Cafés in dieser Zeit wie nie mehr in meinem ganzen weiteren Leben«, erinnerte sich Pujol später.[26] ›Federico‹ gab sich während der vielen Treffen betont desinteressiert. Das änderte sich auf einen Schlag, als Pujol ihm von seinen angeblichen Kontakten zur spanischen Sicherheitspolizei und zum Außenministerium erzählte. Besonders hellhörig wurde ›Federico‹, als Pujol ihm eher beiläufig erzählte, dass ihn die Sicherheitspolizei als Honorarattaché an die spanische Botschaft nach London schicken wolle.

»Hier, sehen Sie. Die Dokumente sind bereits ausgestellt.« Pujol blickte sich um, ob niemand sie beobachtete, und faltete unter dem Tisch ein Blatt Papier auf. Es war das von ihm präparierte Dokument, auf dem das spanische Staatswappen prangte und das er ›Federico‹ jetzt für einen kurzen Moment zeigte. Schnell faltete er es wieder zusammen und steckte es in seine Tasche. Pujols Fälschung hatte auf ›Federico‹ den gewünschten Effekt.

»Sie sind ein guter Mann«, sagte ›Federico‹ und klopfte ihm auf die Schulter.

»Der Weg nach England ist jetzt frei für mich. Aber verraten Sie bitte nichts, denn sonst werde ich bei der Arbeit für Sie auffliegen«, sagte Pujol und schaute den Deutschen eindringlich an. Knappe-Rathey nickte.

»Verschieben Sie bitte Ihre Abreise nach England um ein paar Tage. Ich muss noch mit Berlin über Ihren Fall beraten.«

Einige Tage später, bei einem erneuten Treffen, spürte Pujol, dass Knappe-Rathey zunehmend nervöser wirkte. Dann ging alles ganz rasch. Zum nächsten Treffen brachte

›Federico‹ Pujol eine auf Mikrofotografien übertragene lange Liste und Fragebögen mit möglichen Spionagezielen und Aufgaben in Großbritannien mit, dazu eine Flasche mit unsichtbarer Tinte, eine Tabelle mit Chiffriercodes, eine Liste mit Tarnadressen in Lissabon, an die Pujol seine Botschaften schicken sollte, und ein Geldbündel mit 3000 US-Dollar.

»Ich beneide Sie um diesen Auftrag in Großbritannien. Es wird auch nicht gefährlich werden. Es geht nur darum, dass Sie als Beobachter Informationen für uns sammeln«, erklärte ›Federico‹ und versuchte dabei möglichst optimistisch auszusehen.

In den Folgetagen brachte der deutsche Agentenführer Pujol noch in einem Crash-Kurs bei, wie er Briefe mit Geheimtinte schreiben und damit zwischen die normalen Zeilen seine geheimen Botschaften platzieren sollte. Diese konnten dann mit einer Entwicklungsflüssigkeit sichtbar gemacht werden. Am letzten Treffen vor Pujols Abschied nahm auch ›Federicos‹ Vorgesetzter teil, Sonderführer Karl-Erich Kühlenthal.[27]

»In England versuchen Sie, so viele Informationen wie möglich zu sammeln. Unterschätzen Sie die Briten nicht. Sie sind starke Gegner«, warnte Kühlenthal und gab Pujol mit auf den Weg: »Dieser Krieg wird noch lange dauern, die Fragebögen sind nur ein Anhaltspunkt, wir sind an allem interessiert, was Sie herausfinden.«[28] Vor allem wollte die Abwehr wissen, wo die meisten Soldaten auf der Insel stationiert waren, wo sich Flugplätze befanden und wie die Gegner ausgerüstet waren.

»Wenn Sie in London eintreffen, nehmen Sie Kontakt mit dem Korrespondenten der spanischen Zeitung *ABC* auf, Luís Calvo. Er ist einer unserer fest etablierten Informanten«, fügte Knappe-Rathey hinzu und übergab Pujol noch eine in Deutschland hergestellte Landkarte von Großbritannien.

»Ich hoffe, Sie geben meinen Namen nicht so schnell preis wie gerade den Calvos. Danke für das Angebot, aber ich arbeite lieber allein. Sie können ja anhand der Ergebnisse beurteilen, welcher Ihrer Agenten der Beste sein wird«, antwortete Pujol, der gute Gründe hatte, diesen Ratschlag sofort abzulehnen.[29] Dann verabschiedeten ›Federico‹ und ›Don Carlos‹ ihren neu rekrutierten Agenten in Richtung London. Das glaubten sie jedenfalls.

Ihren neuen Spion führten sie als »Vertrauensmann 319« und gaben ihm den Tarnnamen ›Alaric Arabel‹. Seinen Vornamen ›Alaric‹ hatte er nach dem König der Westgoten, Alarich I., erhalten, dem germanischen Herrscher, der im Jahr 410 Rom eingenommen hatte. Seinen Nachnamen ›Arabel‹ trug Pujol zu Ehren seiner Frau Araceli. Auch die Abwehrleute waren von Pujols Frau und ihrer Schönheit gleich hingerissen, als sie sie kurz gesehen hatten. Sie nannten sie wegen ihrer feinen Gesichtszüge und ihrer dunklen Augen ›Araceli bella‹ und ihren Mann fortan ›Alaric Arabel‹.

Pujol steckte in einem Dilemma. Er wusste, dass er nicht länger in Spanien bleiben konnte. Zunächst hatte er überlegt, mit der Geheimtinte und den erbeuteten Chiffriercodes direkt zur britischen Botschaft zu gehen und den Briten so zu zeigen, wie falsch es von ihnen gewesen war, sein Angebot, für sie zu spionieren, abzuweisen. Doch wie konnte er sicher sein, dass die Deutschen nicht einen Informanten in der britischen Botschaft untergebracht hatten? Was, wenn die Deutschen merkten, dass er in Madrid geblieben war und sich nicht auf dem Weg nach London befand? Pujol beschloss, sofort aus der Stadt zu fliehen.

Lissabon, Juli 1941

Nichts konnte sie mehr aufhalten am Morgen des 12. Juli 1941. Hals über Kopf machten sich Joan Pujol, Araceli und ihr kleiner Sohn Joan Fernando auf den Weg nach Portugal. Die 3000 US-Dollar, die Pujol von ›Federico‹ erhalten hatte, rollte er zu einem festen Bündel und packte sie in eine Gummihülle. Dann öffnete er eine Zahnpastatube am hinteren Ende, drückte die Hälfte der Zahnpasta heraus, führte die Hülle ein und verschloss die Tube wieder. Sie war zu klein für alle Scheine, den Rest stopfte er in seine Rasiercremetube. Ohne kontrolliert zu werden, passierten die drei den Grenzposten bei Fuentes de Onoro. Zuerst mieteten sie ein Zimmer bei einem Fischer in Cascais, später zogen sie in das Seebad Estoril, 25 Kilometer westlich von Lissabon, blieben dort immer in Bewegung und darauf bedacht, nicht zu viele Spuren zu hinterlassen.

Auch in Portugal konnte sich Pujol keinesfalls sicher fühlen. Denn gerade Lissabon war für alle am Zweiten Weltkrieg beteiligten Länder ein wichtiger Umschlag- und Transitplatz. Hier trafen sich zwielichtige Geschäftsleute, Waffenhändler, Schmuggler und Deserteure. Für die Flüchtlinge aus dem besetzten Europa war Lissabon oft der letzte Ort, an dem sich ihre Hoffnung doch noch erfüllen konnte. Sie übernachteten in von Ungeziefer befallenen Massenunterkünften und kleinen Pensionen, tagsüber bildeten sich lange Menschenschlangen an den Kaimauern am Tagus-Fluss. Die Menschen trugen oft Verzweiflung in ihren Blicken, denn nur vage war die Chance, doch noch einen der wenigen Kojenplätze auf einem der Schiffe zu ergattern, die Richtung USA, Südamerika oder in neutrale europäische Länder fuhren. Das klappte nur selten, denn selbst wenn große schwedische Schiffe wie die ›Drottningholm‹ oder die ›Gripsholm‹ vor Anker gingen, waren die Plätze meist für alliierte und deutsche Diplomaten reserviert oder für Kriegs-

37

gefangene, die ausgetauscht wurden. Andere setzten in ihrer Verzweiflung ihr gesamtes verbliebenes Vermögen ein und schafften es noch, in einem Pan Am Clipper Plätze für den Flug über die Azoren oder die Bermudas nach New York zu bekommen.[30]

Die Stadt war in dieser Zeit auch das Nervenzentrum der internationalen Spionage. Britische, französische, italienische, US-amerikanische und deutsche Geheimdienstler tauschten hier Informationen mit ihren Spionen aus und belauerten argwöhnisch jeden Schritt der Gegenseite. Hotelportiers, Oberkellner, Zollbeamte und portugiesische Regierungsmitarbeiter arbeiteten für die verschiedenen ausländischen Geheimdienste. Es war ein Spiel, das im Dunklen ablief, nur manchmal trat die Rivalität ganz offen zutage.

Noch Wochen später erzählten sich Diplomaten und Spione die Anekdote über eine Gruppe britischer Geheimdienstmitarbeiter, die in einem feinen Restaurant in der Innenstadt Lissabons zum Abendessen aufgetaucht waren. An einem großen Tisch saß bereits eine Gruppe angetrunkener Abwehrleute, die die gerade hereingekommenen Briten sofort erkannten. Die Männer der Abwehr wussten auch, dass im Codebuch des MI6 für Deutschland immer nur das Synonym »Zwölfland« gebraucht wurde. Mit erhobenen Gläsern empfingen die Deutschen ihre britischen Gegenspieler, stimmten die deutsche Hymne mit leicht verändertem Text an und sangen lauthals »Zwölfland, Zwölfland über alles«, bis die Briten das Lokal wieder verlassen hatten.[31] Die Konkurrenz zwischen deutschem und britischem Geheimdienst hatte eine lange Tradition. Zu Beginn des Zweiten Weltkriegs befand sich der britische Auslandsdienst MI6 in einem desolaten Zustand, auch weil der Leiter, Admiral Sir Hugh Sinclair, sterbenskrank war. Der MI6 musste einige Niederlagen einstecken. Im November 1939 waren zwei leitende MI6-Offiziere in den damals neutralen Niederlanden von der Abwehr entführt worden. Ein Jahr später verloren die Briten durch die deutsche Besetzung Europas einen Großteil ihrer Kommunikationssysteme und Netzwerke in Westeuropa. Doch die Geheimdienstler gaben nicht auf. Der MI6 erhielt deutlich mehr Geld und Personal. Kontakte zu den Widerstandsgruppen in ganz Europa sorgten auch dafür, dass es den Briten gelang, immer mehr Informationen zu gewinnen und so ihren Rückstand aufzuholen.

In Lissabon angekommen, unternahm Joan Pujol einen neuen Anlauf und ging zur britischen Botschaft. Er war fest davon überzeugt, dass ihn die Briten jetzt, da er im Besitz der Geheimtinte, der Codes und deutschen Fragebögen war, als Doppelagenten anwerben würden. Doch die Skepsis der Briten blieb groß, denn ein unangemeldeter Besucher vor den Türen der Botschaft erregte stets erhebliches Misstrauen. Hatte er in Wirklichkeit ganz andere Absichten? War er von der Gegenseite geschickt worden, um einen diplomatischen Zwischenfall zu provozieren? Auch diese Gespräche verliefen unergiebig, und die Botschaftssekretäre wiesen ihn ab. Doch Pujol blieb hartnäckig und änderte seine Strategie komplett. Er vermutete nun, dass er nur dann in die Dienste der Briten gelangen könne, wenn er ihnen handfeste Beweise seiner Arbeit für die deutsche Abwehr vorlegen würde. Seine ebenso einfache wie geniale Idee: Er entschied, der Abwehr frei erfundene Berichte aus England zu senden, obwohl er sich dort gar nicht aufhielt. Ein Problem bestand jedoch: Wie würden ihm die Deutschen glauben, wenn seine Briefe keine britischen Poststempel und keine Aufkleber der Zensur trügen? Auch dafür fand Pujol rasch eine Lösung.

In seiner ersten Meldung an Kühlenthal und Knappe-Rathey berichtete er am 19. Juli 1941, datiert auf den 15. Juli, dass er auf seinem Flug nach London mit dem Steward einer KLM-Maschine ins Gespräch gekommen sei. Er habe dem Steward erzählt, dass er ein Spanier im Exil sei, der auf inoffiziellem Weg Briefe an seine Familie schicken müsse, die in Lissabon zurückgeblieben sei. Für einen US-Dollar pro

Buchstaben habe sich der KLM-Mitarbeiter bereit erklärt, sie im Schließfach einer Bank in Lissabon zu deponieren. Um seinem neuen Freund zu garantieren, dass er nichts Illegales in seinen Briefen mitsenden würde, versprach er dem Steward, die Briefe nicht zuzukleben. Sollten sie von den Zensoren geprüft werden, würden diese nur unverfängliche Texte an seine Familie entdecken. Dazwischen würden sich die mit unsichtbarer Tinte geschriebenen Botschaften an seine deutschen Auftraggeber verbergen. Natürlich existierte der Steward nicht, Pujol selbst deponierte die Briefe im Schließfach der Bank in Lissabon. Die Antworten der Abwehr, Geld und Geheimtinte ließ er sich unter dem falschem Namen ›Dionisio Fernandez‹ an ein Postfach schicken und holte sie dort ab.[32] Später übernahm der MI6 diese Arbeit. In seinem ersten Brief an die deutsche Seite berichtete er in unsichtbarer Tinte auch, dass er vor seiner Abreise nach Portugal den Schlüssel für das Schließfach in der Espirito Santo Bank an die deutsche Botschaft in Lissabon geschickt und Anweisung erteilt habe, diesen Schlüssel an ›Federico‹ nach Madrid weiterzuleiten. So hatten Knappe-Rathey und Kühlenthal künftig stets direkten Zugang zu seinen Briefen. Zufrieden antwortete ›Federico‹:

»Ich habe deinen Brief am 24.7. erhalten. Die Kommunikationsmethode ist gut, und der Brief ließ sich gut entwickeln. Wir erwarten mit Interesse weitere Nachrichten. Vergiss nicht, deine Briefe zu nummerieren.

Ich wünsche dir viel Glück.

Federico.«[33]

Die Abwehr schickte ihrem Agenten ›Alaric Arabel‹ im Gegenzug immer genug Geheimtinte. Diese war in kleine Kapseln abgefüllt, die in einer Packung Panflavin-Halspastillen der Firma Bayer versteckt wurden. Die Kapseln sollte er in hochprozentigem Alkohol auflösen, die Abwehr empfahl ihm dafür Whisky oder Gin. So konnte er mehrere Liter

Geheimtinte produzieren. Seine Botschaften sollte er immer gut trocknen lassen. Danach sollte ›Alaric‹ seine Meldungen erneut in eine zweite Alkohollösung tauchen, um die Geheimtinte zu fixieren. Auf eines wies ihn ›Federico‹ bei dieser umständlichen Prozedur voller Fürsorge hin:

»Wenn du dafür Whisky benutzt, kannst du ihn danach auch ohne Sorge trinken oder ihn wiederverwenden. Tauche die Papiere nur kurz ein und benutze danach Löschpapier.«[34]

Pujol musste diese für ihn sehr mühselige Methode noch für eine lange Zeit nutzen, um mit der Abwehr zu korrespondieren. Denn die Deutschen weigerten sich, ihn mit einem Funkgerät auszustatten. Sie fürchteten, dass ihr neuer Spion sonst sehr schnell in Großbritannien auffliegen könnte. Tatsächlich war das Schreiben mit der Geheimtinte ein sehr zeitraubender Prozess, und die Ergebnisse waren sehr schlecht lesbar. Es gab aber in seiner Anfangszeit als deutscher Agent ein noch größeres Problem. Pujol sprach kaum ein Wort Englisch und wusste über Großbritannien so gut wie nichts. Mit dem Geld der Deutschen kaufte er in Lissabon einen Baedeker-Touristenführer über Großbritannien und einen veralteten Zugfahrplan der britischen Eisenbahngesellschaft. Zusätzlich versuchte er, in Lissabons Bibliotheken Informationen über Politik und Gesellschaft zu sammeln, las Bücher zur Geschichte und Landeskunde, sah in den Cafés und Bars der Stadt über mehrere Wochen alte britische Zeitungen auf der Suche nach für die Deutschen brauchbaren Informationen durch, obwohl er fast nichts verstand, und schaute sich in den Kinos Wochenschauen an, um das Land kennenzulernen, in dem er jetzt angeblich spionierte. Er nutzte alles, was sich ihm bot. In einem Schaufenster entdeckte er Propagandafotos britischer Panzer und berichtete sofort der Abwehr, wie die Panzer aussahen.[35] All das waren dürftige Quellen, und Pujol musste sich deshalb auf die einzige fast unerschöpfliche Quelle verlassen: seine eigene Phantasie.

Voller Tatendrang berichtete ›Alaric Arabel‹ von seiner Ankunft in England:

»Ich habe bereits drei weitere Agenten rekrutiert, um alle Regionen der Britischen Insel abzudecken. Sie alle sind der Sache der Achse sehr zugetan.«[36]

Der erste seiner erfundenen Agenten war ein Portugiese namens ›Carvalho‹, der die Gegend um Bristol und die englische Kanalküste für ihn beobachtete. Agent Nummer zwei war ein Brite deutsch-schweizerischer Abstammung namens ›William Maximilian Gerbers‹. ›Gerbers‹ sollte besonders das Hafengebiet von Liverpool und den Mersey-Fluss im Auge behalten. Als Nummer drei erfand er den betuchten Venezolaner ›Pedro‹, der an der Universität Glasgow studiert hatte und ihn von Schottland aus mit Nachrichten versorgte.

Pujol spielte dieses Spiel mehrere Monate lang. Obwohl er Kühlenthal und Knappe-Rathey nur eine Mischung aus angelesenen Fakten und freier Erfindung präsentierte, hielten die beiden ihren neuen Mitarbeiter für absolut glaubwürdig und zuverlässig und leiteten pflichtbewusst alle Meldungen des neuen Agenten sofort nach Berlin weiter. In seiner zweiten Meldung an die Abwehr berichtete dieser, dass er einen Job bei der BBC angeboten bekommen habe und britische Truppen am Windermere-See in Nordengland dabei beobachtet habe, wie sie Manöver mit Landungsbooten geübt hätten.

Während er in Portugal untergetaucht war, erhielt Pujol nur eine Antwort von der Abwehr. Karl-Erich Kühlenthal und Friedrich Knappe-Rathey verlangten ausführlichere Berichte von ihrem neuen Spion, vor allem über Truppenstandorte und Truppenbewegungen. Gerade solche Berichte konnte Pujol unmöglich liefern. Wie lange würde er die von ihm inszenierte Farce noch spielen können? Fünf Monate waren seit seiner Flucht aus Madrid vergangen, und er hatte sich fast 40 Nachrichten für Kühlenthal und Knappe-Rathey aus den Fingern gesogen. Ständig lief er Gefahr, in Lissabon entdeckt zu werden. Seine Englischkenntnisse reichten nicht aus, um die Deutschen mit interessanten Informationen versorgen zu können, und er wusste zum Beispiel absolut nichts über militärische Taktik. Pujol hatte keine Ahnung davon, wie eine ausländische Armee – geschweige denn die britische – strukturiert war, und besaß keine Kontakte auf der Insel. Trotzdem berichtete er haarsträubende Details über britische Regimenter, von denen selbst die Briten bisher nichts geahnt hatten. Eines wusste er genau: Früher oder später würde er auffliegen.

Lissabon, November 1941

Im November war Joan Pujol mit seiner Geduld am Ende, ging zur brasilianischen Botschaft in Lissabon und bewarb sich um ein Einwanderungsvisum für Brasilien. Wieder nahm seine Frau Araceli das Heft in die Hand. Sie spürte, dass ihr Mann unter der großen Anspannung sehr litt, setzte alles auf eine Karte und machte sich auf den Weg zur US-Botschaft. Dort verlangte sie den Militär- oder Marineattaché zu sprechen. Sie wurde – zu ihrer eigenen Überraschung – rasch zum beigeordneten Marineattaché Theodore Rousseau Jr. geführt, dem sie die Mikrofotografien der Fragebögen, die Geheimtinte, die von ›Federico‹ mit einer anderen Tinte geschriebene Antwort und die dazu nötige Entwicklungsflüssigkeit zeigen wollte. Herausfordernd sah sie Rousseau an:

»Falls Sie mehr wissen wollen, erzähle ich Ihnen für 20 000 US-Dollar die ganze Geschichte.« [Das entspräche heute einer Summe von über 200 000 US-Dollar; Anm. d. Verf.] Rousseau ging auf ihre Forderung mit keinem Wort ein. Wer solch eine wahnwitzige Summe forderte, konnte

43

keine professionelle Spionin sein, dachte er sich, ließ sich aber nichts anmerken. Er war von Beginn an interessiert.

»Geben Sie mir ein wenig Zeit, ich muss mit meinen britischen Kollegen beraten, wie wir in Ihrem Fall vorgehen«, sagte er.

Aracelis Geduld war am Ende. Sie wollte nicht länger warten und verlor beinahe die Nerven.

»Jetzt sehen Sie sich doch das hier an!«, rief Araceli mit Nachdruck. Sie legte einen der Briefe, den Pujol mit der Geheimtinte geschrieben hatte, vor ihn auf den Tisch – auch ohne dass Rousseau ihr Geld zugesagt hatte. Rousseau warf nur einen kurzen Blick auf die Blätter.

»Sehr interessant, Senhora. Wir sollten uns bald wiedersehen«, erwiderte er kühl. »Seien Sie bis dahin äußerst vorsichtig. Ihr Mann und Sie sollten möglichst nicht öfter als nötig das Haus verlassen.« Dann begleitete er Araceli zum Ausgang und reichte ihr die Hand.

Lissabon, Januar 1942

Ein paar Wochen darauf kam es zu einem weiteren Treffen zwischen Araceli und Rousseau. Dieses Mal war auch ein Vertreter des MI6 dabei. Araceli erklärte sich dazu bereit, den beiden das gesamte Material zu übergeben. Doch der MI6-Mitarbeiter glaubte ihr kein Wort. Mit dem Ausdruck der Verachtung warf er ihr eine 20-Escudo-Münze auf den Tisch. Dieses Zeichen von Herablassung und Missachtung war zu viel für Araceli. Voller Zorn raffte sie das Material zusammen und verließ die beiden Männer.

Zum Glück startete Rousseau wenig später einen letzten Versuch. Er traf Araceli erneut und entschuldigte sich bei ihr in aller Form für das ungebührliche Verhalten des Briten. Araceli ließ sich besänftigen und gestand Rousseau, dass es sich bei dem Spion um ihren Ehemann handele. Beide vereinbarten, Rousseau solle ihren Mann bald persönlich kennenlernen.

Mitte Januar 1942 traf Pujol nun endlich jemanden, der ihm helfen wollte und der sicher war, dass er ›Alaric Arabel‹ sein musste. Rousseau fand die Geschichte glaubhaft und schrieb einen langen Bericht über seine Gespräche mit Pujol an die britischen Kollegen. Er war keineswegs sicher, ob er den MI6 von seiner Meinung würde überzeugen können. Dennoch war es einen Versuch wert, dachte er. Denn schließlich hatten die Briten trotz aller Mühe die Identität des merkwürdigen deutschen Spions noch immer nicht aufgedeckt.[37]

London, Februar 1942

Jeden Morgen brachte der Motorradkurier gegen 10:30 Uhr die neuen Telegramme und Depeschen nach St. Albans, dem geheimen Sitz der Abteilung V(d) des MI6, die die Gegenspionage in Spanien und Portugal betrieb. Noch etwas steif von der Fahrt betrat er die Eingangshalle, wischte sich ein paar Regentropfen von seiner schweren Lederjacke, legte den Postsack auf Tim Milnes Schreibtisch und verließ das Büro wortlos. Desmond Bristow ging die an ihn adressierte Korrespondenz durch und fand eine Nachricht aus Lissabon, die er sofort öffnete.

»Oberleutnant zur See Rousseau, amerikanischer beigeordneter Marineattaché, schreibt, dass er von einer Frau namens Araceli González angesprochen wurde. Sie erzählte von einem Spanier namens Joan Pujol Garcia, der für uns in Großbritannien arbeiten wolle. Sie sagte, dass er den Deutschen von Lissabon aus Nachrichten schickt. Unterschrieben hat Captain Benson, unser Mann in Lissabon«, las er Milne die Nachricht laut vor.

Bristows Vorgesetzter, Kim Philby, hatte gerade einen

45

Termin mit den Kollegen des MI5, Lissabon drängte aber auf eine schnelle Antwort. Rasch lief Bristow deshalb mit der Nachricht aus Lissabon ein Stockwerk höher und klopfte an die Tür von Oberst Felix Cowgill. Der Oberst saß hinter seinem großen hölzernen Schreibtisch. Das Foto seiner Frau und ein grünes Telefon, das mit einem Verzerrer gekoppelt war, standen auf der einen Seite, ein rotes Telefon mit der direkten Verbindung zum Chef des MI6, Stewart Menzies, und ein schwarzes Telefon auf der anderen Seite. Er hatte den Hörer des schwarzen Telefons am Ohr, seine Hand vor der Sprechmuschel und gab Bristow mit einem kurzen Winken das Zeichen, sich zu setzen. Cowgill, ein scheuer und verschwiegener Mann, trug immer Uniform. Er schaute kaum von seinen Unterlagen auf, die auf dem massiven Schreibtisch vor ihm lagen.

»Ah, Desmond. Irgendetwas Dringendes, das ich wissen muss?«

»Felix, es tut mir leid, Sie zu stören. Philby ist unterwegs. Deshalb dachte ich, Sie sollten sich unbedingt dieses Telegramm aus Lissabon ansehen.«

Mit einem Stirnrunzeln nahm Cowgill das Blatt, las den Text und sagte mit leiser Stimme: »Könnte ein Doppelagent sein. Wenn wir zu schnell reagieren, wissen die Nazis, dass wir ihre Codes geknackt haben.«

Insgeheim hatte er noch einen anderen Grund, nichts zu überstürzen. Er wollte diese Meldung nicht sofort an den MI5 weitergeben. Die Rivalität zwischen Inlands- und Auslandsdienst war groß, und Cowgill tat alles, damit das so blieb. Pujol war sowohl für MI5 wie für MI6 höchst interessant.

»Sollen wir nichts tun?«, fragte Bristow.

»Wir warten, bis Philby zurück ist.« Cowgill gab ihm das Telegramm wieder und bedeutete ihm, sein Büro zu verlassen. Bristow irritierte das mangelnde Interesse seines Vorgesetzten. Er war sich sicher, dass es der im Telegramm erwähnte Agent gewesen war, der die erfundenen Meldungen an die deutsche Abwehr in Madrid geschickt hatte. Der Mann, nach dem sie in Liverpool und Wales gefahndet hatten, wegen dem sie nochmals jeden Mitarbeiter der spanischen Botschaft in London überprüft und alle in den letzten Wochen angekommenen Flüchtlinge aus Spanien und Portugal verhört hatten. Dieser Mann musste ›Alaric Arabel‹ sein.

Kim Philby kam gegen 15:45 Uhr von seinem Gespräch zurück. Bristow zögerte keine Sekunde und stürzte in sein Büro.

»Ich glaube, wir haben hier etwas ziemlich Wichtiges. Wir sind sicher: Das hier ist ›Alaric Arabel‹.«

Philby las das Telegramm, klopfte Bristow auf die Schulter, drehte sich zur Tür, sah ihn mit einem Lächeln an und rief laut:

»Oh Desmond! Ii-ch glaube, Sie hh-aben recht!«

Rasch stürmte er die Treppe zu Oberst Cowgill hinauf. Zehn Minuten später rannte er die Treppe wieder herunter, schnappte sich eines der grünen Telefone und rief, noch völlig außer Atem, Oberstleutnant Robertson an, der innerhalb des MI5 die Abteilung B1a leitete, die die Doppelagenten führte.

Thomas Argyll Robertson, der wegen seiner Initialen von allen nur ›Tar‹ genannt wurde, war einer der fähigsten Agentenführer des MI5. Geboren auf Sumatra, begann er nach seiner Ausbildung an der Militärakademie Sandhurst eine Laufbahn im Regiment der schottischen Seaforth Highlanders. Er führte ein luxuriöses Leben mit Partys, schönen Frauen und schnellen Sportwagen. Die Mitglieder des Regiments taten damals nur wenige Stunden am Morgen Dienst. Sein Vater, ein schottischer Bankier, hatte es schließlich satt, ständig die Rechnungen seines Sohnes begleichen zu müssen, und sorgte mit seinen persönlichen Kontakten dafür, dass dieser vom MI5 angeworben wurde.[38]

47

Auch im Dienst für den MI5 trug Robertson stets die eng geschnittenen Wollhosen seines früheren Regiments, die im grün-blauen Schottenkaro gewoben waren. Das hatte ihm noch einen zweiten Spitznamen eingebracht. War er nicht im Büro, nannten ihn alle nur »Die heiße Hose«, was seiner natürlichen Autorität aber nicht abträglich war.[39] Jetzt wartete er gespannt darauf, was Philby ihm zu sagen hatte.

»T-t-tar, eine Spanierin hat den Amerikanern erzählt, dass ihr Ee-he-m-mann Kontakte zur Abwehr in M-m-madrid hat und für uns in England arbeiten will.«

Robertson wollte Pujol daraufhin sofort in Portugal befragen lassen, aber Philby hatte noch Zweifel. Was würde geschehen, wenn ›Alaric Arabel‹ erst einmal in England war und sich dann herausstellte, dass er wirklich ein deutscher Spion war? ›Tar‹ Robertson wischte alle Bedenken beiseite.

»Ach komm schon, Kim. Ich glaube, mit dieser kleinen spanischen Sardine werden wir schon fertig werden, wenn sie erst mal in England eingetroffen ist. Wo soll sie denn dann hinschwimmen?«[40]

Robertson und der MI5 drängten nun darauf, Pujol möglichst schnell nach London zu bringen, ihn zu verhören und wenn möglich als Doppelagenten zu führen. Schon seit 1940 hatte der MI5 acht Doppelagenten in seinen Diensten, die ursprünglich als deutsche Spione nach Großbritannien eingeschleust worden waren, aber alle schnell aufflogen. Sie wurden verhört und vor die Wahl gestellt, entweder hingerichtet zu werden oder künftig als britische Doppelagenten die Deutschen zu täuschen. Doch nur die wenigsten eingeschleusten Agenten zeigten sich kooperativ.

Die Frage, welche Zukunft Pujol haben würde, entschied der MI5 bereits jetzt für sich. Auch Pujol sollte einer ihrer Doppelagenten werden und von London aus operieren. Vorausgesetzt, er würde allen Überprüfungen standhalten. Am nächsten Morgen erhielt Lissabon die Order, Pujol intensiv zu verhören und seine wahren Motive herauszubekommen.

Für diese Aufgabe wurde ein freier Mitarbeiter vor Ort ausgewählt, der Portugiese Eugene Risso-Gil. Dieser hatte einen englischen Vater und eine portugiesische Mutter und war 1910 in Tanger geboren worden. Seine Schulzeit hatte er im englischen Bath verbracht, und dort war er mit seinem Sprachtalent aufgefallen. Er beherrschte fünf Sprachen fließend, darunter Deutsch, Französisch und Spanisch. Nach Ende seiner Ausbildung kehrte er nach Portugal zurück und erwarb sich einen sagenumwobenen Ruf als begabter Sportler, Spieler und Frauenheld. Sein Apartment in der Avenida Álvares Cabral in Lissabon wurde häufig für Treffen mit Agenten genutzt. Obwohl er während des Krieges mit vielen von ihnen in Kontakt kam, wurde die Rolle in Pujols Fall seine wichtigste. Da die portugiesische Staatspolizei fast alle Mitarbeiter der britischen Botschaft in Lissabon beschattete und die Deutschen unterstützte, mussten die Briten Risso-Gil einsetzen, vor allem weil er sich viel freier bewegen konnte.

Estoril, Februar 1942

Dank seiner guten Kontakte dauerte es nicht lange, bis Eugene Risso-Gil auf Pujols Spur in Portugal stieß. Er arrangierte ein erstes Treffen mit ihm in einem Café in Estoril.

»Niemals zuvor und auch später nicht mehr war ich so nervös wie bei diesem ersten Gespräch mit Joan Pujol. Ich war mir sicher, dass jeder deutsche Agent uns beide beobachtete und dass jeder, der in diesem Café saß, ein deutscher Agent war«, berichtete Risso-Gil später.[41] Es war ein milder Tag im Februar, als Risso-Gil im Café eintraf. An den kleinen gusseisernen Tischen auf der Terrasse saßen mehr Menschen als sonst. Die Terrasse war hufeisenförmig, von jedem Platz aus konnten die Gäste dabei zusehen, wie die Wellen des Atlantiks gischtschäumend auf den weißen Strand schlugen. An Land brachten die Sardinenfischer ihren Fang auf

Eis, während ihre Frauen die zerrissenen Netze flickten. Aus Lissabon waren viele Tagesgäste angereist. Auch kleinere Gruppen von Flüchtlingen aus den von den Nationalsozialisten besetzten Gebieten Europas waren auf der Uferpromenade vor dem Spielkasino auszumachen.

Plötzlich kam ein kleiner Mann mit einer dicken Brille, Vollbart und Glatze an die Bar und gab mit starkem spanischem Akzent, aber auf Portugiesisch, seine Bestellung auf. Risso-Gil schaute in seine warmen, braunen Augen und glaubte, darin kurz ein schelmisches Flackern zu entdecken. »Einen Tee mit Zitrone. Keinen Zucker, bitte.« Das waren die vorher verabredeten Sätze. Risso-Gil stellte sich neben ihn, blickte ihn an und sagte:

»Die Sicht ist bei den Tischen, die an der Treppe zum Strand stehen, viel besser.« Pujol nickte, und die beiden Männer machten sich auf den Weg in den hinteren Teil des Cafés.

Pujol zu befragen und zu testen fiel Risso-Gil nicht schwer, denn dieser gab sich selbstsicher. Hoch konzentriert tat er alles, um glaubwürdig zu erscheinen, und händigte Risso-Gil schon nach einer Viertelstunde die Nachrichten der Abwehr, Tinte, Codes und alle Fragebögen aus. Beide Männer trafen sich noch häufiger in der Nähe von Estoril, immer zu verschiedenen Zeiten. Risso-Gils Familie besaß eine Villa am Meer zwischen Lissabon und Estoril, für beide Männer ein idealer Treffpunkt, um unbeobachtet von der portugiesischen Staatspolizei die nächsten Schritte zu planen. Pujol fand schnell Zutrauen zu dem Portugiesen, der über seine Erlebnisse mit der Abwehr herzhaft lachte und ihn stets ermutigte, mehr von seinen Abenteuern zu erzählen. Genau in der Zeit der Treffen mit Risso-Gil hatte Pujol seine frei erfundene Meldung über den angeblichen Konvoi von Liverpool nach Malta abgesetzt. Darin hatte er behauptet, Berichte des von ihm angeheuerten Agenten ›William Gerbers‹ genutzt zu haben, der von der Abwehr auch als »Vertrauensmann 372« bezeichnet wurde. Pujol hatte keine Ahnung, dass dieses Produkt seiner Phantasie bei Deutschen wie Briten für so große Aufregung sorgen würde.

Auch Risso-Gil war inzwischen sicher: Dieser kleine, freundliche Katalane war ›Alaric Arabel‹, der nichts dringender wollte, als zu den Briten überzulaufen. Ohne länger zu warten, begann Risso-Gil einen Plan zu entwickeln, um ›Alaric Arabel‹ heimlich außer Landes zu bringen. Die Briten erhielten fortlaufend Berichte über Risso-Gils Befragungen. Kim Philby kam zur gleichen Überzeugung wie Risso-Gil und telegrafierte nach Lissabon:

»Veranlassen Sie so schnell wie möglich den Transport unseres Freundes nach Gibraltar.«[42]

Auf keinen Fall durften die Deutschen davon erfahren, dass Pujol in Lissabon in Kontakt mit den Briten stand, glaubten sie doch, dass ihr ›Alaric Arabel‹ bereits seit zehn Monaten in London als Agent tätig war. Würde er jetzt auf normalem Weg Portugal verlassen, könnten das ihre dortigen Informanten herausbekommen, und die Abwehr würde endlich merken, dass sie die letzten zehn Monate getäuscht worden war. Wenn Kühlenthal herausfinden sollte, dass Pujol ihn belogen hatte und gar nicht nach Großbritannien gereist war, würde er sich fürchterlich an ihm rächen. Davon war Joan Pujol überzeugt.

Der schnellste Weg außer Landes war ihm bereits versperrt. Die Briten waren sich nämlich sicher, dass der leitende Offizier der portugiesischen Staatspolizei, Corte Real, der das Terminal für die Flugboote am Tagus-Fluss überwachte, direkt von der Gestapo bezahlt wurde. Doch Risso-Gil hatte Pujols Abtauchen inzwischen gut vorbereitet. Am Vorabend seiner Flucht besuchte Risso-Gil ihn in seiner Wohnung in Estoril und erzählte ihm, dass ein Konvoi mit vier britischen Handelsschiffen, der in Richtung Gibraltar unterwegs sei, im Tagus-Fluss vor Anker liege. In der folgenden Nacht sollte Pujol im Hafen von Lissabon an Deck eines der Schiffe gehen.

»Sie nehmen kein Gepäck mit, Pujol. Die Tinte, Codes und Mikrofotografien werde ich nach London bringen lassen«, befahl Risso-Gil ihm.

Doch vorher musste Pujol noch ein heikles Problem lösen. Denn weder Risso-Gil noch Pujol selbst hatten sich bisher getraut, Araceli zu gestehen, dass er auf der Stelle Portugal verlassen musste. Ohne seine Familie.

Pujol fasste sich ein Herz und ging zu Araceli in die kleine Küche. Risso-Gil stand dicht hinter ihm und bedeutete ihm mit nach vorn ausgestreckten Armen, nun endlich mit seiner Frau zu reden.

»Ich soll schon morgen nach England aufbrechen, Araceli. Allein. Ich weiß, es ist nicht einfach, aber es geht nicht anders«, machte Pujol einen ersten Vorstoß und blickte hilfesuchend zu Risso-Gil. Auf Aracelis Stirn bildete sich eine tiefe, senkrechte Falte. Sie holte hörbar Luft.

»Wie kannst du mir das antun, Joan! Mich und deinen kleinen Sohn hier in einem fremden Land zurückzulassen. Ich erwarte bald ein zweites Kind! Sollen wir ohne dich jetzt einfach wieder zurück nach Spanien? Du musst völlig wahnsinnig geworden sein!«

Araceli war außer sich. Eugene Risso-Gil, der das enorme Temperament von Pujols Ehefrau in den letzten Wochen bereits mehrfach erlebt hatte, war auf diese Reaktion vorbereitet.

»Beruhigen Sie sich bitte, Senhora. Ihr Mann wird in spätestens drei bis vier Wochen wieder zurück sein. Das haben uns die Behörden in London ausdrücklich versichert«, sagte Risso-Gil so ruhig er nur konnte und versuchte, dabei besonders optimistisch auszusehen. Noch immer war Aracelis Gesicht tief rot. Pujol hielt die plötzliche Stille im Raum kaum mehr aus.

»Wenn es bei ein paar Wochen bleibt, dann geh«, sagte Araceli schließlich leise und schaute dabei ihren Mann an.

Am nächsten Nachmittag verließ Pujol Portugal mit

ungewissem Ziel. Der MI6 hatte ihm zugesagt, auf seine schwangere Frau und seinen Sohn Joan Fernando während seiner Reise aufzupassen.

»In ein paar Wochen bin ich wieder zurück«, sagte er und küsste Araceli und seinen Sohn auf die Stirn. Sie wandte sich von ihm ab und versuchte ihre Traurigkeit zu verbergen. Dann war die Zeit gekommen, sich endgültig zu verabschieden.

Pujol wusste, dass dies seine einzige Chance war, sicher aus Portugal herauszukommen, und er musste darauf vertrauen, dass die Briten ihn tatsächlich über Gibraltar nach London bringen wollten. Was hatten sie mit ihm vor, wenn er dort jemals ankommen sollte? Risso-Gil schien Pujols Gedanken zu ahnen.

»Es wird nur eine kurze Reise werden. Kein Grund zur Unruhe. Wenn wir gleich an Bord gehen, bleiben Sie ganz nah hinter mir, und wenn ich Ihnen ein Zeichen gebe, gehen Sie direkt in die Messe der Mannschaft, verstanden?« Pujol nickte.

Lissabon, April 1942

Mit zusammengepressten Lippen stieg Pujol am frühen Abend des 10. April 1942 hinter Eugene Risso-Gil die Gangway des Schiffs hoch, das im Hafen von Lissabon lag. Es war jetzt gerade eine Woche her, dass er seine Meldung über den angeblichen britischen Konvoi von Liverpool nach Malta an die Deutschen geschickt hatte. An der Reling des Schiffs wartete ein Grenzpolizist auf beide. Risso-Gil sprach kurz mit ihm, führte Pujol zur Kabine des Kapitäns, der Risso-Gil unmissverständlich mitteilte, dass der neue Passagier nicht mit der Mannschaft reden und nach dem Abendessen sofort in seine Kajüte gehen solle. Eilig verließ Risso-Gil das Schiff. Kurz darauf telegrafierte er nach London:

»Unser Spanier ist sicher an Bord und fährt in Richtung des Felsens.«[43]

Gibraltar, April 1942

Am nächsten Morgen gab einer der Seeleute Pujol ein Zeichen, er solle zum Frühstück in die Messe kommen. Nur mühsam hatte er in den Schlaf gefunden. Die Sonne schien, und er beobachtete, nachdem er an Deck gegangen war, wie die drei anderen Handelsschiffe seinem Schiff folgten. Sie fuhren ungefähr zwölf Seemeilen vor der portugiesischen Küste in Richtung Gibraltar. Weitere 24 Stunden waren vergangen, als Pujol hörte, wie die Maschinen stoppten. In nicht allzu großer Entfernung konnte er den mächtigen weißen Felsen von Gibraltar erkennen. Am frühen Morgen näherte sich ein kleines Boot mit zwei Männern, die über eine bedenklich schwankende Strickleiter an Bord kletterten. Sie stellten sich Pujol vor und erklärten ihm, dass sie von London beauftragt worden seien, sich um ihn zu kümmern. Pujol nickte, verabschiedete sich kurz vom Kapitän und folgte den beiden an Bord des kleinen Bootes, das sie an Land brachte. Die Pass- und Zollkontrolle umgingen sie.

Die nächsten zwei Wochen verbrachte er in Gibraltar unter der Obhut von Donald Darling. Darling gehörte dem MI9 an, einer Abteilung des britischen Geheimdienstes, die sich in den britischen Überseegebieten um geflohene Kriegsgefangene kümmerte und um jeden, der vom Kontinent nach England zurückkehren wollte. Pujol sollte Gibraltar schnellstens wieder verlassen, auch weil Darling zum gleichen Ergebnis wie Risso-Gil gekommen war und keinen Augenblick an Pujols Absichten zweifelte. Darling stattete ihn mit vorläufigen Papieren aus und gab ihm ein Bündel Pfundnoten. Da er gemerkt hatte, dass die Kollegen dem künftigen Doppelagenten noch keinen Tarnnamen verpasst hatten, suchte er in aller Eile selbst einen aus und bewies dabei seinen schrägen Humor. Weil Pujol so schnell aus Lissabon verschwunden war, beschloss er, ihn ›Bovril‹ zu nennen. Das war der Name seines Lieblingsheißgetränks, eines britischen Fleischbrühepulvers, das sich in heißem Wasser sofort auflöst.

Für viele der Widerstandskämpfer und Flüchtlinge, die es bis nach Gibraltar und zu Darling geschafft hatten, konnten die Tage lang werden, bis die britische Seite wirklich von deren guten Absichten überzeugt war. Die meisten mussten lange warten, bis ein Schiff sie mitnahm, das auf dem Weg nach Großbritannien war; andere ergatterten einen der wenigen Plätze auf einem der regulären Flüge der British Overseas Airways Corporation (BOAC), einem Vorläufer der British Airways. Für Pujol war diese Option zu gefährlich, denn der Flugplatz von Gibraltar wurde rund um die Uhr von deutschen Agenten überwacht. Die Deutschen hatten direkt gegenüber der Startbahn eine am Hang gelegene Villa gemietet, von der aus sie mit ihren Ferngläsern jeden Passagier der BOAC-Maschinen beim Ein- und Aussteigen beobachteten.[44] Pujol musste Gibraltar schnell und vor allem unentdeckt verlassen.

An der Küste wartete deshalb ein mächtiges, viermotoriges ›Sunderland‹-Flugboot auf ihn. Die ›Sunderlands‹ waren bei den deutschen U-Boot-Besatzungen gefürchtet, da sie eine große Zahl tödlicher Wasserbomben mit sich trugen und zudem acht lange Maschinengewehrläufe aus dem Flugzeugrumpf ragten. Auch deshalb wurden die Flugboote, die eine Spannweite von mehr als 30 Metern hatten, »fliegende Stachelschweine« genannt. Die Transportflugzeuge legten die 2500 Kilometer lange Strecke von Gibraltar nach Großbritannien komplett über dem Meer zurück.

Als Pujol die Maschine bestieg, fand er im Inneren keine Sitze vor, vielmehr waren nur Bänke an den Längsseiten montiert worden. Offensichtlich wurde dieses Flugboot sonst von Fallschirmjägern genutzt. Auf einer der Bänke saßen noch zwei andere Passagiere, die Diplomatenpost transportierten, Pujols Blicken stets auswichen und auf dem gesamten Flug kein Wort mit ihm sprachen.

Dröhnend setzte sich das Flugboot in Bewegung und zog mit einer großen Rechtskurve weit hinaus auf den Atlantik. Erst dann gewann es langsam an Höhe, auch um deutschen Kampfflugzeugen zu entgehen. Pujol kniff die Augen zusammen, als er ein letztes Mal auf das glitzernde Wasser der Straße von Gibraltar heruntersah. Nur wenige Wolken brachen das Blau des Himmels. Der Flug war lang und kalt. Alles, was er an Bord bekam, war Tee. Um sich auf dem achtstündigen Flug warm zu halten, trank er davon mehr als 20 Tassen.[45]

Am späten Nachmittag des 24. April 1942 bemerkte er unter sich einen Hafen. Die Maschine hatte die englische Stadt Plymouth erreicht. An der Kaimauer, an der die ›Sunderland‹ festmachte, warteten zwei Mitarbeiter des MI5, um Pujol zu empfangen. Der eine nannte sich ›Mr. Grey‹ und sprach kein Spanisch. Der andere trug dunkles, volles Haar und hatte schwarze Augen. Er begrüßte Pujol in akzentfreiem Spanisch und diente als Übersetzer für seinen Kollegen. Sein Name war Tomás Harris Rodriguez. Pujol konnte nicht ahnen, wie sehr dieser Mann sein künftiges Schicksal bis zum Ende des Zweiten Weltkriegs bestimmen sollte.

Kapitel 3

In stürmischen Zeiten – Jugendjahre

Barcelona, 14. Februar 1912

Es war der Valentinstag 1912, als Joan Pujol Garcia in Barcelona zur Welt kam, der Stadt, die die Katalanen ›Die Konkurrenzlose‹ nennen. Er wurde in Jahre voller Gewalt hineingeboren. Auf den Straßen herrschte Chaos, immer wieder kam es zu Schießereien. Die Einwohner von Barcelona versuchten, die bitteren Erinnerungen an die *Setmana Tràgica* – die tragische Woche Ende Juli 1909 – zu vergessen, als Radikale, Sozialisten und Anarchisten gemeinsam einen Generalstreik organisiert hatten. Dabei waren viele Kirchen, Klöster und Wohnhäuser angezündet worden, und Demagogen hatten die Menschen zu Unruhen angestachelt.

Zwar schufen die Behörden rasch wieder Ordnung, aber die drückende Spannung blieb in den folgenden Jahren spürbar. Häufig kam es in Barcelona zu Straßenschlachten, ständig mussten die Menschen um ihr Leben fürchten, während sich die politischen Gegner verbissen bekämpften und immer wieder zum Umsturz aufriefen. Joan Pujols Eltern – Mercedes Garcia und Joan Pujol senior – waren mit ganzem Herzen Katalanen. Dennoch fühlten sie sich als Spanier und konnten mit dem Separatismus ihrer katalanischen Umgebung wenig anfangen. Vor allem wegen der sprachlichen, kulturellen und historischen Differenzen zum übrigen Spanien sahen sich die meisten Katalanen als Repräsentanten einer eigenen Nation. Die Familie war gut situiert. Joans Vater hatte in Barcelona einen kleinen Betrieb aufgebaut. Seine Färberei wurde zur wichtigsten der ganzen Stadt und war vor allem für ihr tiefes und beständiges Schwarz berühmt, mit dem hier Stoffe gefärbt wurden.

Joan Pujol hatte drei Geschwister. Seinem Bruder Joaquín folgten die Schwester Buenaventura und er selbst. Später kam noch die jüngste Schwester Elena hinzu. Die Familie führte ein bürgerliches Leben. Armut und Hunger waren kein Thema, es mangelte ihnen an nichts. Sein Vater und seine Mutter hatten erst im November 1915 geheiratet, nachdem ihre vier Kinder geboren worden waren. Dafür gab es einen eindeutigen Grund: Der Vater war bereits mit einer anderen Frau verheiratet gewesen.[46]

Die Pujols lebten in Barcelona in einer geräumigen Wohnung im ersten Stock in der Calle Muntaner 70, nahe der Universität. Beide Eltern versuchten ihren Kindern zu vermitteln, welche Bedeutung Ordnung und Harmonie im Leben haben. Diese Ideale sollten in Joan Pujols Leben eine entscheidende Rolle spielen. Besonders von seinem Vater bekam er immer wieder gezeigt, wie wichtig es ist, die Welt ein klein wenig besser zu machen und alle Menschen gleich zu behandeln. Joan Pujols Vater gehörte keiner Partei an. Er war strikt apolitisch und glaubte, durch die Ereignisse des Ersten Weltkriegs geprägt, nur noch an den Liberalismus und die Freiheit.

»Er ging niemals zu politischen Versammlungen. Er scherte sich nicht um Links oder Rechts. Er brachte mir bei, die Einzigartigkeit der Menschen zu respektieren, und hasste den Krieg und blutige Revolutionen«, erinnerte sich Joan Pujol an diese Zeit, die ihn so so stark beeinflusste.[47]

Trotz aller Mühen der Eltern – als Kind war der kleine Joan kaum zu kontrollieren. Er zerstörte mit Vorliebe das Spielzeug seiner Geschwister und wurde, da die Eltern fürchteten, das Kind könnte ihrer Kontrolle entgleiten, bereits im Alter von sieben Jahren in ein Internat der Maristen-Schulbrüder in Mataró geschickt, wo er vier Jahre verbrachte. Danach kehrte er nach Barcelona zurück und besuchte ein Institut der Brüder der Christlichen Schulen, nur einen Block von der elterlichen Wohnung entfernt. Zusätzlich erhielten alle vier Kinder noch Privatstunden in Französisch, der damals wichtigsten Fremdsprache.

Mit 15 Jahren hatte Joan Pujol genug von der Schule. Nach einem heftigen Streit mit einem seiner Lehrer bat er seinen Vater, von der Schule abgehen zu dürfen.

»Das kannst du ruhig tun. Aber die Bedingung ist, dass du dich dann selbst um eine Arbeit kümmerst«, sagte sein Vater in aller Ruhe.[48] Joan besaß einen festen Willen und wurde rasch aktiv. Er fand eine Lehrstelle in einem Eisenwarenladen in der Altstadt hinter den Ramblas, der Prachtstraße Barcelonas. Die Arbeit hatte er sich allerdings anders vorgestellt. Als Lehrling musste er den Laden ausfegen, Botengänge erledigen und alle Waren wieder einsortieren, die die Verkäufer den Kunden gezeigt und nicht in die Regale zurückgelegt hatten. Schnell enttäuschte ihn diese eintönige Tätigkeit.

Joan Pujol war sprunghaft und immer schnell zu einer völligen Kehrtwende bereit. Eines Tages überraschte er seine Familie mit einer ganz neuen Idee. Er war wild entschlossen, Hühnerzüchter zu werden, und schrieb sich an der Königlichen Schule für Geflügelzucht in Arenys de Mar ein. Das war im Jahr 1930, dem Jahr, in dem eine neue Regierung mit General Dámaso Berenguer als Ministerpräsident vereidigt wurde. Dieser hatte Demokratie und allgemeine Wahlen versprochen. In den meisten großen Städten des Landes reklamierten die Republikaner den Wahlsieg für sich. Um ein Blutvergießen zu verhindern, verließ König Alfonso XIII. das Land, ohne allerdings formell abzudanken. Die Zeit einer gewissen neuen Stabilität in Spanien neigte sich ihrem Ende entgegen.

Nachdem Joan Pujol seine Ausbildung zum Geflügel-
züchter abgeschlossen hatte, zog ihn die Armee ein. Er
wurde dem 7. Regiment der leichten Artillerie zugewiesen,
dessen Kaserne in der Nähe des Hafens lag. Was Pujol vorher nicht wissen konnte: Er wurde der berittenen Artillerie
zugeteilt und erhielt täglich Reitstunden, die ihn bis in die
völlige Erschöpfung trieben. Der Hauptmann, der ihn aus-
bildete, zeigte keine Gnade mit seinen Rekruten. Häufig
kehrte Pujol nach stundenlangen Ausritten mit wundem
Gesäß in die Kaserne zurück. Das Gegenmittel war mindestens so hart wie die Zeit im Sattel. Sein Ausbilder tränkte ein
Stück Stoff mit Essig, streute grobkörniges Meersalz darauf
und legte diese Tücher auf die entzündete Haut seiner Rekruten. »Danach sah ich alle Sterne am Firmament« berichtete Pujol, der nach sechs Monaten genug vom Militär hatte
und sich, indem er eine größere Geldsumme bezahlte, vor-
zeitig vom Dienst freikaufen konnte.[49]
Im Oktober 1934 kam es zu einer Revolte in der Provinz
Asturien im Nordwesten Spaniens, die von der Mitte-
Rechts-Regierung niedergeschlagen wurde. Immer schneller wechselten jetzt die Regierungen. Jeden Tag berichteten
die Zeitungen über eine wachsende Zahl von Toten, und
Parlamentsdebatten wurden für Hetzreden und Beleidigun-
gen genutzt. An einem Tag etwa wurde eine Gruppe rechts-
gerichteter Politiker, die vor einem Café saßen, aus einem
fahrenden Auto heraus mit Maschinengewehrsalven ermor-
det. Am nächsten Tag folgte die Vergeltung, und ein Bom-
benanschlag traf die Linken. Die Machthaber ignorierten
die Verfassung, und die Polizei war angesichts der blutigen
Racheorgien nicht mehr fähig, Ruhe und Sicherheit wieder-
herzustellen. Rasch sollte sich die bürgerliche Ordnung völlig auflösen, und das Geschick Spaniens sollte von neuen
Kräften bestimmt werden.

Madrid, Juli 1936

Zu einem schwarzen Tag in der Geschichte des Landes wurde der 18. Juli 1936. Der spanische Bürgerkrieg hatte begonnen. Der demokratisch gewählten Regierung der Zweiten Spanischen Republik, die seit 1931 existierte, standen die Putschisten unter General Francisco Franco gegenüber. Auch Joan Pujols Leben änderte sich nun dramatisch. Der Beginn des Bürgerkriegs bedeutete für ihn, Abschied zu nehmen von seinem bisherigen Leben als bürgerlicher Katalane, der aus einer wohlhabenden Familie stammte und ohne Geldprobleme ein sorgenfreies Leben führen konnte. Die Welt, wie er sie bisher gekannt hatte, stürzte ein.

Zunächst sah es so aus, als ob die Republikaner schnell für Ruhe sorgen würden. Es schien, als könnten sie die revoltierenden Soldaten in den Kasernen zur Ordnung rufen. Dann aber begingen sie einen entscheidenden Fehler: Sie gaben den Befehl, alle Gefängnisse in Barcelona zu öffnen und all diejenigen freizulassen, die auf ihren Prozess warteten – egal, ob sie gewöhnliche Diebe, politische Gefangene oder verurteilte Schwerverbrecher waren. Die Häftlinge nämlich machten gemeinsame Sache mit den putschenden Nationalisten, raubten und plünderten und sorgten für Entsetzen in der Bevölkerung.

Die Republikaner, die sich selbst als die legitimen Machthaber ansahen, beriefen nun alle Reservisten ein, um diejenigen Soldaten zu ersetzen, die zu den Nationalisten übergelaufen waren. Auch Joan Pujol erhielt den Befehl, einzurücken und sich bei seinem alten Regiment zu melden. Doch er hatte nicht die Absicht, in diesem Kampf eine Seite zu unterstützen. Pujol tauchte ab, wurde zum Fahnenflüchtigen und lebte ab sofort mit dem Risiko, jederzeit erschossen werden zu können. Dabei war er kein Held, er wollte lediglich die stürmische Zeit des Umbruchs unbeschadet überstehen. Spätestens bis Weihnachten, da war er sich sicher, würde sich die Lage beruhigen. Er konnte nicht ahnen, dass der Bürgerkrieg drei Jahre dauern sollte.

Ab August 1936 versteckte er sich zunächst in der Wohnung seiner damaligen Freundin. Ihre Eltern waren mit seinen Eltern eng befreundet gewesen. Pujol fürchtete nichts mehr, als entdeckt zu werden. Das Risiko war hoch, das wusste er, und deshalb verließ er fast zwei Jahre lang die Wohnung nicht. Ständig durchsuchten Polizisten Häuser in der ganzen Stadt auf der Jagd nach Deserteuren und Straftätern. Siebzehnmal wurde auch das Haus, in dem sich Pujol versteckte, routinemäßig durchsucht. Beim 18. Mal, im April 1938, ging alles schief. Pujol saß an diesem Abend in der Küche und knackte mit einem Hammer Nüsse. Laut schlug er mit dem Hammer auf die Tischplatte aus massivem Eichenholz. Der Lärm hallte bis in den Innenhof.

»Aufmachen! Sonst brechen wir die Tür auf! Polizei!« Pujol war so laut gewesen, dass er nicht gehört hatte, dass mehrere Polizisten vor der Wohnungstür lauerten und entschlossen waren, ihre Drohung wahrzumachen. Schnell öffnete Pujols Freundin doch noch die Tür, und die Polizisten stürmten zielstrebig ins Wohnzimmer. Dort versuchten sie, mit Brecheisen und Meißeln die Türschwelle aufzustemmen. Offensichtlich hatten sie von einem missgünstigen Nachbarn einen Tipp bekommen, dass hier viele Wertsachen versteckt seien. Und so war es auch. Der Vater von Pujols Freundin war ein wohlhabender Textilhändler mit vielen Kontakten und hatte hier unter der Schwelle Bargeld, Schmuck und Goldmünzen versteckt – auch für Freunde und Bekannte. Jetzt war er verraten worden und wurde mit seinem Sohn sofort verhaftet. Die Polizisten durchsuchten die ganze Wohnung und gelangten schließlich zur Küchentür.

»Bleiben Sie stehen und nehmen Sie ganz langsam Ihre Waffe herunter«, schrie einer der Beamten Pujol an. Da er in dem Moment, als die Polizisten die Küchentür öffneten, mit gestrecktem Arm den Hammer über seinen Kopf gehalten hatte, wurde auch er sofort verhaftet. 19 Tage blieb er in Isolationshaft und musste fürchten, nun doch als Deserteur erschossen zu werden.[50]

Doch im Gefängnis kam ihm eines Tages der Zufall zu Hilfe. Eine Frau, die ebenfalls inhaftiert worden war, hatte eine Affäre mit einem der Wärter begonnen. Sie konnte ihren Liebhaber davon überzeugen, für einige Augenblicke die Zellentüren aufzulassen. Zusammen mit 48 Mithäftlingen gelang Pujol so die Flucht.

Erneut ging er in den Untergrund und versteckte sich in der kleinen Wohnung eines Taxifahrers, der Mitglied einer Widerstandsgruppe war, die gegen die Truppen Francos kämpfte. Die Wohnung lag in der Nähe des Hafens. Nach einigen Monaten zogen der Taxifahrer und seine Familie aus. Jetzt war Joan Pujol ganz allein, seine Ängste wuchsen mehr und mehr. Was würde geschehen, wenn ihn die Nachbarn entdeckten? Dem Taxifahrer hatte Pujol vor dessen Auszug noch ein letztes Versprechen abgerungen, um sein Überleben zu sichern. Dreimal in der Woche brachte ihm ein Mädchen aus der Nachbarschaft Essen. Doch das war bei Weitem nicht genug, und Pujols Allgemeinzustand verschlechterte sich rasch. Ständig fürchtete er, bei einer erneuten Hausdurchsuchung entdeckt zu werden. Die Stille zermürbte ihn. Er war vom Leben vollkommen abgeschnitten, litt an Verfolgungswahn, begann Selbstgespräche zu führen und nahm in den 15 Monaten, in denen er sich hier versteckte, rund 20 Kilo ab. Er wurde schwächer, verlor fast all seine Haare und sah wie ein 40 Jahre alter Mann aus – obwohl er erst 25 war.[51] Das Mädchen, das ihm Lebensmittel brachte, schaffte es schließlich, ihm einen gefälschten Ausweis der Socorro Blanco (wörtlich: Weiße Hilfe) zu besorgen, einer Hilfsorganisation für politisch und religiös Verfolgte. Mit neuer Identität wagte sich Pujol wieder in die Welt hinaus.

Einer seiner alten Freunde aus der Zeit, als er die Königliche Schule für Geflügelzucht besucht hatte, war inzwischen Sekretär der Gewerkschaft für ungelernte Arbeiter geworden und gab ihm den Tipp, auf einer der vielen Geflügelfarmen im Norden nach Arbeit zu suchen. Pujol entschied sich, in die Gewerkschaft einzutreten. Kurz darauf erhielt er das Angebot, für die Gewerkschaft eine der Farmen in Sant Joan de les Abadesses, im Norden Kataloniens gelegen, zu führen. Die Entscheidung, sofort dort hinzuziehen, traf Pujol nicht ohne Hintergedanken. Der Ort war ideal gelegen für seinen nächsten Plan, denn von hier aus waren es nur knapp 30 Kilometer bis zur französischen Grenze.

Sant Joan de les Abadesses, September 1938

Er musste nur noch die mächtige Brücke aus Stein überqueren, die in das kleine Dorf führte, dann war Pujol an seinem Ziel. Jetzt, am Ende der Trockenzeit, war der Fluss, den er unter sich sah, nur ein Rinnsal. Nach seiner Ankunft meldete er sich gleich beim Gemeinderat, der alle Farmen, Fabriken und Häuser verwaltete und zu Beginn des Bürgerkriegs alle Besitzer enteignet und zur Flucht gezwungen hatte. Niemanden kümmerte es, dass Pujol nur einen vorläufigen Ausweis besaß. Er sollte sich nur einmal in der Woche bei der Gemeindeverwaltung melden, die aus republikanischen Politikern und den lokalen Gewerkschaftsvertretern bestand. Pujol bezog ein Zimmer im einzigen Hotel des Dorfes, erhielt regelmäßig seinen Lohn und betrachtete – als ausgebildeter Hühnerzüchter – seine Aufgabe als überschaubar, denn er sollte auf weniger als 1000 Hennen und Hähne aufpassen.

Sein wahres Ziel verlor Pujol jedoch nicht aus den Augen. Jeden Nachmittag wanderte er bis zu 20 Kilometer, um nach der langen Zeit in völliger Isolation wieder zu Kräften zu kommen und ausdauernder zu werden. Er wollte den Bürgerkrieg in Spanien rasch hinter sich lassen und über die Pyrenäen nach Frankreich fliehen. An einem Sonntag unternahm er einen letzten Test. Frühmorgens stand er auf und stieg auf den fast 3000 Meter hohen Puigmal. Am frühen Mittag konnte er vom Gipfel aus über die Kette der Ostpyrenäen bis nach Frankreich blicken. Er war bereit zur Flucht und wollte sie riskieren.

Doch wenige Tage später verließ ihn wieder der Mut. Pujol hatte gehört, dass eine Gruppe von Flüchtenden an der Grenze abgefangen worden war. Nur wenige waren verhaftet, die meisten auf der Flucht erschossen worden. Ab sofort wurden die Grenzkontrollen in den Pyrenäen massiv ausgeweitet. Pujol wurde immer ungeduldiger. Die Hühnerfarm lief schlecht, mit nur 1000 Tieren konnte er keinen Profit erwirtschaften; außerdem waren die Tiere zu alt und legten nicht genug Eier. Pujol wollte aussteigen. Lange hatte er überlegt, welche Alternativen es für ihn gab. Wie könnte er seinem Leben doch noch eine Wende geben und der wachsenden Verzweiflung entkommen?

Eigentlich sah er nur noch eine Möglichkeit und beschloss deshalb, die Seiten zu wechseln. Naiv, wie er war, nahm er an, dass er, wenn er auf die Seite der Nationalisten unter General Franco überlaufen würde, nicht länger verfolgt werden würde und endlich ein Leben nach seinem Geschmack führen könne. Er beschloss nun, sich freiwillig zur Infanterie der Republikaner zu melden in der Hoffnung, bald zur Front geschickt zu werden. Dann wollte er so schnell wie möglich überlaufen.

Also verließ Pujol die Pyrenäen und machte sich auf den Weg zurück nach Barcelona. Hier ging er direkt zu einem Rekrutierungsbüro im Norden der Stadt. Seine falschen Papiere machten ihn älter, als er war. Aber der Offizier, der sie begutachtete, nahm seinen Antrag freudestrahlend an. Der Bedarf an neuen Soldaten war so groß, dass die Ausbildung sehr kurz war. Nach nur zwei Wochen wurde Pujol mit mehreren Hundert neuen Rekruten in die Gegend von Tarragona verlegt, in die Nähe des Ebro-Flusses.

»Rekruten! Stillgestanden!«, brüllte der Ausbilder Pujol und seine neuen Kameraden an, die seit über einer Stunde im Kasernenhof zum Exerzieren angetreten waren.

»Wer von euch hat schon einmal einen Lastwagen gefahren?«, fragte der Unteroffizier die Soldaten. Es meldete sich eine Handvoll Rekruten.

»Wer von euch ist Maurer, Schreiner oder Schmied?«, fragte er weiter. Pujol kam ins Schwitzen. Wieder traten einige Rekruten vor. Völlig verzweifelt überlegte er, wie er seine Haut doch noch retten könne. Es musste etwas geschehen, und zwar schnell, denn seine Infanteriegruppe wurde immer kleiner. Zwar wollte er an die Front, aber doch nur, um überlaufen zu können, nicht um dort sofort als Kanonenfutter zu sterben. Also suchte er rasch nach einem Ausweg.

»Wer von euch kann telegrafieren und beherrscht den Morse-Code?«, brüllte der Ausbilder die verbliebenen Rekruten an. Das ist die letzte Chance, dachte Pujol und trat einen Schritt vor.

»Ich kann beides, Herr Unteroffizier!«, rief er und schaute den Ausbilder mit festem Blick an. Er war sich sicher, dass nur diese Lüge ihn vor dem Schlimmsten bewahren könne. Auf keinen Fall wollte er in einen Bürgerkrieg verwickelt werden, der all seinen Überzeugungen widersprach. Die Jahre im Untergrund hatten ihn aller Illusionen beraubt.

Lange konnte das jedoch nicht gut gehen. Die Vorgesetzten des Fernmeldekorps, dem Pujol zugewiesen wurde, fanden schnell heraus, wie es um die Fähigkeiten des neuen Kameraden bestellt war. Weder konnte dieser einen einzigen Buchstaben richtig morsen, noch konnte er auf die einfachsten Fragen zur Installation von Telefonanlagen oder zur Entschlüsselung von Flaggensignalen antworten.

»Wissen Sie wenigstens, wie man Kabel zwischen der Front und den verschiedenen Kommandoposten verlegt, Pujol?«, fragte ihn sein Unteroffizier.

»Das kann ich, und ich bin bereit dazu«, antwortete Pujol, der froh war, wenigstens eine Frage seines Vorgesetzten bejahen zu können, und so wurde er sofort einer Fernmelde-einheit der Internationalen Brigade zugeteilt. Die Internationalen Brigaden waren von der Kommunistischen Internationale rekrutierte und ausgebildete Freiwilligenverbände. Die Freiwilligen kamen vor allem aus Frankreich, Deutschland, Österreich, Italien und den USA und kämpften im spanischen Bürgerkrieg auf der Seite der Republikaner. Unter ihren Kämpfern gab es auch viele Prominente wie Pablo Picasso, Joan Miró, Ernest Hemingway, George Orwell und André Malraux. In Pujols Internationaler Brigade war das ganz anders. Da es nicht genug ausländische Freiwillige gab, bestand sie vor allem aus Katalanen.

Die Zustände an der Front waren erbärmlich und die Moral der Soldaten auf ihrem Tiefpunkt. Viele von Pujols Kameraden sprachen offen darüber, zur gegnerischen Seite überzulaufen. Das Einzige, was die Republikaner zu essen bekamen, waren gekochte Linsen, gewürzt mit Speck oder mit einer Scheibe Schweinebauch. Jeden Tag – zum Frühstück, Mittag- und Abendessen.

Auf der anderen Seite, im Lager der Nationalisten, stellten die Soldaten jeden Abend kurz vor Einbruch der Dunkelheit große tragbare Lautsprecher an der Front auf; dann begannen sie mit großer Lautstärke ihre Durchsagen:

»Rote Soldaten! Legt eure Waffen nieder! Der Caudillo, Generalissimo Franco, vergibt euch! Wollt ihr Seelenfrieden für euch und eure Familien? Dann gebt auf!«, schallte es zu Pujols Seite herüber. Aber einen noch größeren Effekt erzielten die Nationalisten, indem sie ihren Speiseplan bekannt-gaben:

»Hey, ihr Roten! Was haben sie euch denn heute wieder

Schönes zu essen gegeben? Schon wieder Linsen? Wir hatten heute Abend drei Gänge: Suppe! Rindfleisch! Pudding mit Sahne! Kaffee!«

Allein das genügte, um viele von Pujols Kameraden so sehr zu quälen, dass sie nachts zu den Nationalisten überliefen. Viele wurden dabei entdeckt, auch der Friseur von Pujols Kompanie, der dann vor den Augen seiner Kameraden hingerichtet wurde. Dennoch nahm die Zahl der Deserteure zu, denn der Hunger war übermächtig. Kurz vor dem Verhungern und desillusioniert wagte nun auch Pujol den Versuch, auf die Seite des Feindes zu wechseln.

Der Mond stand an diesem Abend bereits gegen 19 Uhr am wolkenlosen Himmel, als Pujol mit zwei Kameraden zu flüchten versuchte. Er versteckte sich mit ihnen in einem Schützengraben, in jeder Hand hielt er eine Handgranate. Dann warteten sie, bis die Dunkelheit hereinbrach. Plötzlich und ohne Vorwarnung kletterten seine Kameraden aus dem Graben und rannten den Abhang hinunter. Durch ihre Fußtritte wurden viele kleine Steine und Kiesel mitgerissen, die nun mit einem lauten Rauschen den felsigen Abhang hinunterrollten.

»Alarm – ein Fluchtversuch!«, schrie einer der Wachsoldaten. Pujol blieb keine Zeit mehr. Er wusste, dass es für ihn jetzt um Leben oder Tod ging, und er lief ebenfalls, so schnell er konnte, den Abhang hinunter. Im Tal versuchte er, sich hinter einer Gruppe Pinienbäume zu verstecken. Nach einer kurzen Pause wollte er auf der anderen Seite des Tals wieder hochsteigen. Doch in der Dunkelheit und in Panik hatte er die Orientierung verloren und beging einen verhängnisvollen Fehler: Er lief denselben Hang wieder hinauf, direkt zurück zu den republikanischen Kämpfern. Oben an der Kuppe wieder angekommen, rief er den Wachen entgegen:

»Halt – nicht schießen! Ich bin ein Republikaner, der zu euch Nationalisten überlaufen will.«

Als Pujol seinen Irrtum bemerkte, war es fast zu spät.

Seine ehemaligen Kameraden eröffneten sofort das Feuer
auf ihn. Mit riesigen Schritten rannte er den Abhang erneut
hinunter, halb stolpernd, halb fallend. Unten versteckte er
sich in einem Bett aus Schilfrohr. Pujol konnte die Stimmen
der Soldaten hören, die nach ihm suchten. Sie waren nur
wenige Meter an seinem Versteck vorbeigelaufen, durch-
kämmten das Schilfrohr und durchstießen es mit ihren
Gewehrkolben. Nach einer Viertelstunde hörte er, wie sich
die republikanischen Soldaten wieder entfernten. Erneut
kletterte er den Hang hinauf. Dieses Mal hatte er sich für die
richtige Seite entschieden und fand völlig außer Atem auf
halber Höhe einen kleinen, flachen Graben, in den er sich
hineinducken konnte. Er bedeckte sich mit Laub; beide
Handgranaten hielt er immer noch fest in seinen Händen,
jederzeit bereit, die Sicherungsstifte zu ziehen. Unten im Tal
stoppte die Patrouille der Republikaner für eine Zigaretten-
pause. Kurz bevor ein paar Regenwolken den Mond ver-
deckten, konnte er einen letzten Blick auf seine Häscher
werfen. Sie waren noch ganz in der Nähe. Pujol konnte
nichts tun, als abzuwarten und zu hoffen, dass sie sich endlich zurückzogen.

Sobald die Nationalisten wieder mit ihren Durchsagen
anfingen, zog Pujol seine Stiefel aus, um keine Geräusche
mehr zu erzeugen, verließ den Graben und versuchte, anhand der Lautsprecherstimmen die korrekte Richtung zu
erahnen. Erschöpft stieg er nun über Steinmauern und durch-
querte Terrassenfelder und Viehweiden. Plötzlich hörte er
ganz nah zwei Stimmen.

»Keine Angst, Kamerad! Komm zu uns!« Pujol rannte
das letzte Stück des Berges hinauf. Dort warteten die beiden
Soldaten, mit denen er die Flucht begonnen hatte. Sie waren
in nur wenigen Minuten direkt auf die Seite des Feindes
gelangt, während Pujol nun völlig erschöpft war, rasenden
Durst und an beiden Beinen große Schürfwunden hatte.

»Ich bin ein solcher Idiot. So etwas mache ich nie wieder.

Ich bin durch die Hölle und wieder zurückgegangen«, sagte Pujol und warf sich keuchend und mit pochendem Herzen der Länge nach auf den Boden. Er hatte es doch noch geschafft.

Zwei Tage lang hielt er sich im nationalistischen Lager auf und aß und aß. Als ein weiterer Überläufer ankam, erzählte der davon, dass die republikanischen Wachen in dem Erdgraben Pujols Stiefel und beide Handgranaten gefunden hätten.

Pujols Hoffnung, nach ein paar Erklärungen schnell ins Hinterland geschickt zu werden, wurde enttäuscht. Stundenlang verhörten die Nationalisten ihn, bevor alle Ex-Republikaner in Güterwaggons nach Saragossa transportiert wurden. Dann ging die Fahrt in einem normalen Personenzug weiter nach Bilbao. Hier im Baskenland, im Norden Spaniens, hatten die Nationalisten aus der Universität von Deusto ein Internierungslager gemacht. Die festgesetzten Republikaner schliefen in den Hörsälen auf dem nackten Steinboden. Die Zustände waren verheerend.

Jeden Morgen wurde Pujol von einem leisen Knacken und Rascheln geweckt. Wenn er die Augen öffnete, sah er, dass er und seine Mitgefangenen über und über mit Läusen bedeckt waren. Sie hatten die unterschiedlichsten Formen und Farben, einige waren klein, die größten schillerten bräunlich, und diese Läuseplage war nicht in den Griff zu kriegen. Die Tiere krochen in jede Körperfalte und nisteten sich in der Kleidung ein. Aus Langeweile veranstalteten die Gefangenen Läuserennen und verwetteten dabei ihre Nahrungsrationen.

Pujol versuchte, nach seiner Flucht so viel wie möglich zu essen. Aber nach Jahren der Unterernährung konnte er nichts bei sich behalten. Von Schmerzen gepeinigt, kam er in der Krankenstation unter, wo er mit Milch und leichter Kost versorgt wurde. Nach seiner Genesung meldete er sich bei den nationalistischen Truppen in Burgos, der Stadt, in der sich die Anhänger Francos sammelten. Kämpfen musste Pujol nicht mehr, und er lernte hier im Februar 1939 seine spätere Frau Araceli González Carballo kennen. Araceli, die 1914 im nordwestlichen Lugo geboren wurde, arbeitete während des Bürgerkriegs in einem Feldlazarett. Ihr Vater, der sehr vermögend war, vermittelte ihr später eine Stelle als Sekretärin im Büro des Direktors der Bank von Spanien. Araceli und Joan wurden bald ein Paar und zogen wenig später nach Madrid, wo sie im April 1940 heirateten. Pujol nahm dort eine Stelle als Manager des Drei-Sterne-Hotels Majestic an.

»Die Wahrheit war, dass dieses Hotel nicht mal einen Stern verdient gehabt hätte, geschweige denn den Namen Majestic. Im Winter fiel ständig die Heizung aus, und die Nächte wurden unerträglich. Mehr als einmal dachte ich darüber nach, Spanien zu verlassen, wo sich zwischen Siegern und Besiegten Hass und Rachedurst breitmachten. Als sich die Chance bot, ergriff ich sie begierig«, erinnerte er sich.[52]

Pujol, der stets beteuerte, während des spanischen Bürgerkriegs keinen einzigen Schuss abgefeuert zu haben, war nach seinen Erlebnissen im Bürgerkrieg zu einem entschiedenen Gegner des Faschismus und totalitärer Regime überhaupt geworden. Das galt für seine Heimat Spanien genauso wie für das Deutschland unter Adolf Hitler. Er hatte begonnen, radikaler zu denken, und wollte für die Demokratie kämpfen – und das, obwohl er mit seinem Überlaufen zu den Nationalisten nur seine eigene Haut hatte retten wollen und er sich bis dahin nie wirklich politisch engagiert hatte. Doch nun war er fest davon überzeugt, dass nur die Briten in seiner Heimat und im übrigen Europa für Demokratie und Freiheit würden sorgen können. Nach den eigenen bitteren Erfahrungen der letzten Jahre wollte er deshalb um jeden Preis einen Beitrag zum Kampf gegen das drohende Unheil und den Faschismus als dessen Ursache leisten.

Kapitel 4

Donny, Dick und Dorick

Plymouth/London, 24. April 1942

Endlich war er da. »Es ist schon ein Wunder, dass er ohne jede Unterstützung so lange überlebt hat«, sagte Tomás Harris noch zu Cyril Mills, bevor beide Joan Pujol nach seinem Flug von Gibraltar nach Plymouth am Mount Batten Flugboot-Terminal der Royal Air Force in Empfang nahmen.

»Die nächsten Tage werden zeigen, was er wirklich im Schilde führt«, antwortete Mills und schaute hinüber zu dem blassen, kleinen Mann, der die Gangway heruntergestiegen war. War dies wirklich derselbe Mann, der die Reihe seltsamer Meldungen an die Abwehr abgesetzt hatte? Beide MI5-Mitarbeiter hatten erhebliche Zweifel an Pujols Absichten. Anmerken ließen sie sich natürlich nichts.

»Willkommen in Großbritannien, Señor Pujol. Wir haben lange auf Sie gewartet«, sagte Harris in akzentfreiem Spanisch und stellte seinen Kollegen Cyril Mills als ›Mr. Grey‹ vor. Dann schüttelten die drei Männer sich die Hände und fuhren zu einem Hotel im Stadtzentrum.

Zu Beginn war Cyril Mills der Führungsoffizier für Pujol. Schon bald aber entschied der MI5, dass Tomás Harris diese Aufgabe übernehmen sollte. Ursprünglich war Harris für Sabotageeinsätze in Frankreich vorgesehen gewesen, aber der MI5 wurde auch wegen seiner Sprachkenntnisse auf ihn aufmerksam und warb ihn ab. Schnell wurde er dort wegen seiner Kreativität und seines Ideenreichtums bekannt. 1908 im Londoner Stadtteil Hampstead geboren, verbrachte er seine Schulzeit in Spanien. Allerdings ging er nicht lange zur Schule. Bereits mit 15 Jahren erhielt er ein Kunststipendium der Universität London und studierte dort und später in Rom Malerei und Bildhauerei. Seine Mutter, Enriqueta Rodriguez, stammte aus Sevilla, von ihr hatte er seinen leidenschaftlichen Charakter und seine Liebe zu Spanien. Sein Vater Lionel, ein jüdischer Engländer, war ein berühmter Kunsthändler in London. Er hatte sich auf spanische Künstler spezialisiert und verkaufte Werke von Velázquez, Goya und El Greco. 1930 stieg Harris in das Geschäft seines Vaters ein und erarbeitete sich unter Kunstkritikern rasch einen herausragenden Ruf. Er galt als einer der führenden Kunstexperten für Malerei und Radierungen, erlangte aber auch mit seinen eigenen Werken Bekanntheit. Er arbeitete mit Keramik, gestaltete Gobelins und widmete sich der Glasmalerei. Während des Kriegs führten Harris und seine Frau Hilda im Londoner Stadtteil Mayfair ein offenes Haus, in dem Freunde aus den Geheimdienst- und Künstlerkreisen stets großzügig mit Champagner und Kanapees versorgt wurden. Immer war der Halbspanier makellos gekleidet, mit einer Vorliebe für Sportblazer.

Nach einer kurzen Nacht in Plymouth ging die Fahrt weiter, und Joan Pujol erreichte London. Zum ersten Mal sah er die Schäden, die die deutschen Flieger mit ihren Bomben bei der Luftschlacht um England ein Jahr zuvor in der britischen Hauptstadt angerichtet hatten. Am Tag vor Pujols Ankunft auf der Insel war die britische Luftabwehr erneut in höchste Alarmbereitschaft versetzt worden. Hitler hatte den Befehl gegeben, kulturell bedeutende Städte mit Kathedralen und historischen Gebäuden zu bombardieren. Die Luftwaffe hatte sie angeblich aus dem Baedeker-Reiseführer ausgewählt. Seit zwei Tagen traf es Exeter, an diesem Morgen Bath. Norwich und York sollten in den kommenden Tagen folgen.

Die drei Männer fuhren in den Londoner Stadtteil Hendon im Nordwesten. In der Crespigny Road 35 stoppte der Wagen vor einer unscheinbaren, weißen Doppelhaushälfte mit rotem Dach. Es war eine typische Mittelklassegegend. Hunderte Häuser gleicher Bauart aus der späten Phase des viktorianischen Zeitalters standen hier. Im oberen Stock des Hauses gab es drei Schlafzimmer, im Erdgeschoss befanden sich Wohnzimmer, Esszimmer und eine bescheidene Küche. In Pujols Zimmer standen ein Bett, ein Tisch und ein Stuhl, mehr nicht. Er konnte in einen kleinen Garten blicken.[53] Der MI5 hatte das Haus für die Zeit des Krieges von einem jungen Offizier gemietet. Vor Pujols Ankunft hatten hier schon andere Doppelagenten gewohnt, darunter zwei Norweger mit den Codenamen ›Mutt‹ und ›Jeff‹.[54] Jetzt war Pujol allein im Haus – zumindest fast. Nur Miss Titoff, eine russische Haushälterin, die das volle Vertrauen des MI5 besaß, lebte dauernd hier – und in den ersten Wochen nach Pujols Ankunft auch noch ein Polizist, der immer zivile Kleidung trug und ihm als sein ständiger Begleiter vorgestellt wurde. Dieser sollte ihm in allen Fragen zur Seite stehen und ihn bei Laune halten. Beide Männer nahmen die Mahlzeiten stets gemeinsam ein. Jedes Angebot des Polizisten, ihm London zu zeigen, lehnte Pujol jedoch strikt ab. Er wollte um keinen Preis auffallen und unbedingt unentdeckt bleiben. Denn was würde passieren, wenn ihn ein deutscher Agent plötzlich sehen würde?

Nur wenige Wochen später trafen auch Pujols Frau Araceli und sein Sohn Joan Fernando in London ein. Pujol hatte die Deutschen inständig darum gebeten, sie mitnehmen zu dürfen, vor allem mit dem Argument, dass er eine bessere Tarnung besitze, wenn er als Familienvater in Großbritannien leben würde. Die Abwehr hatte keine Einwände gehabt und schrieb ihm:

»Es gibt keinen Grund, weshalb du nicht deine Frau und dein Kind dorthin mitnehmen solltest.«[55]

Doch es war dann die Aufgabe der Briten gewesen, Araceli und ihren Sohn nach London zu bringen, und das möglichst unauffällig. Auch die Mitarbeiter der britischen Geheimdienste waren der Ansicht, dass Pujol nur dann erfolgreich für sie arbeiten könne, wenn seine Familie bei ihm sei. Araceli hatte sich dem erzwungenen Umzug zunächst mit allen Kräften widersetzt. War ihr nicht versprochen worden, dass ihr Mann Joan in wenigen Wochen zurückkehren würde? Mehrere MI6-Mitarbeiter in Portugal mussten sie davon überzeugen, wie wichtig es für sie und ihr Kind sei, künftig gemeinsam mit ihrem Mann in London und damit in Sicherheit zu leben. Dann endlich war ihr Widerstand gebrochen. Wenige Tage vor ihrer Abreise schrieb sie an ihren Mann:

»Mein lieber Joanito,

denke bitte oft an mich, aber zerbrich Dir nicht den Kopf zu sehr, wie ich da herüberkommen soll. Du weißt, wie sehr ich Dich liebe, und die Freude, an Deiner Seite zu sein, lässt mir alles andere als sehr leicht erscheinen. Ich gehorche Dir blind, jetzt mehr als zuvor, und werde all das tun, was Du mir in Deinen Briefen gesagt hast.

Araceli.«[56]

Araceli wurde ohne großes Aufsehen nach Großbritannien gebracht. Es war ihre erste größere Reise, noch nie zuvor hatte sie die iberische Halbinsel verlassen. Sie sprach kein Wort Englisch, und in den kommenden Monaten sollte ihr Heimweh beinahe unerträglich werden. Immer wieder sollte es zwischen Pujol und seiner Frau zu heftigen Streitereien kommen, doch Pujol versicherte seinen Agentenführern stets, es handele sich nur um vorübergehende Schwierigkeiten. Araceli werde sich schon beruhigen.[57] Im September kam dann in London Aracelis und Joans zweiter Sohn Jorge auf die Welt.

Direkt nach seiner Ankunft übergab Pujol dem MI5 alle Dokumente und Briefe, die er an die deutsche Abwehr geschrieben hatte, außerdem 15 Briefe und Fragebögen, die er von Karl-Erich Kühlenthal und Friedrich Knappe-Rathey zwischen Juli 1941 und März 1942 erhalten hatte. Er erklärte Cyril Mills und Tomás Harris den Inhalt. Überzeugen konnte Pujol die Geheimdienstler vor allem damit, dass er die Kopie des Briefes mit der Nummer 39 an die Abwehr vorlegen konnte, in dem er den britischen Konvoi von Liverpool nach Malta beschrieben hatte.[58] Von frühmorgens bis zum Sonnenuntergang testeten Mills und Harris in den kommenden 14 Tagen Pujol. Immer wieder stieß Desmond Bristow vom MI6 dazu. Der Neuankömmling aus Katalonien schien sich in dem ihm fremden England schon sehr wohl zu fühlen.

»Zum Frühstück mag er besonders Spiegeleier mit Speck. Offenbar hat er seit 1936 keinen Speck mehr gesehen«, berichtete Bristow an seine Vorgesetzten.[59]

Gemeinsam versuchten sie, in Pujols Schilderungen Widersprüche zu entdecken, aber seine Motive schienen eindeutig. So gab er als einen Grund für seinen Kampf gegen die Nationalsozialisten an, dass sein Bruder in Frankreich angeblich Zeuge von Grausamkeiten der Gestapo geworden und selbst inhaftiert worden sei. Erst später gab es erhebliche Zweifel an dieser Geschichte und den Verdacht, dass Pujol die Unwahrheit gesagt hatte.[60]

»Es klingt alles völlig plausibel, was er uns erzählt. Ich habe nicht einen Fehler bemerkt«, sagte Tomás Harris zu seinem Kollegen Cyril Mills nach einem der letzten stundenlangen Gespräche mit Pujol. Beide hatten sich in die enge Küche des kleinen Hauses zurückgezogen.

»Absolut deiner Meinung, Tommy«, sagte Mills. »Auch wenn es nur in seinem Kopf existiert – er hat ein komplettes Netzwerk von Agenten aufgebaut. Höchste Zeit, ihn an Bord zu nehmen.« Beide waren beeindruckt von Pujols Phantasie. Harris hatte bereits während dieser ersten Gespräche begonnen, sich die Besonderheiten der von Pujol erfundenen Agenten zu notieren.

»Pujol ist wirklich der beste Schauspieler der Welt. Er kann für uns in jede Rolle schlüpfen. Lass ihn uns nicht mehr ›Bovril‹ nennen. Sein neuer Codename sollte ab sofort lieber ›Garbo‹ sein«, sagte Mills, nachdem beide Pujol noch einmal stundenlang verhört hatten. Harris lächelte und nickte.[61]

»Einverstanden, Cyril. Auch wenn wir noch nicht mit ihm über seine Gage gesprochen haben.«

Den Namen ›Garbo‹ – nach der Schauspielerin Greta Garbo – wählten sie auch deshalb, damit ihr Agent nicht sofort als Mann identifiziert werden konnte.[62]

Innerhalb des MI5 gehörte Harris nicht zur Abteilung B1a, die alle Doppelagenten führte, sondern zur B1g, die sich um die spanische Gegenspionage kümmerte.[63] Für die Arbeit mit Pujol schien Harris aber der am besten geeignete Offizier zu sein und erhielt deshalb den Befehl, den Fall zu übernehmen.

Die Arbeit der Führungsoffiziere war sehr anspruchsvoll. Ein einziger Fehler, eine kleine Unstimmigkeit, und die Gegenseite hätte misstrauisch werden und die Doppelagenten rasch auffliegen lassen können. Die Berichte, die Doppelagenten wie ›Garbo‹ und andere der Abwehr schickten, mussten glaubwürdig und genau sein, dazu genügend Informationen enthalten, um die Abwehroffiziere zufriedenzustellen. Harris hatte eine schwierige Aufgabe vor sich, denn entscheidend war, dass er sich in die Persönlichkeit des von ihm geführten Doppelagenten vollkommen einfühlen konnte. Jede an die deutsche Abwehr übermittelte Botschaft sollte den persönlichen »Stempel« des jeweiligen Agenten tragen.[64] Niemals aber durften die Meldungen für die deutsche Seite so nützlich sein, dass sie britische Kriegsziele gefährdeten. Deshalb übernahm eine Regierungsstelle die Aufsicht über die Führung der Doppelagenten, das sogenannte Komitee 20. Es wurde auch das Zwanziger- oder das Doppelkreuz-Komitee genannt, abgeleitet von der römi-

schen Ziffer XX (das Englische »to double cross someone«
bedeutet: jemanden betrügen). Die Mitglieder dieses Gre-
miums kamen aus dem Verteidigungsministerium, dem
Außenministerium, den Streitkräften und den Geheimdiensten von Marine und Luftwaffe. Mit Kriegseintritt der
USA stießen noch Vertreter der US-Dienste hinzu.

Das Netz der Doppelagenten war in den Dreißigerjahren
mehr oder weniger zufällig entstanden. Arthur Owens, ein
walisischer Ingenieur, der Batterien für Schiffe herstellte,
wurde während einer Reise nach Deutschland von der
Abwehr als Spion angeworben. Owens stimmte scheinbar
zu, erhielt ein deutsches Funkgerät, berichtete aber bei seiner Rückkehr nach England dem MI5 von diesem Anwerbe-
versuch. Sein Gerät wurde konfisziert, er selbst festgenommen. In dieser heiklen Situation sendete er zum Schein nun
Meldungen an die Abwehr nach Hamburg. Unter seinem
Codenamen ›Snow‹ war er der erste Doppelagent Großbritanniens geworden. Danach wuchs das System der XX-
Agenten beständig. Zahlreiche andere Doppelagenten wie
›Dragonfly‹, ›Lipstick‹, ›Teapot‹, ›Sniper‹, ›Bronx‹, ›Carrot‹
und ›The Snark‹ kamen hinzu.

Unter Vorsitz von John Cecil Masterman, einem in Oxford
lehrenden Historiker, tagte das XX-Komitee erstmals am
2. Januar 1941 und traf sich dann ohne Unterbrechung jeden
Donnerstagnachmittag wieder, insgesamt 226-mal bis zum
10. Mai 1945.[65]

Masterman wollte, dass sich die Mitglieder des Zwanzi-
ger-Komitees stets wohlfühlten, und so traf er vor der ersten
Sitzung »eine kleine, aber bedeutende Entscheidung«. Für
die Teilnehmer sollten immer Tee und Rosinenbrötchen
bereitstehen.

»In Tagen des akuten Mangels und der Rationierung
war die Beschaffung von Rosinenbrötchen keine leichte Aufgabe, aber auf Biegen und Brechen (meist Brechen) haben
wir während der Kriegsjahre immer welche auftreiben kön-

nen. War dieses einfache Hilfsmittel ein Grund dafür, dass die Anwesenheit im Komitee fast immer bei einhundert Prozent lag?« Das fragte sich Masterman nach der letzten Sitzung.[66]

1891 geboren, war Masterman bedeutend älter als die meisten Offiziere der B1a. Der Oxforder Geschichtsprofessor hatte nicht zufällig den Vorsitz übernommen. Er war ein profunder Kenner Deutschlands, sprach die Sprache seiner Feinde fließend, auch weil er in Freiburg studiert und nach dem Ersten Weltkrieg vier Jahre in deutscher Kriegsgefangenschaft verbracht hatte, und zwar in einem Lager in Ruhleben, im Westen Berlins. Er liebte es, in seiner Freizeit Krimis zu schreiben, und war ein begeisterter Sportler. In den Zwanzigerjahren war er Mitglied gleich dreier englischer Nationalmannschaften gewesen: für Tennis, Feldhockey und Kricket.

Masterman war sich der schwierigen Aufgabe, die ihm bevorstand, nicht wirklich bewusst, denn er hatte noch nie für den Geheimdienst gearbeitet. Vor allem die Militärs weigerten sich oft strikt, den Führungsoffizieren und ihren Doppelagenten echte Informationen aus ihrem Bereich zu überlassen. Mastermans wichtigste Aufgabe war es deshalb, zwischen beiden Seiten zu vermitteln.

»Das XX-Komitee musste möglichst viele genaue und echte Informationen einer möglichst großen Zahl von Doppelagenten zur Verfügung stellen. Nur so konnten wir die Gegenseite tatsächlich täuschen«, schrieb er nach Kriegsende.[67] Die mit einigen sachlich richtigen Details versehenen Meldungen der Doppelagenten an die Abwehr wurden intern auch »chicken feed« genannt (wörtlich: Hühnerfutter, aber im Englischen auch ein Ausdruck für Lappalie). Das XX-Komitee befand sich in einem Zwiespalt, denn in keinem Fall durften britische Interessen gefährdet werden. Geheimnisse und viele Menschenleben waren in Gefahr.[68]

79

Seit 1940 plante Hitler, Großbritannien zu erobern. Die Abwehr versuchte mit allen Mitteln, ihre Agenten auf der Insel zu platzieren. In Großbritannien war seit Kriegsbeginn die Angst vor ausländischen Agenten teilweise in Panik ausgeartet. Die deutschen Agenten erreichten die britischen Inseln entweder mit dem Schlauchboot, sie sprangen per Fallschirm ab oder wurden von einem U-Boot vor der Küste abgesetzt. Eines hatten sie gemeinsam: Sie waren vollkommen erfolglos. 16 feindliche Agenten, die auf britischem Boden gelandet waren, wurden während des Krieges hingerichtet. Weitere 47 wurden »umgedreht« und arbeiteten fortan als Doppelagenten für das XX-System.

Einer der ersten deutschen Agenten, die in Großbritannien eintrafen, war Josef Jakobs. Er landete am 31. Januar 1941 mit seinem Fallschirm gegen 21 Uhr in Romsey in der Nähe von Southampton in einem Feld und brach sich dabei sein Sprunggelenk. Am Morgen war der Schmerz dann unerträglich. Um 9 Uhr 30 feuerte er mehrere Schüsse aus seiner Mauser-Pistole ab, um Hilfe zu bekommen. Wenig später nahmen ihn die Dorfpolizisten fest. Auch Jakobs erhielt das Angebot, als Doppelagent zu arbeiten. Er lehnte das eisern ab und wurde zum Tod verurteilt. Am 15. August 1941 starb er im Londoner Tower, mit dem festen Willen, bis zum letzten Atemzug nicht nachzugeben. Den Soldaten des Exekutionskommandos, die auf ihn anlegten, schrie er als letzte Worte entgegen: »Tommies! Schießt geradeaus!«[69] Er war der letzte Mensch, der im Tower hingerichtet wurde.

Mit der Alternative konfrontiert, gehängt zu werden oder künftig als Doppelagent für die Alliierten zu arbeiten, entschieden sich die meisten deutschen Agenten nach oft wochenlangen Verhören zur Kooperation mit dem MI5. Insgesamt steuerte das XX-Komitee während des Zweiten Weltkriegs 120 Doppelagenten, einige nur für sehr kurze Zeit, andere bis zum Kriegsende. Die wichtigsten neben Joan Pujol waren der Jugoslawe Dušan Popov, der den Codenamen ›Tricycle‹ erhielt (deutsch: ›Dreirad‹), der britische Safeknacker Eddie Chapman (›Zigzag‹), der Däne Wulf Schmidt (›Tate‹) und der polnische Luftwaffenoffizier Roman Garby-Czerniawski (›Brutus‹). Nur sechs der Doppelagenten waren Deutsche.[70]

Die britischen Behörden hielten es für zwingend, einige der gefassten deutschen Agenten rasch hinzurichten. Wenn ein nach Großbritannien gelangter Agent nicht geräuschlos und ohne großes Aufsehen von den Geheimdiensten festgenommen werden konnte, sondern von der örtlichen Polizei gefasst wurde, war sein Schicksal praktisch besiegelt. Denn dann war es auch wahrscheinlich, dass die Presse über die Festnahme berichtete und die Deutschen von der Gefangennahme ihres Agenten erfuhren.

Ein weiterer Grund war, dass bekannt gewordene Hinrichtungen die anderen Doppelagenten schützten. Denn die Abwehr in Berlin wäre stutzig geworden, wenn kein einziger ihrer nach Großbritannien eingeschleusten Agenten vom Feind entdeckt worden wäre.

Die Führungsoffiziere der Doppelagenten trugen die volle Verantwortung für ihren jeweiligen »Fall«. Das XX-Komitee sah es als entscheidend an, dass sie jedes Detail ihres Doppelagenten kannten und zu dessen zweitem Ich wurden.

»Der Führungsoffizier muss in die Haut des Agenten schlüpfen und sein Leben leben«, forderte Masterman.[71] Verhindert werden musste auch, dass die Doppelagenten von der Existenz anderer Doppelagenten erfuhren. Sollte einer von ihnen doch von den Deutschen enttarnt werden, konnte er – selbst unter Folter – nichts über andere Agenten verraten, und das XX-System blieb geschützt.

London, Mai 1942

Nach Pujols Ankunft in London und der Übernahme dieses Falls trieb Tomás Harris vor allem eine Sorge um. Viele Wochen waren vergangen, seit sich die Abwehr in Madrid zuletzt bei Pujol gemeldet hatte. Waren Friedrich Knappe-Rathey und Karl-Erich Kühlenthal doch misstrauisch geworden? Sie hatten keine Briefe mehr geschrieben, der letzte stammte vom März, und Pujol hatte ihn noch vor seiner Flucht aus Portugal erhalten. Das Warten zehrte an seinen Nerven.

»Was passiert, wenn sie in Madrid doch gemerkt haben, wie sehr ich sie belogen habe, Tomás?«

»Du musst Geduld haben«, sagte Harris. »Wir wissen nicht, ob Knappes und Kühlenthals Antworten nicht von irgendjemandem abgefangen worden sind.« Hatte Pujol zu viel riskiert? Dann folgte doch die Entwarnung. In einem Brief der Abwehr aus Madrid vom 14. 5. 1942 hieß es an ›Alaric Arabel‹:

»Wir waren äußerst besorgt, weil wir keine Nachrichten mehr von dir erhalten hatten. Wir haben deshalb auch nicht mehr geschrieben und wollten kein Aufsehen erregen, falls dir etwas zugestoßen sein sollte. (...) Anbei findest du neue Deckadressen, weiteres Geld wird dir in Kürze zugehen.«[72]

Harris und Pujol atmeten erleichtert auf. Die Abwehr hatte auch nach Pujols Flucht keinen Verdacht geschöpft und vertraute ihrem Agenten ›Alaric Arabel‹ noch immer.

Tomás Harris und die Mitglieder des XX-Komitees setzten nun alles daran, ›Garbos‹ Agentennetzwerk rasch zu erweitern. Noch immer fürchtete Harris, dass die Abwehr, sollte sie Pujols bisherige Meldungen genauer prüfen, doch noch zum einzig möglichen Ergebnis kommen würde: dass nämlich alle Meldungen falsch und frei erfunden waren. Harris zögerte nicht länger. Er bat das XX-Komitee, echte

Informationen benutzen zu können, um die Sache schnell voranzutreiben. Die Erlaubnis dafür erhielt er sofort. Also ging die Täuschung weiter.

In dem ersten Brief, den Pujol nun tatsächlich von London aus abschickte, berichtete er, dass er weitere Agenten rekrutiert habe, unter anderem einen Offizier der Royal Air Force, der ihm Informationen über die Luftabwehrstellungen im Londoner Hyde Park gegeben habe. Diese Informationen waren vom XX-Komitee autorisiertes »Hühnerfutter«, absolut echt und für die Aufklärer der deutschen Luftwaffe ohne allzu große Schwierigkeiten überprüfbar. Künftig entzifferten Pujol und Harris die von den Deutschen ankommenden Nachrichten und bereiteten alle Texte von ›Alaric Arabel‹ an die Abwehr gemeinsam vor. Die Abteilung V des MI6 beauftragte dann einen königlichen Kurier damit, die Unterlagen Eugene Risso-Gil zu überbringen, dem Verbindungsmann des MI6 in Lissabon, der Pujol heimlich aus Portugal hatte verschwinden lassen. Ab sofort war Risso-Gil für das Schließfach in der Espirito Santo Bank in Lissabon verantwortlich und bediente es ohne größeres Aufsehen bis Kriegsende. Einige von Pujols Briefen wurden aber auch mit normaler Luftpost an die von den Deutschen genannten Tarnadressen in Lissabon geschickt. Die Abwehr schöpfte keinerlei Verdacht, dass sich ›Alaric Arabels‹ System von jetzt an grundlegend geändert hatte. Er war nun nicht mehr auf sich allein gestellt, sondern fest unter der Kontrolle des britischen Geheimdienstes.

Harris und Pujol schufen jetzt das erweiterte ›Garbo‹-Netzwerk, bestehend aus insgesamt 27 fiktiven Unteragenten. ›Garbo‹ sollte nun in seinen langen Briefen an die Abwehr über Gespräche berichten, die er nie geführt hatte – mit Menschen, die er nie getroffen hatte. In seinem Netzwerk hatte ›Garbo‹ fünf sehr direkte Mitagenten, die als J(1) (für Joans Agent Nummer 1) bis J(5) bezeichnet wurden. Dazu kamen noch weitere 22 Spione, mit denen ›Garbo‹

zum Teil nur indirekt in Kontakt stand. J(1) war sein Steward bei der Fluglinie KLM, der für ihn die Briefe nach Lissabon brachte. J(2) war der Offizier der britischen Luftwaffe. In weiteren ausführlichen Briefen schilderte Pujol in den kommenden Wochen, dass er neue Agenten angeworben habe. So berichtete er darüber, dass J(3) ein Mitarbeiter in der für Spanien zuständigen Abteilung des britischen Ministeriums für Information, dem Propagandaministerium, sei. Mit ihm könne er sehr offen über Vorgänge im Ministerium sprechen. ›Garbo‹, so sah es Harris' Plan vor, sollte zu dem Bürokraten künftig eine sich ständig vertiefende Freundschaft pflegen, um der Abwehr auch angeblich geheime Regierungsunterlagen senden zu können. Schließlich schuf Harris die Legende, dass ›Garbo‹ selbst eine Teilzeitstelle im Informationsministerium angetreten habe.

Die Angst, ›Garbo‹ könne nicht genug verlässliche Quellen zitieren, ließ Tomás Harris nicht los. Er bat deshalb das XX-Komitee darum, noch eine Gruppe extrem glaubwürdiger Unteragenten entwickeln zu dürfen. ›Garbo‹ warb zum Schein weitere Regierungsangestellte an. J(4) war ein weiterer Beamter im Ministerium für Information, der eine extrem linke politische Einstellung besaß und in der Zensurabteilung tätig war. Im Verteidigungsministerium arbeitete eine Sekretärin, mit der ›Garbo‹ ein Verhältnis begann und die ihm in ihrer grenzenlosen Verliebtheit streng vertrauliche Details verriet. Sie wurde zu J(5).

›Garbos‹ nächster Neuzugang war Agent Nummer 4, angeblich ein Kellner namens »Fred«, der in einem Hotel im Londoner Stadtteil Soho arbeitete. Zu Agent Nummer 5 wurde ein weiterer Venezolaner, der Bruder von »Pedro« (Agent Nummer 3), der Pujol aus Schottland Informationen lieferte. Agent 5 hatte seinen Bruder in Glasgow besucht und wurde dann an der schottischen Ostküste platziert, während sein Bruder Pedro an der Westküste für Pujol spionierte.

Agent 6 war ein Südafrikaner, der die Briten verabscheute

und beste Kontakte in die Londoner Ministerien besaß. Nummer 6 arbeitete zuerst in London, später angeblich im nordafrikanischen Algier und lieferte von dort aus sehr genaue Details. Leider konnte er nur Briefe an ›Garbo‹ schicken, die dieser dann nach Lissabon an die Abwehr weiterleitete. ›Garbo‹ bedauerte dies öfters und wies darauf hin, dass die Informationen von Agent 6 deshalb immer ein wenig veraltet seien. Im Juli 1943 starb Agent Nummer 6 angeblich bei einem Flugzeugabsturz.

Agent 7 mit dem Namen ›Stanley‹ leitete das ›Dagobert‹-Netzwerk, das zunächst aus einer Gruppe separatistisch gesinnter Waliser bestand.[73] ›Stanley‹ selbst war vor allem deshalb bereit, für die Deutschen zu arbeiten, weil er den Kommunismus zutiefst verabscheute und weil ›Garbo‹ ihm eine hohe Position im NS-System versprochen hatte, sobald der Endsieg errungen sei. Dies sei zweifellos lediglich eine Frage der Zeit, wie er Kühlenthal immer wieder mit überzeugendem Nachdruck mitteilte.

Mit der Rekrutierung dieser neuen Agenten konnte Pujol die Zahl seiner Meldungen an die deutsche Seite drastisch steigern. Dies auch deshalb, weil er den Deutschen weismachte, dass die Mitglieder seines Netzwerks, zu dem als Teil des ›Dagobert‹-Netzwerks auch sein Agent ›Dorick‹ gehörte, ihre Informationen in militärisch äußerst wichtigen Häfen und Marinestützpunkten im ganzen Land sammelten. All diese Neuzugänge ließen den deutschen Hunger nach Informationen immer größer werden.

Harris ging mit seiner Inszenierung noch einen Schritt weiter. Pujols Netzwerk lieferte schon bald nicht nur aus Großbritannien Informationen. Andere neue Agenten waren jetzt auch außerhalb Großbritanniens für ihn im Einsatz: in Kanada und den USA. Einige waren Regierungsbeamte oder Seeleute, andere verärgerte Soldaten oder Piloten. Dazu stieß auch ein nach Unabhängigkeit für seine Heimat strebender Waliser, der sich nichts sehnlicher wünschte als eine Niederlage der ihm verhassten Engländer. ›Garbo‹ gelang es auch, den Agenten ›Donny‹ zu rekrutieren; dieser war der Anführer der angeblich NS-treuen, obskuren »Bruderschaft der Arischen Weltordnung«, und glaubte fanatisch an die Überlegenheit der arischen Rasse. Zu dieser Gruppe stießen später noch der indische Dichter ›Dick‹ – auch genannt ›Rags‹ (deutsch: Lumpen) – und seine Geliebte ›Theresa Jardine‹. Diese Agentin zog später nach Ceylon. Aus der »Bruderschaft der Arischen Weltordnung« rekrutierte Pujol im Lauf der Zeit noch weitere Mitglieder.

›Garbos‹ Agenten hatten nichts gemeinsam – mit einer Ausnahme: Sie alle entstammten Harris' und Pujols Phantasie. Diese war gefordert, denn für alle 27 Unteragenten mussten sie eine eigene Biografie und eine eigene Persönlichkeit entwickeln. Die meisten operierten in Großbritannien, einige waren für ›Garbos‹ Netzwerk auch im Nahen Osten tätig. Ausführlich berichtete er nach Madrid, wie er seine neuen Agenten getroffen habe, ihr Vertrauen gewinnen konnte, wo sie arbeiteten, welche Kontakte sie besaßen und welche geheimen Informationen sie liefern konnten. Bald schickten Harris und Pujol bis zu drei Briefe pro Woche an die Abwehr. Das Zwanziger-Komitee, das die Doppelagenten kontrollierte, gab nun endgültig der strategischen Täuschung höchste Priorität. Auch weil ›Tar‹ Robertson und der MI5 überzeugt waren, dass es keinen einzigen feindlichen deutschen Agenten gab, der erfolgreich in Großbritannien spionierte. Mit Blick auf das ›Garbo‹-Netzwerk schrieb er in einem Memorandum:

»Es ist ziemlich sicher, dass das einzige Netzwerk an Agenten, über das die Deutschen in diesem Land verfügen, jetzt vom Geheimdienst kontrolliert wird. (…) Der gemeinsame Generalstab [von Briten und Amerikanern, Anm. d. Verf.] in diesem Land hat in den Doppelagenten des MI5 ein starkes Mittel, um auf das deutsche Oberkommando der Wehrmacht Einfluss auszuüben.«[74]

Schnell wurde klar, dass Harris und Pujol viele Stunden täglich zusammenarbeiten würden, um an den richtigen Fäden des ›Garbo‹-Netzwerks zu ziehen. Ebenso wichtig war es, künftig ›Garbos‹ Sicherheit zu garantieren. Niemand wusste, ob die Deutschen es nicht doch noch irgendwann schaffen würden, echte Agenten auf seine Fährte zu setzen. Zur Tarnung erhielt Pujol Papiere, die ihn als ›Joan Garcia‹ auswiesen, der als Übersetzer für die BBC arbeitete. Aber auch der MI5 musste sich schützen. Deshalb sollte Pujol mit möglichst wenigen MI5-Mitarbeitern in Kontakt kommen, und niemals erhielt er direkten Zugang zu echten Geheimdokumenten. Was würde geschehen, wenn Pujol doch für die Deutschen arbeitete oder die Seiten erneut wechseln wollte? Zu keiner Zeit blieb Pujol allein. Der MI5 ließ ihn nie aus den Augen, denn er bedeutete ein hohes Risiko. Die Geheimtinte und die Codes der deutschen Abwehr blieben immer unter der Kontrolle von Tomás Harris, Pujol durfte sie nie ohne Aufsicht benutzen. Der MI5 hörte auch alle seine Telefonate ab.

Harris mietete rasch ein neutrales Büro in einer Einkaufspassage nahe der Jermyn Street in der Londoner Innenstadt an. Aus Sicherheitsgründen kam sein eigenes Büro im MI5-Hauptquartier in der St. James Street nicht infrage. Hier im neuen Büro lernte Pujol auch Sarah Bishop kennen. Sie arbeitete ebenfalls für den MI5 und war Harris' Übersetzerin, Assistentin und Vertraute. Bishop passte auf Pujol auf, wenn Harris nicht im Büro sein konnte, und Pujol entwickelte zu ihr mit der Zeit ebenso viel Vertrauen wie zu Harris.

Harris und Pujol wollten Kühlenthal und dessen Mitarbeiter so viel wie möglich beschäftigen und sorgten deshalb dafür, dass die Deutschen möglichst mehrere Tage brauchten, bis sie ›Alaric Arabels‹ Briefe entziffert hatten. Sie entwickelten einen sehr wortgewaltigen und weit ausschweifenden Stil für seine Meldungen. Sich kurz zu fassen war ›Garbos‹ Sache nicht. Stattdessen schrieb er mit möglichst

vielen Synonymen und sehr umständlich, damit die Briefe
möglichst lang wurden. Schachtelsatz reihte sich an Schachtelsatz, der Inhalt war lang, ermüdend und kompliziert.

›Garbo‹ war zum wichtigsten Doppelagenten des britischen Geheimdienstes geworden. Seine Rolle war inzwischen so bedeutend, dass es der MI5 für geboten hielt, jetzt
auch den britischen Premierminister Winston Churchill
über die Arbeit von Harris und Pujol zu informieren. In
einem gesonderten Bericht, adressiert an 10 Downing Street,
hieß es:

»Während einige unserer Offiziere die Briefe der
Unteragenten fälschen und der Führungsoffizier
seine gesamte Zeit damit zubringt, den Fall zu überwachen, zu organisieren und weiterzuentwickeln
sowie ›Garbos‹ Leben zu leben und dessen Gedanken zu
denken, arbeitet ›Garbo‹ selbst durchschnittlich
sechs bis acht Stunden am Tag: Er verfasst geheime
Briefe, entschlüsselt Schreiben, denkt sich Tarn-
texte aus, schreibt sie nieder und plant für die
Zukunft. Zum Glück hat er einen eingängigen und
reißerischen Stil, besitzt viel Einfallsreichtum
und begeistert sich auf innige und höchst idealis-
tische Weise für seine Aufgabe.«[75]

Für jeden fiktiven Agenten entwickelten Pujol und Harris
spezielle Eigenheiten. Die Tage waren immer lang für die
beiden. Seite für Seite füllten sie in ihrem kleinen Büro, nur
unterbrochen vom Mittagessen und den Teepausen. Im
Durchschnitt hatten ihre Meldungen zwischen 1500 und
2000 Wörter, einige waren bis zu 8000 Wörter lang, umfass-
ten manchmal also bis zu 40 Schreibmaschinenseiten.[76] Tag
und Nacht sollte Kühlenthals Einheit mit dem Entziffern der
umständlich geschriebenen Texte verbringen. Doch für
Pujol und Harris bedeutete dies doppelte Arbeit. Denn ›Alaric Arabels‹ Meldungen in Geheimtinte mussten noch mit
einem unauffälligen Text in normaler Tinte überdeckt wer-

den. Pujols Aufgabe war es, sich diese unverfänglichen Texte auszudenken und sie in voller Länge mit der Hand über die geheimen Botschaften zu schreiben. Darin berichtete er meist über familiäre Angelegenheiten oder gesundheitliche Probleme. Es war eine ermüdende Aufgabe, die sich manchmal bis spät in die Nacht hinzog. Pujol erfüllte sie, wie sich Tomás Harris erinnerte, »mit großem Geschick«.

London, 24. Juli 1942

Besonders ›Tar‹ Robertson, der Vorgesetzte von Tomás Harris beim MI5, plädierte dafür, die Doppelagenten und allen voran das ›Garbo‹-Netzwerk stärker in die Pläne der britischen Armee einzubinden.

»Die Doppelagenten sind eine mächtige Waffe. Das XX-Komitee muss mehr tun, damit die Deutschen genau die Informationen erhalten, von denen wir wollen, dass sie sie erhalten«, schrieb er an die Oberbefehlshaber der britischen Streitkräfte. [77]

Sein Vorstoß ergab viel Sinn, denn seit Sommer 1942 hatten die Alliierten ihre Strategie geändert. Die Zeit der Defensive war vorüber, jetzt begann die Zeit des direkten Kampfes gegen Hitler-Deutschland. US-Präsident Roosevelt und der britische Premierminister Churchill hatten beschlossen, zunächst in Nordafrika einzumarschieren, um die deutschen Expansionspläne zu stoppen. Die Alliierten planten, die Schlüsselhäfen von Marokko bis Algerien gleichzeitig einzunehmen, wobei vornehmlich Casablanca, Oran und Algier ins Visier gerieten. Die endgültige Entscheidung fiel am 24. Juli 1942. Die alliierten Streitkräfte sollten von US-General Dwight D. Eisenhower unter dem Namen ›Operation Torch‹ (deutsch: Fackel) angeführt werden. Entscheidend war bei diesem Überraschungsangriff, dass die deutschen und italienischen Streitkräfte in jedem Fall vorher davon überzeugt werden mussten, dass die Landung nicht in Marokko und Algerien erfolgen würde, sondern an einer ganz anderen Stelle Afrikas. Die Aufgabe der Geheimdienststellen war es, den Feind glauben zu lassen, dass andere Orte viel gefährdeter seien als die genannten.

Die Zeit für eine erfolgreiche Täuschung der deutschen Seite war äußerst knapp. Im Juli fiel die Entscheidung, im Oktober sollte der Angriff in Afrika erfolgen. Noch nie vorher war eine so große Seemacht aufgebrochen. Drei riesige Konvois machten sich auf den Weg. Zwei von Großbritannien aus, die mehr als 2700 Seemeilen zurücklegen mussten, der dritte von den USA aus, der damit eine 4500 Seemeilen lange Strecke vor sich hatte. Die drei Schiffszüge waren ständig von deutschen U-Booten und der Luftwaffe bedroht. 300 Kriegsschiffe und fast 400 Transportschiffe mit über 100 000 Soldaten waren auf dem Weg – wie konnten dieses gewaltige Aufgebot und das endgültige Ziel der Aktion den Deutschen verborgen bleiben?

In den Stäben der Alliierten wurden in aller Eile zwei Täuschungspläne entwickelt. Der erste mit dem Namen ›Solo-One‹ zielte auf Hitlers Angst vor einer Invasion in Skandinavien ab. Die Deutschen sollten glauben, dass das massive Zusammenziehen von Truppen in Schottland ein Zeichen für eine mögliche Landung in Norwegen sei. Die Planer taten, was sie konnten, um entsprechende Meldungen so glaubwürdig wie möglich erscheinen zu lassen. So bestellten sie 20 000 Schulterabzeichen mit dem Schriftzug ›Norge‹. Diese Abzeichen sollten angeblich nach der Landung an norwegische Widerstandsgruppen verteilt werden. Ebenso orderten sie große Mengen Frostschutzmittel und Schneeketten für Militärfahrzeuge, und Pujols Unteragenten berichteten zudem von einem Gebirgskampf-Training für kanadische, schottische und norwegische Soldaten, was alles auf eine kommende Landung in Norwegen hindeuten sollte. Falsche Funkmeldungen über die angeblichen Vorbereitungen sollten die Deutschen zusätzlich irreführen. 400 Soldaten sendeten sich gegenseitig Funksprüche und simulierten so den Funkverkehr einer gesamten Armee.

Der zweite Plan mit dem Namen ›Overthrow‹ (Umsturz) sollte die Gegner davon überzeugen, dass eine Landung in Nordfrankreich bevorstünde. Glaubhaft war das vor allem, weil tatsächlich sehr viele alliierte Soldaten im Süden Englands stationiert waren und hier auf ihren Einsatz warteten. Pujol fiel bei diesem Täuschungsmanöver eine Schlüsselrolle zu. Immer wieder schickte er Meldungen über beunruhigende Truppenbewegungen im Südwesten an die Abwehr. In einem seiner Briefe warnte er:

»Es gibt hier Gerüchte, dass die Briten gar keine Invasion durchführen können, weil sie nicht genügend Kriegsschiffe besitzen. Das sind alles Falschmeldungen mit dem Ziel, die Deutschen zu verwirren und von einem anderen Plan abzulenken: Nämlich jedes verfügbare Schiff und auch andere Transportmittel dafür einzusetzen.«[78]

Karl-Erich Kühlenthal antwortete höchst aufgeregt:

»Es ist von großer Wichtigkeit, dass du weitere Informationen sammelst und diese uns so schnell wie möglich per Luftpost sendest. Vor allem zu Truppenkonzentrationen, Ausrüstung, motorisierten Einheiten, Flugzeugen und Rollfeldern. Ebenso zu Abfahrtshäfen in Südengland, der Isle of Wight und Wales. Sende unverzüglich weitere deiner Agenten in diese Gebiete!«[79]

Im Gegensatz zur Abwehr hegte die deutsche Armeeführung große Zweifel daran, dass tatsächlich eine Landung in Nordfrankreich bevorstünde. Einer aber sah das ganz anders: Adolf Hitler selbst. Am 5. Oktober 1942 versetzte er die deutschen Truppen an der französischen Küste in Alarmzustand und befahl, die Küsten stärker zu befestigen. Die Anspannung auf deutscher Seite stieg.

London, 29. Oktober 1942

Die geplante Landung in Nordafrika war eine ideale Möglichkeit, Pujols Ruf und den seines Agentennetzes weiter zu stärken. Am 29. Oktober erlaubte das XX-Komitee ›Garbo‹, einen Brief an Kühlenthal abzuschicken, in dem er die Abfahrt der beiden britischen Schiffskonvois in Richtung Nordafrika meldete. Gleichzeitig schrieb er, dass keine Soldaten aus Schottland abgezogen worden seien, und hielt somit die Möglichkeit einer Landung in Norwegen offen.

Vier Tage später folgte ein weiterer Brief an die Abwehr. ›Garbos‹ Agent Nummer 5 berichtete plötzlich von der schottischen Westküste, dass zusätzliche Truppen das Gebiet verlassen hätten, begleitet von Kriegsschiffen, die in hellen, mediterranen Farben gestrichen worden seien. Dann sorgte er für eine weitere Überraschung auf deutscher Seite. ›Garbo‹ erklärte in dem Brief, dass er den Mitarbeiter im britischen Informationsministerium, seinen Agenten J(3), besucht habe:

»Als er kurz das Büro verließ, konnte ich einen Blick auf ein streng geheimes Dokument werfen, das auf seinem Tisch lag. Es trug den Titel: Strategie – französisches Nord-Afrika.«[80]

›Garbo‹ berichtete, dass das Dokument Befehle für die alliierten Truppen im Fall einer Invasion in Französisch-Marokko und Algerien enthielt:

»Ich bin sicher, dass dieses Dokument in Zusammenhang steht mit den großen Konvois, die kürzlich die britischen Häfen verlassen haben.«[81]

›Garbo‹ hatte seine Warnung per Luftpost abgeschickt. Die B1a richtete es so ein, dass das Schreiben verspätet zugestellt wurde. Tomás Harris musste sicher sein, dass diese Informationen Kühlenthal und die Abwehr erst dann erreichen würden, wenn die Landung in Nordafrika schon erfolgt war.

Am 8. November waren die ersten alliierten Truppen an
der afrikanischen Küste an Land gegangen. ›Garbos‹ Brief
erreichte die Abwehr wie geplant zu spät und erst, nachdem
die Deutschen die gegnerische Armee bereits entdeckt hatten. Enttäuscht schrieben Kühlenthal und Knappe-Rathey
an ihren Agenten ›Alaric Arabel‹:

»Deine letzten Meldungen sind alle ausgezeichnet. Aber sie trafen zu unserem großen Bedauern zu
spät bei uns ein, besonders die zur britisch-ameri-
kanischen Landung in Nordafrika. (...) Du musst in
London bleiben und deine militärischen Freunde
weiter befragen.«[82]

Harris' Plan war aufgegangen. ›Garbo‹ hatte das Ziel der
britischen Schiffskonvois entdeckt und sofort per Luftpost-
brief an die Abwehr gemeldet. Das bewies, allerdings nur
scheinbar, das Datum des Poststempels. General Alfred Jodl,
Chef des Wehrmachtführungsstabes im Oberkommando
und Hitlers engster Militärberater, gab nach dem Krieg bei
einem Verhör der Alliierten zu, dass die deutsche Führung
von der Landung in Nordafrika vollkommen überrascht
worden sei.[83]

Die Tatsache, dass ›Garbos‹ dringende Meldung die Deutschen nicht rechtzeitig erreicht hatte, war nicht seine Schuld.
Die Taktik von Tomás Harris hatte perfekt funktioniert. Jetzt
wollten er und sein Partner ihren Einsatz erhöhen.

Kapitel 5

Ein Kuchen für Odette

London, Ende November 1942

Die Gefahr für ›Garbo‹, von der Abwehr enttarnt zu werden, stieg nun erheblich, und Tomás Harris konnte seine Nervosität nicht mehr verbergen. Mit ›Garbos‹ Rolle bei der Landung der Alliierten in Nordafrika hatte der MI5 zwar einen großen Erfolg erzielt. Auch hatte dieser sein Agentennetzwerk beeindruckend ausgebaut, und die Deutschen hatten in den Wochen seit der Landung regelmäßig lange Fragebögen mit neuen Aufträgen für ›Alaric Arabel‹ und seine Agenten geschickt. Doch schon drohte ein neues Risiko, und es betraf den Agenten Nummer 2, den Deutsch-Schweizer ›William Gerbers‹.

Von ›Gerbers‹ hatte Pujol damals angeblich die Meldung zum Schiffskonvoi von Liverpool nach Malta erhalten. Jetzt wurde dessen fiktiver Wohnort in der Nähe von Liverpool zu einem Problem. Inzwischen bombardierte nämlich die deutsche Luftwaffe die Themsemündung rund um London immer stärker, weshalb von hier aus keine größeren Schiffskonvois mehr ablegten. So wurde Liverpool der wichtigste Hafen für die Versorgungsschiffe, was ›Gerbers‹ in Zugzwang brachte. Tagelang dachte Tomás Harris über eine mögliche Lösung dafür nach, ›Gerbers‹ noch im Spiel zu halten, entschied sich dann aber für einen drastischen Schritt, den er eines Abends im MI5-Büro in der

St. James Street mit seinem Kollegen ›Tar‹ Robertson diskutierte.

»Die Abwehr wird von ›Gerbers‹ ständig die Ankunfts- und Abfahrtszeiten der Konvois in Liverpool wissen wollen«, sagte Harris. ›Tar‹ Robertson fixierte ihn.

»Ich sehe noch ein ganz anderes Problem für deinen ›Garbo‹ und seine Freunde, Tommy. Lassen wir ›Gerbers‹ in Liverpool, dann wird er auch bald darüber berichten müssen, dass unsere Marine in Kürze mit Hunderten zusätzlicher Schiffe den Hafen verlassen wird, um unsere Truppen in Nordafrika zu verstärken. Das können wir niemals zulassen!«

»Was sollen wir tun, ›Tar‹?«, fragte Tomás Harris schulterzuckend.

»Lass ›Gerbers‹ sterben. Und zwar schnell. Wenn er nichts über unsere Vorbereitungen in Liverpool berichten wird, ist ›Garbos‹ Netzwerk am Ende, bevor wir es richtig aufbauen können«, sagte ›Tar‹ Robertson und blickte aus dem Fenster. Harris hatte verstanden.

»Wie aber lasse ich jemanden sterben, der nie gelebt hat?«, fragte er sich leise und verließ Robertsons Büro.

Liverpool/London, Dezember 1942

Anfang Dezember ließ Harris Pujol einen langen Brief an Karl-Erich Kühlenthal schreiben, in dem er berichtete, wie sehr er sich um seinen Agenten ›Gerbers‹ sorge:

»Ich habe keine Nachrichten von ›Gerbers‹. Er hat mir auch nicht den Erhalt des Geldes für November bestätigt. Ich reise nun nach Liverpool, um nachzusehen.«[84]

Einige Tage darauf berichtete Pujol, dass er nach seiner Ankunft im Liverpooler Vorort Bootle von ›Gerbers'‹ Frau tränenüberströmt empfangen worden sei. Sie habe ihn dar-

über informiert, dass ihr Mann gestorben sei. Zum Beweis
habe sie ihm eine Traueranzeige aus der *Liverpool Daily Post*
gezeigt:

```
William Maximilian Gerbers – gestorben am 19.
November in Bootle im Alter von 52 Jahren nach lan-
ger Krankheit. Beerdigung im engsten Familien-
kreis. Bitte keine Blumen.[85]
```

Die Anzeige war tatsächlich am 24. November 1942 in
der Liverpooler Tageszeitung erschienen. Allerdings hatte
sie nicht ›Gerbers‹' Witwe aufgegeben, sondern ein Mitarbeiter des MI5. Um den angeblichen Tod von Pujols Agenten so glaubwürdig wie möglich aussehen zu lassen, schickte
Pujol ein Original der Zeitung an Kühlenthal. Der Sonderführer antwortete rasch und ließ der Hinterbliebenen sein
tiefes Mitgefühl aussprechen. Doch nicht nur das. Kühlenthal sorgte aus Dankbarkeit auch dafür, dass die Witwe
eine monatliche Hinterbliebenenrente erhielt.

Harris und Pujol hatten keine andere Möglichkeit gesehen, als von ihrem Agenten in Liverpool endgültig Abschied
zu nehmen. Aber sie wollten rasch Ersatz schaffen. Unschul-
dig fragten sie Kühlenthal, ob er etwas dagegen hätte, wenn
›Gerbers‹' Witwe, künftig als Pujols Haushälterin tätig werden würde und ihm so auch beim Entziffern der Abwehr-
meldungen assistieren könnte. Sie sei schließlich besonders
vertrauenswürdig, und Pujol würde so seinem Freund ›Gerbers‹ nach dessen Tod sicherlich einen letzten guten Dienst
erweisen können. Kühlenthal stimmte zu, und eine neue
Agentin war rekrutiert worden: die ›Witwe‹. Schon bald
sollte sie einen ganz besonderen Auftrag erfüllen.

London, März 1943

Der Frühling brach an, und das fünfte Kriegsjahr hatte begonnen. Nachdem Pujols Briefe über die Landung der Alliierten in Nordafrika zu spät in Madrid angekommen waren und diese Verzögerung Karl-Erich Kühlenthal daran gehindert hatte, einen weiteren Erfolg seines Agenten nach Berlin senden zu können, war der Sonderführer jetzt auch dazu bereit, eine der dringendsten Forderungen seines wichtigsten Agenten zu erfüllen. Harris und Pujol hatten ihm in den vergangenen Monaten bereits mehrmals vorgeschlagen, die Meldungen nicht mehr per Luftpost, sondern per Funk abzusetzen. Bisher hatte es immer rund eine Woche gedauert, bis die Briefe von ›Alaric Arabel‹ von London aus in Madrid eingetroffen waren; hinzu kam die mühevolle Arbeit des Schreibens der Deckbriefe. Deshalb hatten Harris und Pujol Kühlenthal informiert, dass Agent Nummer 4 im Londoner Stadtteil Soho ein gebrauchtes Funkgerät aufgetrieben habe und einen Radiotechniker, der es bedienen könne. Alles, was fehlte, seien ein Verschlüsselungsplan und entsprechende Codes. Kühlenthal schien zu zögern. Harris und Pujol erhöhten den Druck auf ihren Gegenspieler, und ›Alaric Arabel‹ gab sich äußerst entnervt:

»Ich bin wirklich sehr überrascht, dass du es weiter hinauszögerst, mir die Codes für das Funkgerät zu schicken.«[86]

Kühlenthal ließ sich schließlich doch darauf ein und machte Harris und Pujol damit ein wahres Geschenk. Die Abwehr in Madrid schickte Pujol einen Sendeplan, Listen mit Funksignalen und neue Geheimcodes für seine künftigen Übertragungen – ein weiterer Durchbruch für die Abhörspezialisten in Bletchley Park. In Wirklichkeit zog in das Haus in der Crespigny Road jetzt zusätzlich Charles Haines ein. Er war ein professioneller Funker. Im Garten hinter dem Haus errichteten Spezialisten des MI5 einen kleinen Sende-

97

mast. Seine erste Nachricht funkte Pujol mit der Hilfe von Haines am 7. März 1943, eine halbe Stunde nach Mitternacht, an die Abwehr nach Madrid. Ab dem Sommer wurden dann fast alle Informationen von Pujols Netzwerk per Funk nach Madrid übertragen und nicht mehr per Brief.

Jetzt konnten Harris und Pujol nicht nur immer längere Nachrichten übermitteln, sie konnten auch viel rascher auf aktuelle Situationen reagieren. Im Mai 1943 schickte die Abwehr Pujol 17 Mikrofotografien, die einen völlig neuen deutschen Verschlüsselungscode für alle Funksprüche enthielten. Schon seit einiger Zeit hatten die Deutschen den Verdacht gehabt, dass ihre Funksprüche von den Briten abgehört werden konnten. Harris zog daraus einen Schluss: Wenn die Deutschen diese neuen Codes, von denen ihre eigene Sicherheit so sehr abhing, auch ›Alaric Arabel‹ gaben, dann bewies dies, wie wichtig er und sein Netzwerk geworden waren. Warnend schrieb Kühlenthal:

»Wir vertrauen darauf, dass du auf all dieses Material stets gut aufpasst. Es darf niemals in die Hände der Feinde gelangen.«[87]

Kühlenthal war einem weiteren fatalen Irrtum erlegen. Oder hatte er absichtlich die neuen deutschen Codes an die andere Seite gesendet, um ihr unerwartete Vorteile zu bescheren?

Die Fragen, die Karl-Erich Kühlenthal an Joan Pujol schickte, wurden nicht nur immer zahlreicher, sondern auch immer detaillierter. Besonders interessierte sich die Abwehr für die Lage von Flugplätzen auf der Insel und die Details einzelner Flugzeugtypen der Royal Air Force. Harris nutzte dieses Interesse, um die Deutschen mit so vielen falschen Informationen wie nur möglich zu versorgen, und er wusste genau, womit er Kühlenthal zufriedenstellen konnte.

Pujol berichtete, dass sein Agent Nummer 3 in Glasgow, ›Pedro‹, die Bekanntschaft eines Unteroffiziers der Königlichen Luftwaffe gemacht habe. Der Unteroffizier habe ›Pedro‹

ein Code- und Erkennungsbuch der Royal Air Force mit vielen Illustrationen und Beschreibungen aller wichtigen Flugzeugtypen gezeigt. ›Pedro‹ habe ihm daraufhin glaubhaft versichert, dass er es gern als Souvenir kaufen wolle. Pujol und Harris fragten nun Kühlenthal, wie viel ›Pedro‹ für den Kauf ausgeben dürfe. Kühlenthal genehmigte einen Höchstbetrag von 100 Pfund.

›Pedro‹ gab sich bescheiden und argumentierte, wenn er einen solchen Preis zahle, würde der Unteroffizier erst recht misstrauisch werden. Pujol und Harris meldeten nach Madrid, dass das Erkennungsbuch schließlich für bescheidene drei Pfund den Besitzer gewechselt habe. Voller Bewunderung schrieb Pujol an Kühlenthal, wie integer und sparsam sein Agent in Glasgow doch sei. Madrid zeigte sich beeindruckt von diesem Erfolg. Allerdings wollten die Deutschen jetzt so schnell wie möglich das Buch in ihre Hände bekommen, denn es hatte für sie, so glaubten sie, einen unschätzbaren Wert.

Das Buch, das Pujol den Deutschen schicken sollte, war tatsächlich echt und von der Royal Air Force zur Verfügung gestellt worden. Allerdings hatten die Spezialisten des MI5 alle aktualisierten Informationen entfernt, und so ähnelte es einer einige Monate zuvor gedruckten Ausgabe, von der der britische Geheimdienst sicher war, dass diese den Deutschen bereits bei der Landung in Nordafrika in die Hände gefallen sein musste.

Jetzt stellte sich die Frage des Transports nach Madrid. Mit der normalen Luftpost konnte ein solches Geheimdokument natürlich nicht verschickt werden. Sofort hätten die Zensoren in Großbritannien die Lieferung gestoppt. Das Codebuch musste versteckt sein Ziel erreichen, und Harris kam auf eine ungewöhnliche Idee, um Kühlenthals Appetit zu befriedigen.

Ein Fahrer brachte das Buch zu Pujols Haus in der Crespigny Road. Nun wurde es ein langer Abend für Pujol und seine Frau Araceli. Sie verbrachten ihn in der kleinen Küche. Zunächst wickelte Pujol das Buch sorgfältig in mehrere Schichten Backpapier ein. In der Zwischenzeit rührte Araceli in der größten Schüssel, die verfügbar war, eine Riesenmenge Kuchenteig an. Sie füllte eine Backform zur Hälfte mit Teig, dann legte Pujol das Buch hinein. Mit dem restlichen Teig bedeckte Araceli das Buch und schob die Form in den Ofen. Nach gut drei Stunden war der gewaltige Kuchen durchgebacken und abgekühlt. Pujol hatte sich derweil damit beschäftigt, Zuckerguss anzurühren, den er nun mit einem großen Kochlöffel in eine Spritztüte füllte. Mit geschwungenen Linien verzierte er den Kuchen mit der Aufschrift:

»Mit den besten Wünschen für Odette.«[88]

Den fertigen Kuchen verpackten beide vorsichtig in einem Karton. Mit in das Paket legten sie noch eine mit Blumen bedruckte Glückwunschkarte, damit alles so aussah, als ob dies ein Geschenk eines britischen Matrosen an seine Freundin in Lissabon, Odette da Conceição, sei. Diesen Decknamen und eine Tarnadresse hatten Harris und Pujol zuvor von der Abwehr erhalten. Rasch wurde das Paket per Diplomatenpost von London nach Lissabon transportiert. Ein MI6-Agent, der sich bei der Übergabe in Lissabon als Freund von ›Pedro‹ vorstellte, lieferte es persönlich ab. Unter den Geburtstagsglückwünschen und schwülstigen Liebesschwüren an Odette hatte Pujol noch mit unsichtbarer Tinte eine kurze Nachricht für Karl-Erich Kühlenthal platziert:

»Im Kuchen findest du das Codebuch, das Nummer Drei erworben hat. (...) Den Kuchen hat die ›Witwe‹ für mich gebacken, den Zuckerguss habe ich selbst gemacht. Der guten Sache wegen habe ich dafür mehrere rationierte Zutaten benutzen müssen. (...) Wenn er nicht zu hart ankommt, kann er gegessen werden. Ich hoffe, du weißt die Backkünste der ›Witwe‹ zu schätzen. Guten Appetit!«[89]

Chislehurst, Grafschaft Kent, Sommer 1943

Nicht nur Karl-Erich Kühlenthal, sondern auch seinen Mitarbeiter Friedrich Knappe-Rathey alias ›Federico‹ wollte Tomás Harris so beschäftigt wie möglich halten. Immer bohrender waren in letzter Zeit die Fragen der beiden deutschen Agentenführer nach möglichen unterirdischen Fabriken oder Waffenlagern in Großbritannien geworden. Harris hatte deshalb die Idee, seine Gegner mit möglichst vielen und ausführlichen Informationen zu verwirren. Der Vorteil lag auf der Hand: Die deutsche Luftwaffe hatte keine Chance nachzuprüfen, ob die von ›Alaric Arabel‹ beschriebenen unterirdischen Lager wirklich existierten und was sich in ihnen befand.

Agent Nummer 4 mit dem Namen »Fred«, der bisher in einem Londoner Hotel als Kellner gearbeitet hatte, wurde nun dafür ausgesucht, mehr über mögliche unterirdische Geheimlager herauszufinden. Er hatte sich angeblich erfolgreich als Arbeiter bei einem Tiefbauunternehmen beworben, das viele Aufträge für das Militär ausführte. »Plan Bodega«, wie Harris sein kommendes Täuschungsmanöver nannte, sollte zu einer seiner komplexesten Erfindungen werden. Für Monate machten Pujols Meldungen über die Untergrundfabriken den Großteil aller Meldungen an die Abwehr aus. Jedes Detail war frei erfunden.

Ins Zentrum der Nachforschungen von Agent Nummer 4 gelangten schnell die Höhlen von Chislehurst in der Grafschaft Kent, knapp eine Stunde vom Londoner Stadtzentrum entfernt. Das waren keine natürlichen Höhlen, sondern es handelte sich um ein 22 Kilometer langes, künstliches Tunnelsystem, in dem bis Ende des 19. Jahrhunderts Kreide und Flintstein abgebaut worden waren. Im Ersten Weltkrieg hatte das britische Verteidigungsministerium die Höhlen bereits genutzt, um hier Sprengstoff und leichte Waffen zu deponieren. Ab 1930 entstand in den riesigen unterirdi-

101

schen Hallen die größte Champignon-Zucht auf der Insel. Als die Bombardierung Londons begann, wurden die Höhlen ab 1940 zu Luftschutzräumen umfunktioniert. Innerhalb kürzester Zeit entstand hier eine kleine, unterirdische Stadt, in der bei schweren Luftangriffen bis zu 15 000 Menschen Zuflucht fanden. Es gab elektrisches Licht, eine Kapelle und sogar ein kleines Krankenhaus. Die Höhlen, so betonte ›Alaric Arabel‹ in vielen seiner Meldungen an Kühlenthal und Knappe-Rathey, wurden auch jetzt wieder als Waffen- und Sprengstofflager genutzt.

Sein Agent Nummer 4 berichtete regelmäßig, dass er Zeuge wurde, wie ganze Eisenbahnwaggons voll mit Waffen und Munition nach Chislehurst gebracht wurden. Er meldete auch, dass zahlreiche Bohrungen im Höhlensystem stattgefunden hätten, um es mit dem Londoner U-Bahn-Netz und den dort befindlichen Luftschutzräumen zu verbinden, und durch die engen Tunnel schnell Waffen transportieren zu können. Kühlenthal und Knappe-Rathey sollten den Eindruck erhalten, im Großraum London entstünde ein riesiges, unterirdisches Verteidigungsnetz.

Diese Informationen erzielten in Madrid den gewünschten Effekt. Pujol schickte unzählige Kopien der Pläne und Zeichnungen seines Agenten vor Ort nach Madrid. In komplizierten Diagrammen versuchte er, Kühlenthal und Knappe-Rathey über die Arbeiten im Höhlensystem auf dem Laufenden zu halten. Madrid gab alle Meldungen über das Höhlensystem in Chislehurst ohne Zögern nach Berlin weiter. Da alle möglichen Ziele unter Tage lagen, mussten die Briten keine verstärkten Bombardierungen durch die deutsche Luftwaffe befürchten. In einem zwölfseitigen Brief meldete ›Alaric Arabel‹, sein Mitagent habe nicht nur riesige Waffenlieferungen beobachten können, sondern er wies Madrid auch warnend darauf hin, dass Unmengen von Uniformen dort gelagert würden:

»Diese Waffen und Uniformen könnten für die

`Widerstandskämpfer in Frankreich, den Niederlanden und Belgien bestimmt sein.`«[90]

Pujol sollte so seine deutschen Agentenführer daran erinnern, dass er bereits ein Jahr zuvor völlig zutreffend berichtet hatte, wie Fallschirmspringer die Widerstandsgruppen in den von den Deutschen besetzten Gebieten mit Sprengstoff und anderer Ausrüstung versorgt hätten. Ziel von Pujol und Harris war dabei, Kühlenthal und Knappe-Rathey immer wieder vor Augen zu führen, dass die Möglichkeit einer Landung der Alliierten in Europa ständig wuchs.

Harris verfolgte mit den häufigen Meldungen über das Tunnelsystem noch eine andere Absicht. Er wollte damit Friedrich Knappe-Rathey, einen der erfolgreichsten deutschen Agentenführer der Abwehr, in eine Falle locken.

Pujol lud ›Federico‹ nun ein, nach London zu kommen, um ihm das Höhlensystem zeigen zu können. Er sollte seine Mitagenten kennenlernen und darüber sprechen, wie das Tunnelsystem sabotiert werden könne. Er schlug vor, dass ›Federico‹ mit gefälschten Papieren als Pujols Schwager nach England einreisen solle. Sein Mitagent im Informationsministerium würde dafür sorgen, dass ›Federico‹ problemlos ein- und wieder ausreisen könne.

Mit Spannung warteten die Mitarbeiter des MI5 auf ›Federicos‹ Antwort. Würde er tatsächlich dieses Risiko eingehen? Der MI5 bereitete alles für seine Ankunft vor. Harris plante wirklich, ›Federico‹ ein echtes unterirdisches Waffenlager zu zeigen, und ihn glauben zu lassen, dass dies die Chislehurst-Höhlen seien. Der MI5 wollte den Deutschen auch nicht gefangen nehmen, sondern nach Spanien zurückkehren lassen. Die Hoffnung war, dass ›Federico‹ direkt weiter nach Berlin reisen würde, um dort über seine unglaublichen Erlebnisse in London zu berichten, Pujols Arbeit zu loben und die Wehrmachtsführung vor der Gefahr zu warnen, die durch die riesigen unterirdischen Waffenlager heraufbeschworen würde.

Doch »Plan Bodega« scheiterte, denn Friedrich Knappe-Rathey lehnte es ab, nach London zu kommen, und dafür gab es zwei Gründe. Die Deutschen wollten es nicht riskieren, einen ihrer wichtigsten Agentenführer in feindliches Gebiet zu schicken – es bestand ja die Gefahr, dass er dort festgenommen, gefoltert und verhört werden würde. Doch in den abgefangenen Meldungen, die Madrid nach Berlin schickte, wurde noch ein anderer Grund deutlich. Pujols zwölfseitiger Brief, der absichtlich verwirrend geschrieben war, um ›Federico‹ nach London zu locken, war in voller Länge nach Berlin weitergeschickt worden. Experten der Abwehr hatten ihn tagelang untersucht, und ihr Urteil lautete kurz und knapp:

»Die Informationen sind interessant. Aber der Bericht wäre wertvoller, hätte die Quelle mehr Fakten geliefert und weniger Meinung.«[91]

Kurzzeitig musste Tomás Harris befürchten, mit seinem »Plan Bodega« zu viel gewagt zu haben. Doch außer dem kritischen Kommentar aus Berlin schien nichts darauf hinzudeuten, dass die Abwehr plötzlich unzufrieden mit ›Alaric Arabels‹ Arbeit war. Karl-Erich Kühlenthal und Friedrich Knappe-Rathey schienen die perfekten Opfer für den MI5 zu sein, und Harris wollte die Schwächen seiner Gegner weiter ausnutzen. Doch so sehr Kühlenthal und Knappe-Rathey ihrem Agenten offenbar zu vertrauen schienen: Die Gefahr für Pujol und Harris kam plötzlich aus einer ganz anderen Richtung, und sie traf beide völlig überraschend.

Kapitel 6

Heimweh und doppeltes Spiel

London, 21. Juni 1943

Es schien, als ob er sei wie alle anderen. Von außen betrachtet, führte Joan Pujol jetzt in London das triste Vorstadtleben eines kleinen Büroangestellten, der jeden Tag ins Stadtzentrum fuhr und dort für den spanischen Sprachendienst der BBC als Übersetzer arbeitete. Kaum etwas unterschied ihn von den anderen Frauen und Männern, die werktags mit der U-Bahn zwischen dem Londoner Nordwesten und der Innenstadt pendelten. Und doch war alles anders. Jeden Morgen stieg Pujol in der Station Hendon Central ein, verließ die U-Bahn am Picadilly Circus und erreichte so in einer guten halben Stunde das MI5-Büro in der Jermyn Street, wo er mit Tomás Harris an den nächsten Täuschungsmanövern für die Abwehr arbeitete. Mit Tausenden anderen Pendlern ging es dann abends zurück in die Welt der unauffälligen Doppelhaushälften am Stadtrand.

Nur hin und wieder erregte das Ehepaar Pujol Aufsehen in der ruhigen Nachbarschaft des Viertels. Anwohner berichteten öfter von lautstarken Streitereien. Im Haus in der Crespigny Road 35 gab es lange Diskussionen zwischen beiden, Aracelis hohe Stimme drang öfter bis nach draußen, und ab und zu hörten die Anwohner Geräusche, als ob jemand Geschirr zerschlüge.[92] Ganz normale Ehestreitigkeiten, so schien es.

Pujols Karriere als Doppelagent entwickelte sich eigentlich prächtig, er arbeitete viel, war hoch angesehen und verbrachte fast seine gesamte Zeit im Büro. Doch zu Hause wurde die Stimmung immer düsterer.

Araceli fühlte sich von ihrem Ehemann zunehmend vernachlässigt. Meist war sie den ganzen Tag zusammen mit ihren beiden kleinen Söhnen zu Hause, unterstützt von einem Kindermädchen. Auch nach mehreren Monaten auf der Insel verstand sie kaum ein Wort Englisch, machte aber auch keine Anstalten, ihre Sprachkenntnisse zu verbessern. Tomás Harris übrigens konnte sie von Beginn an nicht leiden. In seinen Augen war Araceli »hysterisch, verwöhnt und egoistisch«.[93] Das Leben in London sagte ihr nicht zu, und ihr Heimweh wuchs ins Unermessliche. Wenigstens einmal noch wollte sie ihre Mutter in Spanien wiedersehen. Araceli fragte ihren Mann vorsichtig um Erlaubnis, Joan lehnte die Bitte seiner Frau jedoch entschieden ab. Später bettelte sie darum, nach Spanien zurückkehren zu dürfen, und sei es nur für eine Woche, doch er blieb hartnäckig. Auch Tomás Harris wurde zum Ziel von Aracelis flehenden Bitten, nach Spanien reisen zu dürfen.

»Ihr einziger Wunsch ist die Rückkehr in ihr Heimatland«, notierte der MI5.[94] Harris bemerkte, dass ›Mrs. Garbo‹, oder ›Mrs. G‹, wie Araceli auch innerhalb des MI5 bezeichnet wurde, »emotional sehr instabil ist und immer neurotischere Züge entwickelt«.[95] Deshalb sagte er ihr auch niemals direkt, dass ihre Rückkehr nach Spanien völlig ausgeschlossen sei. Ihr immer stärker werdendes Heimweh hatte aber noch einen anderen Grund, den sie mit aller Macht vor ihrem Ehemann Joan zu verbergen suchte. Während sich Pujol ganz auf seine Arbeit mit Tomás Harris konzentrierte, hatte sich Araceli – und das schon vor einiger Zeit – in London in einen britischen Marineoffizier verliebt. Als dieser in deutsche Kriegsgefangenschaft geriet und sie davon überzeugt war, dass sie ihn nie wiedersehen würde, entfiel für sie der letzte Anreiz, in England zu bleiben. Ihre Ehe mit Joan schien ihr nicht mehr allzu viel zu bedeuten, und nun war auch noch ihr Liebhaber von den Deutschen gefangen genommen worden. Der britische Geheimdienst hatte von der Affäre (deren nähere Umstände ungeklärt sind) indirekt erfahren. Wie auch Joan Pujol stand Araceli unter permanenter Beobachtung durch Mitarbeiter des MI5 und durch Polizisten. Aracelis Rückkehr nach Spanien musste um jeden Preis verhindert werden. ›Garbo‹ und seine Arbeit waren zu wichtig, als dass Araceli nun in ihrer Heimat ›Garbo‹ möglicherweise verraten und so den gesamten Fall in Gefahr bringen durfte. Der MI5 hielt sie für unberechenbar. Sie liebte kompromisslos und schien jedes Risiko eingehen zu wollen. Araceli musste deshalb eine Lektion erteilt werden, die sie ein für alle Mal von ihren Plänen abbringen würde.

Ihre Rückkehr nach Spanien hätte zudem das gesamte System der Doppelagenten gefährden können, und deren Schutz stand für den MI5 über allem anderen. Da Harris schon mehrfach Opfer von Aracelis emotionalen Ausbrüchen geworden war, vertröstete er sie immer wieder. Das beständige Betteln um eine Reiseerlaubnis zerrte an Aracelis Nerven. Nach mehreren erfolglosen Anläufen drohte sie Joan Pujol inzwischen ganz offen, sich von ihm zu trennen. Die Situation schien zu eskalieren.

Trotzdem verbot Pujol ihr weiter, sich mit spanischen Landsleuten oder anderen Ausländern zu treffen. Keinesfalls durfte sie mit Mitarbeitern der spanischen Botschaft Kontakt aufnehmen, denn er hatte große Angst, seine Frau könnte etwas über seine Arbeit in London verraten. Aus seiner Sicht war es jederzeit denkbar, dass Botschaftsmitarbeiter auch als Spione für die Deutschen arbeiteten und ihm so auf die Spur kommen könnten. Außerdem hatte er erst vor Kurzem der Abwehr gemeldet, dass er sich von der spanischen Botschaft fernhalten würde.

Einen einzigen regelmäßigen Kontakt zur Außenwelt gestattete Joan Pujol seiner Frau. Araceli traf sich hin und wieder mit dem spanischen Ehepaar Guerras, das manchmal zu den Pujols zum Abendessen kam. Bald folgte eine Gegeneinladung, allerdings nicht ins Heim von Señor und Señora Guerras, sondern zu einem Dinner im spanischen Club der Botschaft. Araceli, die immer stärker unter der ständigen Einsamkeit litt, sagte begeistert zu. Am Abend des 21. Juni kam es zum Eklat. Was in den kommenden Tagen folgte, stellte die Ehe der Pujols auf ihre schwerste Probe.

»Du wirst in keinem Fall an diesem Abendessen teilnehmen, Araceli. Du bringst mich und alle in Gefahr!«, herrschte Joan Pujol seine Frau an.

»Und ob ich dort hingehe, Joan!« Araceli schnaubte vor Wut.

»Du wirst es mir nicht verbieten, und wenn doch, drohe ich Tomás Harris damit, dass ich zur spanischen Botschaft gehen werde und dort erzähle, was genau du für die Briten tust!«

Pujol stockte der Atem, und er verlor die Beherrschung. Wer wen zuerst schlug und ohrfeigte, ließ sich im Nachhinein nicht mehr genau sagen. Es kam, so vermerkte es Harris später eher zurückhaltend in seinem Bericht, »zu einem gewalttätigen Streit«, und Pujol verließ kurz darauf schnellen Schritts das Haus.[96] Ein paar Blocks weiter erreichte er die nächste öffentliche Telefonzelle und rief sofort Tomás Harris an.

»Tommy! Araceli ist außer sich vor Wut. Sie will zur spanischen Botschaft gehen und uns verraten. Wenn sie bei dir anruft und ihre Drohungen wiederholt, musst du sie irgendwie beruhigen.«

Harris war zutiefst besorgt. »Ich kümmere mich darum, Joan. Geh zurück ins Haus. Du musst jetzt unbedingt weiteres Aufsehen vermeiden.«

Harris legte den Hörer auf die Gabel. Er hatte eine Idee,

wie er Araceli bändigen könnte, doch zunächst wollte er abwarten, ob dieser Abend noch weitere Überraschungen bringen würde.

Später am Abend machte Araceli ihre Drohung wahr. Tomás Harris ließ das Telefon zweimal klingeln, dann meldete er sich. Die Stimme von Araceli überschlug sich fast vor Aufregung:

»Señor Harris, ich sage es Ihnen zum letzten Mal! Wenn Sie nicht morgen um die gleiche Zeit meine Papiere bereit haben, damit ich das Land sofort verlassen kann – weil ich keine fünf Minuten mehr mit meinem Ehemann zusammenleben will –, gehe ich zur spanischen Botschaft. Wenn ich zur spanischen Botschaft gehe, dann kann mich das mein Leben kosten, verstehen Sie? Mit meinen Drohungen bin ich nicht weiter gekommen; selbst wenn Sie mich danach töten, werde ich zur Botschaft gehen. Ich weiß ganz genau, was ich dann tun und sagen muss, um Sie und meinen Mann zu ärgern. Dann bleibt mir wenigstens die Genugtuung, dass ich alles ruiniert habe, verstehen Sie? Ich will keinen einzigen Tag länger in England leben!«[97]

Noch bevor Tomás Harris auf ihre minutenlange Wutrede antworten konnte, hatte Araceli bereits den Hörer aufgelegt. Dieses Mal war die Lage extrem ernst, das wusste er.

Zusammen mit ›Tar‹ Robertson, seinem MI5-Kollegen Guy Liddell und anderen Mitarbeitern beriet er noch am Abend über die Gefahr, die den Doppelagenten plötzlich drohte, und er weihte auch Joan Pujol in seinen Plan ein.

»Wir haben daran gedacht, die spanische Botschaft anonym vor einer Frau zu warnen, deren Beschreibung auf ›Mrs. G.‹ passt, und die den spanischen Botschafter ermorden wolle«, schrieb Guy Liddell in sein Tagebuch. »So hofften wir sicherzustellen, dass sie beim Versuch, sich an die Botschaft zu wenden, hinausgeworfen würde. Dann wäre allerdings auch die Polizei eingeschaltet worden, was verheerend gewesen wäre.«[98]

Der ursprüngliche Plan von Harris wurde deshalb von allen schnell verworfen. Liddell schlug eine noch drastischere Maßnahme vor, er wollte Araceli auf der Stelle festnehmen lassen und in Isolationshaft stecken.[99] Doch die Gefahr wäre zu groß gewesen. Schließlich war es Joan Pujol selbst, der einen anderen Vorschlag machte, um seiner Frau eine Lektion zu erteilen. Eine, die sie nicht mehr vergessen würde und die zeigte, wie sehr er seine Arbeit für den MI5 über seine Ehe und das Glück seiner Frau stellte. Pujol übernahm für diesen Plan die volle Verantwortung. Danach wagte Araceli es nie wieder, ihm so zu drohen.

22. Juni 1943

Auch am nächsten Morgen verließ Joan Pujol das Haus in der Crespigny Road bereits kurz nach Sonnenaufgang. Noch konnte Araceli nicht ahnen, dass dieser Tag für sie viele unangenehme Überraschungen bereithalten sollte.

Nur kurze Zeit, nachdem ihr Ehemann im Büro in der Jermyn Street eingetroffen war, rief Tomás Harris Araceli zu Hause an und sagte ihr, dass sie spätestens bis 19 Uhr seine endgültige Antwort auf ihre Bitte erhalten werde, also erfahren werde, ob sie England verlassen dürfe.

Der Tag verging für Araceli so schleppend wie jeder andere. Ab und zu wurde sie in ihrer Hausarbeit vom Geschrei ihrer Kinder unterbrochen. Als um 18 Uhr ein Mann an der Tür klingelte, änderte sich plötzlich alles. Er zeigte Araceli seinen Dienstausweis von Scotland Yard und stellte sich als ranghoher Polizeibeamter vor. Von der Haustür aus sah sie, dass zwei Wagen direkt vor dem Haus parkten; darin saßen noch andere Männer in Zivil.

»Darf ich eintreten, Madam? Ich habe eine Nachricht für Sie. Es geht um Ihren Mann.«

»Sicher – bitte sehr. Was ist mit ihm?«

»Ich mache es kurz, Madam. Ihr Mann ist heute Mittag verhaftet worden. Er hat beschlossen, seine Arbeit für uns zu beenden, weil Sie offenbar gedroht haben, die ganze Sache platzen zu lassen. Hier ist eine Nachricht von ihm für Sie.«

Der Beamte reichte Araceli einen Umschlag, den sie mit zitternden Händen öffnete. Auf einen Notizzettel hatte Pujol mit Bleistift geschrieben:

»Ich bin verhaftet worden. Bitte händige dem Überbringer dieser Nachricht meine Toilettensachen und meinen Pyjama aus.

Joan.«[100]

Araceli stand unter Schock. Die Beamten des Scotland Yard erzählten später, sie seien Zeugen eines »hysterischen Anfalls« geworden, und berichteten, dass Araceli sich geweigert habe, die Sachen ihres Ehemanns herauszugeben.

Stattdessen tat sie als Nächstes das, von dem Pujol und Harris gehofft hatten, dass sie es tun werde. Sie griff erneut zum Hörer und rief in ihrer Verzweiflung Harris an.

»Mein Mann war diesem Land gegenüber immer loyal«, schluchzte sie mit tränenerstickter Stimme. »Er würde sein Leben für Ihr Land opfern. Wie können Sie ihn nur einsperren?«[101]

Tomás Harris ließ sich seine Genugtuung nicht anmerken. Araceli reagierte genau so, wie es ihr Ehemann vorausgesagt hatte. Jetzt konnte die zweite Phase von Pujols Plan beginnen.

»Wir hatten vorhin eine lange Unterredung mit Ihrem Mann, Señora. Wir haben uns dazu entschlossen, Ihnen Ihre Papiere zu geben. Allerdings müssen Sie Ihren Mann und Ihre Kinder dann auch nach Spanien mitnehmen. Bevor wir Sie alle aber gehen lassen, haben wir von Ihrem Mann verlangt, dass er noch einen letzten Brief an die Deutschen schreiben soll, mit einer Erklärung, warum er seine Arbeit für die Abwehr jetzt aufgeben wird. Leider verlor Ihr Mann daraufhin die Beherrschung, Señora.«

»Was ist denn passiert?«, fragte Araceli hörbar besorgt.

»Ihr Mann sagte, wir könnten ihn nicht zwingen, das Land zu verlassen und diesen Brief zu schreiben. Eher würde er ins Gefängnis gehen. Wir sagten ihm, dass wir diesen Brief bräuchten, um uns vor einem möglichen Verrat durch Sie, Señora, in Spanien zu schützen. Das hatten Sie mir ja auch angedroht. Als Ihr Mann das Wort Verrat hörte, wurde er leider so gewalttätig, dass wir ihn verhaften mussten.«

Araceli machte eine lange Pause. Sie war deutlich irritiert, verteidigte ihren Mann, und beinahe schien es, als ob sie jetzt einknicken würde.

»Joan hat so viele Opfer gebracht. Er hat so vieles aufgegeben, und die Arbeit für Sie bedeutet ihm so viel. Ich kann gut verstehen, dass er eher ins Gefängnis gegangen ist, als solch einen Brief zu schreiben.«

Araceli legte auf, alles schien nach Plan zu laufen. Doch Pujol und Harris hatten nicht damit gerechnet, dass sie so hartnäckig sein würde. Sie war keine Frau, die sich schnell einschüchtern ließ. Es dauerte nur wenige Minuten, bis die Wut sie wieder überkam und sie ihren alten Plan weiter verfolgte. Erneut rief sie Harris an und drohte zu fliehen. Wenige Minuten später rief sie dann Charles Haines an, den Funker, der von der Crespigny Road aus die Meldungen nach Madrid sendete, und bat ihn, sofort zu ihr zu kommen.

Als Haines kurze Zeit später eintraf, machte er eine schreckliche Entdeckung. Von außen sah er, dass Araceli auf dem Küchenboden lag; offenbar war sie zusammengebrochen. Im Inneren des Hauses nahm er sofort den stechenden Geruch von Gas wahr. Araceli hatte alle Gashähne des Herdes geöffnet. Schnell drehte Haines die Ventile zu und riss die Fenster auf. Araceli war benommen, aber sie erholte sich nach wenigen Minuten. Später am Abend unternahm sie noch einen weiteren Selbstmordversuch. Doch Tomás Harris glaubte keine Sekunde daran, dass sie sich das Leben hatte nehmen wollen.

»Die Wahrscheinlichkeit, dass sie uns etwas vorspielt, beträgt 90 Prozent. Die Möglichkeit, dass es sich um einen Unfall handelt, beträgt zehn Prozent«, notierte er kühl in einem Bericht.[102] Trotzdem wollte Harris nichts riskieren. Noch am Abend fuhr seine Frau Hilda in die Crespigny Road und versuchte den restlichen Abend über, Araceli zu beruhigen.

23. Juni 1943

Am nächsten Morgen war Araceli deutlich gefasster und wollte nochmals mit Tomás Harris und ›Tar‹ Robertson sprechen. Die beiden MI5-Mitarbeiter machten sich auf den Weg zu ihr.

»Ich habe einen großen Fehler begangen. Vergeben Sie bitte meinem Mann. Ich verspreche, mich nie mehr in seine Arbeit einzumischen, und ich werde auch nicht mehr darum bitten, nach Spanien zurückzukehren.«[103]

Nun wurde es von ihrer Seite ein tränenreiches Gespräch. Araceli war mit ihren Nerven am Ende und weinte stundenlang ohne Unterbrechung. Harris und Robertson zeigten sich ungerührt. ›Tar‹ Robertson ließ sie am Ende eine Erklärung unterschreiben, wonach sich »der gesamte Zwischenfall durch ihre Schuld ereignet habe und dass sie in Zukunft jedes weitere Fehlverhalten vermeiden werde«.[104] Die MI5-Leute hatten genau das erreicht, was sie wollten. Robertson wollte ihr nun zum Abschied das Gefühl geben, dass die Angelegenheit äußerst ernst sei, doch er wollte ihr auch ein wenig Hoffnung auf eine Lösung machen.

»Sie dürfen Ihren Mann heute in der Haftanstalt besuchen. Ein Wagen wird Sie um 16 Uhr abholen«, sagte er. Dann verließen die beiden Männer das Haus. Aracelis Gegenwehr war endgültig gebrochen, doch Pujols Plan musste nun bis zum Ende durchgespielt werden.

24. Juni 1943

Am Nachmittag brachte ein Fahrer Araceli von Hendon aus zur Kew Bridge im Süden der Stadt. Direkt davor hielt er an und befahl ihr auszusteigen. Es warteten bereits mehrere Polizeibeamte in Zivil vor einem geschlossenen schwarzen Kastenwagen auf sie. Einer der Polizisten reichte ihr die Hand und half ihr, hinten einzusteigen, dann legte er ihr eine Augenbinde um. Mit hoher Geschwindigkeit überquerte der Wagen die Themse. Araceli durfte in keinem Fall wissen, dass sie auf dem Weg zu Latchmere House war, das südlich von London lag. Das viktorianische Herrenhaus war im 19. Jahrhundert erbaut worden. Ein paar Kiefern umsäumten die Gebäude mit den grauen, flachen Dächern. Während des Ersten Weltkriegs hatte die Armee hier Soldaten wegen ihrer Kriegsneurosen behandelt. Jetzt war aus dem idyllischen Landsitz einer der geheimsten Orte Großbritanniens geworden, und ein doppelter Stacheldrahtzaun umzog das Gelände, das seit Kriegsbeginn nur noch ›Camp 020‹ genannt wurde. Alle Fenster waren mit schweren, weißen Eisengittern gesichert, und vor dem einzigen Eingang patrouillierten Tag und Nacht Militärpolizisten. Seit Juni 1940 wurden im ›Camp 020‹ all diejenigen festgehalten und streng verhört, von denen der MI5 vermutete, dass sie ausländische Spione sein könnten. Ziel war es, ihren Willen schnellstmöglich zu brechen, und für diese Aufgabe war ein ganz besonderer Mann rekrutiert worden.[105] Der Kommandant und leitende Verhörbeamte des Camps 020 war Oberstleutnant Robin Stephens. Er rieb sich stets die Hände vor Freude, wenn er hörte, dass neue Insassen zu erwarten waren. Neuankömmlinge sollten sich in seinem Lager sofort so fühlen, als ob sie »auf der Spitze eines Bajonetts säßen«, wie Stephens zu bemerken pflegte.[106]

»Man wird dazu geboren, Geständnisse zu erzwingen, das kann man nicht lernen. Druck übt man durch seine

Persönlichkeit, den Ton, schnelle Fragen und Angriffe aus, die so schnell wie Explosionen sind und den Verhörten zu Tode erschrecken«, fasste Stephens seine gefürchteten Verhörmethoden zusammen.[107] Stephens' Spitzname war ›tin-eye‹ (Blech-Auge), weil er stets ein Monokel vor dem rechten Auge trug und seine Opfer minutenlang durchdringend und unbewegt fixierte, bevor er seine Angriffe startete. Niemand wagte es, seinen Spitznamen auszusprechen, wenn er in der Nähe war. Seine Opfer ließ er nicht aus den Augen, hin und wieder führte er seine lange, schwarze Zigarettenspitze zum Mund, ohne den Blick von ihnen abzuwenden. Seine Aufgabe war es, jeden Neuankömmling in kürzester Zeit zu einem Geständnis zu bewegen.

Stephens trug stets die makellose Uniform der Royal Ghurka Rifles, eines der gefürchtetsten Regimenter der Welt. In diesem hatte er in Indien gedient. Im Camp 020 hatte der schreckeneinflößende Veteran die sogenannte Zelle 14 eingerichtet, um die sich bei allen Häftlingen düstere Gerüchte rankten. Dafür sorgten auch die Wärter des Camp 020. Den Gefangenen erzählten sie, dass diese Zelle komplett gepolstert sei und direkt gegenüber der Leichenhalle liege. Viele hätten darin bereits Selbstmord begangen. Die Zelle sei abgelegen und dunkel, und niemand würde künftig mehr mit dem Spion sprechen, sollte er nicht bald geständig sein. Zwar würde ab und zu ein Wärter vorbeikommen und dem Gefangenen Essen bringen, aber er würde dort eingesperrt bleiben, bis er ein Geständnis abgelegt habe oder »bis er die Zelle zum letzten Mal verlassen würde«. Diese Art von Anspielungen genügte häufig. Stephens zufolge sorgte schon die Legende von Zelle 14 in vielen Fällen dafür, die Verdächtigen rasch zum Geständnis zu bewegen.[108] Unter massivem psychischem Druck hatten die Häftlinge auch sonst zu leiden. Doch Folter und Gewalt gab es hier nicht, denn Stephens versuchte die Häftlinge »umzudrehen« und als Dop-

115

pelagenten zu gewinnen, wenn sie dafür geeignet waren. Die Erfolge waren aber eher bescheiden. Während des gesamten Zweiten Weltkriegs gelang das im Camp 020 nur bei elf Agenten.[109]

Jetzt hatte ›Blech-Auge‹ Stephens vom MI5 den Auftrag bekommen, »ein kleines Schauspiel für Araceli zu inszenieren«.[110] Der Polizeiwagen hielt vor dem Haupteingang von Latchmere House, und Araceli wurde die Augenbinde abgenommen. Die Nachmittagssonne stand noch grell am Himmel, und etwas benommen blickte sie sich um. Alles, was sie sah, waren mehrere Wachsoldaten, die das Haupttor hinter ihr wieder verriegelten.

Zwei Wärter nahmen Araceli in ihre Mitte und führten sie in einen Nebentrakt. Direkt hinter ihr lief ›Tin-Eye‹ Stephens, der sie bedrohlich angesehen, aber kein Wort gesagt hatte. Einer der Wärter schloss die Tür einer Zelle auf. Sie war leer, und Stephens gab Araceli ein Zeichen, auf einem Holzstuhl in der Mitte des kleinen Raumes Platz zu nehmen. Wenige Augenblicke später hörte sie die Schritte mehrerer Personen auf dem Flur. Einen Augenblick später stand ihr Mann Joan vor ihr. Sie war sehr beunruhigt, als sie ihn so vor sich sah. Joan Pujol trug die Häftlingskleidung des Camp 020. Die Häftlinge bekamen eine Hose und eine Jacke aus Flanell. Auf die Kleidung wurde ein 15 cm großes Stück Stoff in der Rautenform eines Diamanten aufgenäht, damit die Häftlinge bei einem möglichen Fluchtversuch sofort zu identifizieren waren.[111] Ihr Ehemann war unrasiert und sah, so fand sie, entsetzlich müde aus.

»Araceli, gib mir dein Ehrenwort. Warst du in der Botschaft oder nicht?« Joan schaute seine Frau ganz direkt an. Sie zitterte vor Anspannung.

»Ich war nicht da, und ich hatte auch nie die Absicht, dort hinzugehen. Ich wollte nur, dass sie meine Bitte ernster nehmen, Joan. Wenn du freigelassen wirst, werde ich dich weiter unterstützen, so gut ich kann. Ich werde die Engländer

116

nie wieder fragen, ob ich nach Spanien kann. Ich werde dich hier nicht zurücklassen.«

Pujol hörte ihr mit unbewegter Miene zu.

»Ich bin von den Leuten heute Morgen befragt worden und habe eine Erklärung unterschrieben. Bald wirst du freikommen, Joan«, sagte Araceli. Die echte Sorge um ihren Mann und Vater ihrer beiden Kinder war ihr anzusehen.

»Morgen werde ich vor Gericht gestellt. Ich werde dann versuchen, den Richter zu überzeugen, dass du wirklich nicht zur Botschaft gehen wolltest. Leb wohl!«

›Tin-Eye‹ Stephens gab Pujol ein Zeichen, sich zu erheben, und die Wärter schlossen die Tür auf. Damit war für Araceli das Gespräch mit ihrem Mann abrupt zu Ende. Wieder stieg sie in den Polizeiwagen und erreichte am frühen Abend London. Nach diesem Besuch war Araceli ein wenig gefasster, aber noch immer schluchzte sie unaufhörlich. Am nächsten Tag, so sagten ihr die MI5-Mitarbeiter, würde sie nochmals befragt werden.[112]

25. Juni 1943

Am Morgen teilte ihr ›Tar‹ Robertson mit, dass Joan Pujol mit Zustimmung der Richter seine Arbeit fortsetzen dürfe. Ein hinzugezogener Jurist des MI5 erklärte Araceli außerdem in drohenden Worten, dass sie selbst um Haaresbreite einer Verhaftung entgangen sei und im Wiederholungsfall zusammen mit ihrem Mann den Rest des Krieges in einem Internierungslager verbringen werde.[113]

Verstört und kleinlaut kehrte Araceli in ihr Haus zurück. Am Abend wurde Joan Pujol von einem Fahrer zurückgebracht. Die vergangenen 48 Stunden hatten auch Joan Pujol – wie seiner Frau – seelisch reichlich zugesetzt, wie die B1a-Mitarbeiter bemerkten.[114]

Noch am Abend zeigte Pujol Araceli das Protokoll mit

seiner angeblichen Aussage vor dem Tribunal. Sein eigentliches Ziel war es, ihr nochmals klar zu machen, dass sie nie wieder einen Versuch unternehmen dürfe, ihn in Gefahr zu bringen. In seiner Aussage hieß es:

»Meine Frau erklärt, dass sie nicht zur Botschaft gegangen ist und auch niemals die Absicht hatte, das zu tun. Sie hat das auch für die Zukunft versichert, und ich bin deshalb bereit, ein Dokument zu unterzeichnen, durch das ich für all ihre künftigen Taten persönlich die Verantwortung tragen werde, die direkt oder indirekt in Beziehung stehen zu den Diensten, die ich freiwillig in diesem Land ausübe.«[115]

Pujol hatte seinen Plan effektiv und eiskalt umgesetzt. Um sein erfundenes Netzwerk zu schützen, hatte er nicht einmal davor zurückgeschreckt, seine eigene Frau ohne jegliche Hemmung zu täuschen, und dabei mit voller Absicht seine Ehe aufs Spiel gesetzt. Bei der B1a und bei Tomás Harris war nach dieser Episode und Pujols energischem Verhalten das Vertrauen in ihren Doppelagenten weiter gewachsen.

»Es zeigte uns den Grad, bis zu dem er bereit war, mit uns zusammenzuarbeiten, um sicherzugehen, dass seine Arbeit ohne Unterbrechung weitergehen konnte«, schrieb Harris.[116]

Araceli war es gewesen, die in Lissabon für Pujol die britische und die amerikanische Botschaft kontaktiert hatte. Sie hatte das allein für ihren Mann getan, der ohne ihre mutigen Schritte wohl niemals nach Großbritannien gelangt und ein erfolgreicher Doppelagent geworden wäre. Doch Dankbarkeit gegenüber seiner Frau zählte für Pujol nichts mehr, das hatte er mit seinem ausgeklügelten Plan bewiesen. Nicht nur mit der Abwehr, auch mit seiner Frau hatte er ein doppeltes Spiel getrieben, sie schwer getäuscht und in größte Verzweiflung gestürzt. In Zukunft sollte Araceli ihrem Ehemann keinerlei Schwierigkeiten mehr bereiten – zumindest was seine Arbeit für den MI5 betraf.

Hätte Araceli ihre Drohung wahr gemacht und wäre sie

tatsächlich zur spanischen Botschaft gegangen, hätte sie ihren Mann einer tödlichen Gefahr ausgesetzt. Die Rache der Abwehr hätte auch sie und ihre Kinder treffen können. Darüber hinaus hätte sie das gesamte System der Doppelagenten auffliegen lassen und vor allem die bevorstehende Landung in der Normandie gefährden können.

2. August 1943

Im Sommer 1943 waren genau zwei Jahre vergangen, seit Pujol angeblich von Madrid nach London umgezogen war. Harris ließ ihn diesen Jahrestag nutzen, um an Kühlenthal einen langen Brief zu schreiben. Dieser sollte stets den Eindruck haben, dass sein Agent nichts dringender als den »Endsieg« herbeisehne und dabei völlig selbstlos agiere.

Pujols Briefe waren voller Schmeicheleien, und er gab sich als glühender Anhänger der Nationalsozialisten. In seinen Briefen richtete Pujol immer wieder konkrete Fragen an Kühlenthal, um herauszubekommen, welche nächsten Schritte die Deutschen in diesem Krieg vorhatten. Aber mit seinen Briefen verfolgte er noch einen anderen Zweck: Kühlenthal sollte das beruhigende Gefühl haben, dass das Agentennetzwerk in Großbritannien zuverlässig am nächsten Erfolg arbeitete, wie Pujol ihm persönlich und ohne allzu große Bescheidenheit versicherte. Der Ton zwischen den beiden war inzwischen sehr vertraut geworden:

»Mein lieber Freund und Kamerad,
vor einigen Tagen habe ich den zweiten Jahrestag meines Aufenthalts hier begangen. Ich glaube, ich habe meine Pflicht bestmöglich erfüllt, obwohl die Ausbildung dafür denkbar schlecht war. Wenn ich nicht die Cleverness und das Naturell dafür besäße, wäre es nicht möglich, ein solches Netzwerk mit dieser Verantwortung zu führen. (...) Bei Gott, meine

119

Arbeit hier ist schwer. Ich weiß, dass du manchmal über meine Art Humor lachst, aber meine Meldungen sind für dich sehr viel wertvoller, als die Lektüre Hunderter britischer Zeitungen oder das Abhören Tausender anglo-amerikanischer Radiosendungen. Denn dann würdest du nur Lügen hören. Ich aber schicke dir nur die handfeste Realität. (...) England muss mit Waffengewalt eingenommen und zerstört werden. Ich liebe einen harten und kühlen Kampf. (...) Warum, frage ich mich, bereitet unser Oberkommando keinen Angriff auf England vor? Lieber sterbe ich, bevor man mich einen Demokraten nennen wird. Mit ausgestrecktem Arm beende ich diesen Brief in frommer Erinnerung an all unsere Toten.

Dein J.«[117]

Kapitel 7

Der Verdacht

Madrid, Oktober 1943

In der spanischen Hauptstadt waren die warmen Tage vorüber. Die letzten Sonnenstrahlen am Nachmittag ließen eine
erste Ahnung des Herbstes aufkommen. In Berlin hatte am
Morgen der Chef der Abwehr, Admiral Wilhelm Canaris,
mit seinem Adjutanten und seinem Stabschef eine Luftwaf-
fenmaschine bestiegen. Die unzähligen Auslandsreisen, die
Canaris unternahm, dauerten oft Wochen und Monate. Fast
ununterbrochen inspizierte er die vielen Auslandsbüros der
Abwehr. Die eine Hälfte der Zeit verbrachte er mit der
eigentlichen Abwehrarbeit, die andere damit, Hilfsaktionen
für Menschen zu organisieren, die in Not geraten waren,
unter ihnen auch viele Juden.[118] Zu Spanien besaß Canaris
eine ganz besondere Beziehung. Ab 1915 hatte er hier während des Ersten Weltkriegs selbst als Agent Informationen
über feindliche Schiffe beschafft, in den Zwanzigerjahren
baute Canaris dann ein neues Netz mit V-Leuten in Spanien
auf und organisierte die geheime Rüstungszusammenarbeit
zwischen beiden Ländern. Trotz der Bestimmungen des
Versailler Vertrages wollte die deutsche Marine im Geheimen aufrüsten.

Jetzt begann Canaris nach seiner Landung die Inspektion
der Abwehrstelle in Madrid. Er begrüßte die Leiter der
einzelnen Abwehrabteilungen herzlich. Dann nahmen sie

gemeinsam im großen Besprechungsraum Platz. Jeder
Dienststellenleiter in Spanien sollte dem Abwehrchef kurz
über die Erfolge der von ihm geführten Agenten berichten.
Bei einer Größe von knapp 1,60 Meter wirkte der einfluss-
reiche Leiter der deutschen Gegenspionage ein wenig verloren auf dem massiven hölzernen Konferenzstuhl. Nicht
weit entfernt von der Kopfseite des Konferenztisches, an der
Canaris saß, hatte Karl-Erich Kühlenthal Platz genommen.
Gespannt hörte er seinen Vorrednern zu, nahm ab und zu
einen Schluck Wasser und blickte immer wieder hinüber zu
dem Gast aus Berlin. Dann war er selbst an der Reihe. Beide
kannten sich. Besser, als viele am Tisch ahnten.

»Sonderführer Kühlenthal, was ist von Ihrem Bereich Besonderes zu berichten?«, fragte Canaris und schaute ihn
unverwandt an.

Kühlenthal räusperte sich. Jetzt war die Gelegenheit gekommen, um sich vor seinem obersten Vorgesetzten und
allen Abwehrmitarbeitern zu profilieren. Sein Vortrag wurde
zur »Hauptattraktion des Treffens mit Canaris, und er lobte
die Leistungen seines Spions ›Alaric Arabel‹, der streng
geheime Informationen direkt aus Großbritannien weiterleitete«, wie sich einige Teilnehmer erinnerten, und wie die
britischen Abhörspezialisten wenig später im deutschen
Funkverkehr nach Berlin mitlesen konnten.[119] Kühlenthal
berichtete über einige der letzten Einsätze seines Agenten
›Alaric Arabel‹ in Großbritannien und davon, wie dieser die
Abwehr vor der Landung in Nordafrika gewarnt habe. Dann
erzählte er Canaris die Geschichte von dem Kuchen und
dem darin eingebackenen Erkennungsbuch der britischen
Luftwaffe.

»›Alaric Arabel‹ ist also nicht nur ein hervorragender
Agent, sondern auch ein guter Bäcker, Herr Admiral«, fuhr
Kühlenthal fort und konnte sich zum Abschluss seines Vor-
trags einen Scherz nicht verkneifen:

»Und auch wenn sein Kuchen nicht wirklich geschmeckt

hat – der Inhalt war exzellent.«[120] Canaris nickte anerkennend, er schien tief beeindruckt von den Erzählungen seines Sonderführers. Kühlenthals Ansehen war weiter gestiegen, und nur wenige am Tisch ahnten, dass die Beziehung der beiden ein Geheimnis barg.

Seine Kollegen in Madrid waren zunehmend neidisch auf den jungen Sonderführer, der »von den höchsten Vorgesetzten Respekt und Wertschätzung erhielt«.[121] Sie hatten den Eindruck, dass Canaris stets seine Hand über Kühlenthal hielt und ihn schützte. In einem geheimen Aktenvermerk von 1943 hieß es:

»Er ist in Spanien bei Weitem der beste Mann in Gruppe I (Spionage) und vom politischen Standpunkt aus sehr zuverlässig.« Der Reichsführer der SS, Heinrich Himmler, schickte eine persönliche Belobigung an Kühlenthal und dankte ihm für die Arbeit, die sein Agentennetz in England geleistet hatte.[122] In den Augen des Oberkommandos in Berlin war Kühlenthal der erfolgreichste deutsche Agentenführer in Spanien. Diese Einschätzung hätte falscher nicht sein können.

Inzwischen war es Kühlenthals Hauptaufgabe, das immer schneller wachsende Netzwerk seines Agenten ›Alaric Arabel‹ zu kontrollieren. Genau das war Harris' Ziel gewesen. Kühlenthal tat alles, damit Pujol weiter erfolgreich sein konnte, versorgte ihn regelmäßig mit neuen Codes, Tarnadressen und immer besserer Geheimtinte. Auch die Geldsummen, die er an Pujol überwies, stiegen ständig. Um die vielen Meldungen, die ›Alaric Arabel‹ schickte, bearbeiten zu können, ließ Karl-Erich Kühlenthal in der Abwehrstelle in Madrid ein zusätzliches Büro einrichten.[123] Die von den britischen Abhörspezialisten in Bletchley Park abgefangenen Meldungen von Madrid nach Berlin belegten, dass Kühlenthal sich anscheinend voll auf Pujol verließ.

»Wir wussten, dass jede von Pujol gesendete Mitteilung inzwischen Priorität besaß und jeder militärische Bericht,

123

den Pujol an Madrid schickte, sofort nach Berlin weitergeleitet wurde«, erinnerte sich Tomás Harris, der sich immer mehr darüber wunderte, dass Kühlenthal all die eigentlich unfassbaren Dinge glaubte, die er und Pujol ihm schickten.[124] Aber es gab noch eine andere Möglichkeit: Schließlich hatte Kühlenthal doch von Anfang an seinen besten Agenten verdächtigt, auch für die andere Seite zu arbeiten – spielte er also Pujols Spiel lediglich klaglos mit?

»Je sensationeller unsere Berichte werden, umso sicherer können wir sein, dass Madrid sie sofort nach Berlin weitersendet«, notierte Harris in einem Memorandum.[125] Immer häufiger schien Kühlenthal die falschen Informationen seines Agenten nicht einmal mehr zu lesen, bevor er sie nach Berlin weitergab. Zweifel am Inhalt äußerte er ohnehin nie. Die Abwehr wurde auch nicht müde zu betonen, dass ›Alaric Arabel‹ inzwischen ihr wichtigster Agent in Großbritannien geworden sei. Wenn Nachrichten besonders dringend erschienen, wurden sie nur eine Stunde später von Madrid nach Berlin weitergefunkt. Pujol und sein vermeintliches Netzwerk waren inzwischen zum direkten Sprachrohr des britischen Geheimdienstes geworden.

Für die Briten war es ab sofort entscheidend, die Übertragung von Pujols Meldungen abzufangen, die von der Abwehrstelle in Madrid nach Berlin gesendet wurden. Der Text, den Madrid nach Berlin funkte, war den Codeknackern in Bletchley Park ohnehin schon bekannt, denn die Nachrichten waren ja von Pujol und Harris selbst verfasst worden. Das Entscheidende aber war, dass die Abwehr in Madrid Pujols Meldungen nochmals verschlüsselte und in einem neuen ENIGMA-Code nach Berlin weitergab. Da die Spezialisten in Bletchley Park den Klartext kannten, war es somit relativ einfach, den für diesen Tag gültigen Code der ENIGMA-Verschlüsselung herauszufinden. Unter normalen Umständen wäre diese Chiffrierung schwer zu knacken gewesen, dank Pujol dauerte es jetzt nur noch ein bis zwei

Stunden, bis die Schlüsseleinstellungen des jeweiligen Tages passten. Der MI5 hatte sich so einen gewaltigen Vorteil verschafft, denn mit dem gültigen Tagesschlüssel konnten nicht nur alle Meldungen, die Madrid nach Berlin funkte, von den Briten mitgelesen werden, sondern auch die aus allen anderen Abwehrbüros in ganz Europa.

Aber noch etwas überraschte die Mitarbeiter des MI5, wenn sie Kühlenthals Meldungen nach Berlin mitlasen. Pujols Berichte enthielten bereits viele brisante Details, aber Kühlenthal konnte der Versuchung nicht widerstehen, weitere Einzelheiten hinzuzufügen, um seinen Berichten noch mehr Gewicht zu verleihen. War hier inmitten des Madrider Abwehrbüros jemand am Werk, der um jeden Preis beweisen wollte, welche Erfolge er mit seinen Agenten in Großbritannien erringen konnte, oder wollte er dem deutschen Geheimdienst von innen heraus schaden? Verblüfft bemerkten Harris und Pujol, dass der deutsche Abwehroffizier auch weitere Agenten erfand. Kühlenthal täuschte seine Vorgesetzten in Berlin somit besser, als es sich der britische Geheimdienst erhofft hatte: zum einen, weil er die falschen Meldungen seines Agenten ›Alaric Arabel‹ weiterleitete, von deren Echtheit er fest überzeugt zu sein schien, zum anderen, weil er dieses Material mit eigenen, frei erfundenen Details anreicherte.

»Die Informationen, die Kühlenthal bis heute geliefert hat, sind entweder falsch, nutzlos oder vom MI5 zusammengestellt worden – durch die Doppelagenten, die unserer Kontrolle unterstehen«, hieß es in einem Bericht des MI5.[126]

»Kühlenthal gehört zu denjenigen, die ihre meisten Informationen frei erfinden«, hieß es in einer anderen Einschätzung.[127]

Einige Mitarbeiter der Abwehr verdächtigten ihn, Geld zu veruntreuen. Bletchley Park hatte eine Meldung abgefangen, wonach Kühlenthal einem seiner Agenten in London in den vergangenen zwei Jahren die damals hohe Summe von 400 britischen Pfund bezahlt hatte. Es herrschte in Madrid angeblich ständiges Misstrauen gegenüber Kühlenthal, wie einer seiner ehemaligen Kameraden zugab, der in britische Gefangenschaft geraten war:

»Es gibt Offiziere in Spanien, die sicher sind, dass Kühlenthal ein doppeltes Geschäft betreibt und die monatlichen Zahlungen zwischen sich und dem Diplomaten aufteilt.«[128]

Karl-Erich Kühlenthal hatte einen ganz besonderen Grund, seinen Vorgesetzten in Berlin zu beweisen, wie wichtig seine Arbeit für die Abwehr war. Einige seiner Kameraden hatten Näheres über seine Familiengeschichte erfahren: Die Großmutter mütterlicherseits war Jüdin.

Damit war er nach den Nürnberger Rassegesetzen und im Sprachgebrauch der Nationalsozialisten ein »Vierteljude«. Karl-Erich Kühlenthal galt als »Mischling zweiten Grades«. Er war damit nicht direkt gefährdet, brutal verfolgt zu werden, und hätte auch nicht befürchten müssen, zwangsweise nach Deutschland zurückgeschickt zu werden. Doch seine Familiengeschichte reichte aus, ihm eine normale Karriere in der Wehrmacht zu erschweren, und sie bewirkte, dass er auch innerhalb der Abwehr einen schweren Stand hatte. Missgunst und Neid trafen ihn. Kühlenthals schwierige Lage blieb auch den britischen Diensten nicht verborgen. Dafür sorgten die britischen Agenten, die auf ihn angesetzt waren.[129]

Es war Admiral Wilhelm Canaris selbst, der sich vor Kühlenthal stellte. Denn was kaum einer innerhalb der Abwehr wusste: Der junge Sonderführer in Madrid stand unter besonderem Schutz des Abwehrchefs. Canaris höchstpersönlich, der im »Dritten Reich« vielen Juden half, hatte sich darum gekümmert, dass Karl-Erich Kühlenthal den Posten in der Abwehrstelle in Madrid erhielt.

Dessen Vater, General Erich Kühlenthal, war seit 1936 deutscher Militärattaché in Paris und auch zuständig für Portugal und Spanien. Canaris und Kühlenthal senior waren alte Freunde und hatten als Offiziere gemeinsam die Wirren des Ersten Weltkriegs und der Weimarer Republik durchlebt. Dieses enge Verhältnis zu Canaris übertrug sich auch auf den Sohn Karl-Erich, der aus diesem Grund Mitarbeiter der Abwehr wurde. Admiral Canaris war während seiner Aufenthalte in Madrid manchmal Hausgast der Familie. Dann band sich der Admiral ab und zu eine Schürze um und kochte selbst in Kühlenthals Küche.

Bei seiner Arbeit für die Abwehr tat Kühlenthal offenbar keinen Handgriff, ohne vorher die Zustimmung von Canaris für sein Handeln erhalten zu haben. Vermutlich gab es zwischen beiden klare Absprachen, welche Meldungen und Informationen der Doppelagenten Karl-Erich Kühlenthal nach Berlin weiterleiten sollte.[130]

1941 war es Canaris gelungen, seinen Schützling zu »arisieren«. Kühlenthal wurde formell eine »rein arische Herkunft« bescheinigt. Wilhelm Leissner, der Leiter der Abwehrstelle in Madrid, war aufgefordert worden, dies offiziell zu bestätigen. Das missfiel einigen hochrangigen Nationalsozialisten in Berlin. Leissner erhielt die scharf formulierte Frage:

»Bitte erklären Sie umgehend den folgenden Satz in Ihrer letzten Meldung: › Kühlenthal ist auf Betreiben der Abwehrstelle in Madrid zum Arier erklärt worden.‹ Eine Formulierung dieser Art ist realitätsfern. Können Sie (Leissner) die genaue Grundlage für einen solchen Rechtsakt nennen?«[131]

Kühlenthals »Arisierung« erweckte auch den Argwohn des Sicherheitsdienstes, also des Geheimdienstes der SS. Die spanische Abteilung des Sicherheitsdienstes warf nun auch die Frage auf, wie ihm so rasch eine »rein arische Abstammung attestiert werden konnte, da es keinerlei Berechtigung für solch ein Vorgehen gäbe«.[132]

Canaris intervenierte erneut, und der Sicherheitsdienst in Madrid wurde angewiesen, »die Sache fallen zu lassen«.[133]

Ähnlich wie Admiral Canaris schien Karl-Erich Kühlen-

thal eine sehr große Distanz zu Hitler zu besitzen.[134] Die
besondere Stellung, die Kühlenthal offensichtlich bei Canaris innehatte, führte zu bösen Gerüchten, unter denen Kühlenthal zu leiden hatte. Einige Kollegen trauten ihm nicht,
»weil er Vierteljude ist, keinen verantwortungsvollen Posten
in Deutschland bekleiden durfte, kein Nationalsozialist ist
und mit dem man in keinem Fall offen sprechen sollte«.[135]
Major Helm, Leiter der deutschen Gegenspionage in Spanien, schickte einen vertraulichen Bericht an Admiral Canaris, in dem er Kühlenthal beschuldigte, »auf der Gehaltsliste
des britischen Geheimdienstes zu stehen«. Doch Canaris
schützte Kühlenthal auch vor diesem Angriff.

»Ich weigere mich, diesen Bericht ernst zu nehmen«,
schrieb der Abwehrchef erbost zurück. Helm wurde sofort
an eine andere Abwehrstelle versetzt.[136]

Kühlenthal tat derweil alles, um seinen besten Agenten
auf der Insel zufriedenzustellen. Pro Monat erhielt Pujol von
der Abwehr eine feste Zahlung von 2000 Peseten. Zum Jah-
resende bekam er auch jedes Mal einen zusätzlichen Bonus,
und immer wieder fragten Kühlenthals Mitarbeiter, wohin
sie ihm das Geld schicken oder überweisen könnten. Stets
war Kühlenthal voller Sorge, ob Pujol genügend Geld für
sich und seine Mitagenten besaß. Denn auf keinen Fall sollten seine Operationen an fehlendem Bargeld scheitern. Für
die Deutschen bedeutete es eine große logistische Heraus-
forderung, Pujol, der sich in England aufhielt, das Geld
direkt zukommen zu lassen. Doch der MI5 dachte sich einen
überzeugenden Vorschlag aus, den Kühlenthal nicht ableh-
nen konnte. Unter dem Namen ›Operation Dream‹ warb
der MI6 für die Aktion einen spanischen Obst-und Gemüse-
großhändler an, der sein Hauptgeschäft in Madrid hatte,
aber auch eine kleine Filiale in London. Er wirkte als Mit-
telsmann, nahm alle Gelder der Abwehr in Spanien an und
leitete sie dann in London an die Briten weiter. Kühlenthal
konnte nicht ahnen, dass er damit einen großen Teil der

Ausgaben des britischen Geheimdienstes für alle Doppelagenten finanzierte.[137]

Die britischen Geheimdienstmitarbeiter in Spanien, die
auf Kühlenthal angesetzt waren, berichteten immer wieder,
dass er »kalt und reserviert« erscheine, aber auch »sehr
ruhelos«. In einem Beobachtungsbericht eines britischen
Spions in Madrid hieß es: »Besonderheit: ausweichender
Blick.«[138] Kühlenthal fühlte sich gehetzt. Sein Ruf in Berlin
war glänzend, dank Pujol und seines Netzwerks. Aber sollte
Canaris in Berlin an Einfluss verlieren und ihn nicht länger
schützen können, oder würde er selbst nicht ständig weitere
Erfolgsmeldungen vorlegen können, würde der Druck auf
ihn wachsen und die Missgunst noch größer werden, wie
seine Kollegen meinten:

»Kühlenthal zittert darum, seinen Posten behalten zu
dürfen, damit er nicht nach Deutschland zurückkehren
muss. Er tut alles, um bei seinen Vorgesetzten Eindruck zu
schinden.«[139]

Natürlich wollte Kühlenthal gern in Madrid bleiben, denn
hier war das Leben für ihn angenehm. Doch seine Angst vor
einer erzwungenen Rückkehr schien nicht übermächtig zu
sein. Er dachte und bewegte sich in Spanien wie ein Einhei-
mischer, und wegen seiner hervorragenden Kontakte wäre
es ihm ein Leichtes gewesen, berufliche Alternativen zu finden, etwa in der spanischen Verwaltung oder in der Wirtschaft.

Kapitel 8

›Operation Fortitude‹

Wentworth, April 1944

Die Spuren waren überall im Südosten Englands zu sehen.
Auch aus der Luft. Einige führten durch Felder und Wiesen,
andere in Wälder oder zu riesigen Zeltstädten. Hunderte
von amerikanischen Sherman-Panzern waren hier aufge-
fahren und standen Reihe an Reihe vor den Militärlagern.
Auf den Flugfeldern parkte eine ständig wachsende Zahl
britischer und amerikanischer Kampfflugzeuge. In den Flüssen des Südostens ankerten flache Landungsboote, und aus
großen Feldküchen in Wentworth, in der Nähe von Ascot,
drang Tag und Nacht Rauch, ein Zeichen dafür, dass hier
offensichtlich riesige Truppenkontingente verpflegt werden
mussten. In den Zeitungen der Region war immer wieder
davon zu lesen, dass es in Pubs in Norwich und Ipswich zu
Schlägereien zwischen US-amerikanischen, kanadischen
und britischen Soldaten gekommen war, wollten die fremden Soldaten doch die jungen Engländerinnen gern ein
wenig näher kennenlernen. Auf den Leserbriefseiten der
Lokalzeitungen beschwerten sich die Abonnenten über den
verheerenden Einfluss der Soldaten aus dem Ausland, die
hier im beschaulichen Südosten für Unruhe sorgten. Ein
Vikar im Ruhestand geißelte »die sinkende Moral« der britischen Frauen, seit die fremden Soldaten hier Quartier
bezogen hätten. Ein anderer beschwerte sich, dass rund um

die Zeltlager im Südosten gebrauchte Kondome achtlos weggeworfen würden. Hausfrauen schrieben aufgebracht, dass die ständig vorbeifahrenden Armeelaster zu viel Staub aufwirbelten und dass ihre frisch gewaschene Kochwäsche, die noch an der Leine hing, sofort wieder dreckig werden würde. Im Sportteil war zu lesen, dass die Soldaten verschiedener Bataillone regelmäßig Fußballturniere austrugen.[140] Es konnte keinen Zweifel geben: Hier war eine riesige Armee aufmarschiert, die sich für ihren kommenden Einsatz gegen Deutschland bereit machte.

Nichts war jedoch, wie es schien. Wer genauer hinsah, wurde Zeuge merkwürdiger Vorgänge. Einige Bauern mussten mit ihren Traktoren übers Land fahren; an der Hinterseite waren spezielle Aufsätze montiert, mit denen sie die angeblichen Kettenabdrücke von Panzern in der Erde hinterließen. Die Sherman-Panzer waren aufblasbar und aus Gummi. Die vielen Flugzeuge konnten niemals abheben, denn sie bestanden nur aus Leinwand und Sperrholz. Die großen Landungsboote, die in den Flüssen Deben und Orwell ankerten, waren aus Gerüstrohren und leeren Ölfässern gebaut worden, und in den Zeltlagern war kein Mensch, es herrschte nur Leere. Schlägereien und Fußballspiele gab es nicht, und die Leserbriefe in den Zeitungen waren nicht von Hausfrauen und verärgerten Pfarrern, sondern von den alliierten Planern geschrieben und platziert worden – mit der einzigen Absicht, dass die in Großbritannien agierenden Doppelagenten diese Zeitungen nach Lissabon und Madrid weiterleiteten, und die Abwehr so auf die Vorbereitungen aufmerksam wurde. Ab Ende April simulierten die Planer der Alliierten auch den gigantischen Funkverkehr, den die angeblich über 150 000 Soldaten erzeugten. Jeden Tag setzten 25 Funker mehrere Hundert verschlüsselte Meldungen ab, in der Hoffnung, dass die Deutschen diese abhören würden.

Der deutschen Seite sollte vorgegaukelt werden, dass

inzwischen hier im Südosten eine riesige Armee, die Erste
US-Armeegruppe (First US Army Group, kurz FUSAG),
stationiert sei und sich auf die Landung im Pas de Calais
vorbereitete, somit also die engste Stelle des Ärmelkanals
nutzen würde.[141]

Auch für König George VI. war eine Rolle vorgesehen.
Zusammen mit dem britischen Feldmarschall Montgomery
besuchte er bei Dover, nur wenige Kilometer von der Küste
entfernt, ein neues, ausgedehntes Öllager. Öl war hier jedoch
Mangelware, und auch sonst gab es an dem beschaulichen
Ort nicht viel zu sehen. Es handelte sich um eine gigantische
Attrappe, errichtet von den Bühnenbildnern der Shepperton
Filmstudios, die auch die zahlreichen Panzer und Flugzeuge
gebaut hatten. Das Öllager bestand aus Sperrholz, Segeltuch
und Abflussrohren, eine große Windmaschine aus den Filmstudios blies Dampf und Rauch darüber, damit es so aussah,
als ob die Anlage in vollem Betrieb laufe. Fotos des Königs
und des Feldmarschalls erschienen in den Zeitungen, als sie
das schwer bewachte Öldock betraten. Der Bürgermeister
von Dover, der über die Täuschung Bescheid wusste, sprach
bei einer öffentlichen Feierstunde darüber, wie glücklich er
sei, diese Anlage nun in seiner Stadt zu wissen. Einen Hinweis konnte er sich nicht verkneifen: »Ihre genaue Beschaf-
fenheit muss geheim bleiben, bis der Krieg vorüber ist. Aber
sie wird unserer Gemeinde große Vorteile bringen.«[142] Der
Beweis, dass diese Täuschung erfolgreich war, kam schnell.
Deutsche Truppen, die auf der gegenüberliegenden Seite des
Ärmelkanals, im Pas de Calais, stationiert waren, feuerten
immer wieder mit ihren Geschützen auf das Öllager. Viel
passierte nicht, die Handvoll Soldaten, die hier Dienst taten,
musste nur ab und zu große Mengen Natrium entzünden,
um Stichflammen und Feuer in dem angeblich getroffenen
Öldepot zu simulieren.

Wäre die deutsche Luftaufklärung intakt gewesen, sie
hätte das gigantische Schauspiel der Briten im Südosten

noch enttarnen können. Der Aufwand für die angebliche
Armee war riesig, aber die deutsche Luftwaffe war bereits so
geschwächt, dass regelmäßige Aufklärungsflüge über dem
Südosten Englands nicht mehr möglich waren, und die verbliebenen deutschen Flieger konnten nicht allzu tief gehen
aus Angst vor feindlichem Beschuss; nur manchmal ließen
es britische und amerikanische Flugzeuge zu, dass ein deutsches Aufklärungsflugzeug in den Luftraum eindringen
konnte. Schließlich sollten die Vorbereitungen für die Deutschen ja ab und zu sichtbar sein und von ihnen fotografiert
werden können. Hatte es ein deutsches Flugzeug sodann in
den englischen Luftraum geschafft, verhinderte die Luftabwehr der Alliierten akribisch, dass sich deutsche Piloten
dem Gebiet in einer Flughöhe von weniger als 9000 Meter
nähern konnten – unterhalb dieser Höhe wäre die Täuschung sofort zu erkennen gewesen. In den sechs Wochen
vor der Landung der Alliierten in der Normandie kamen die
Deutschen auf nur noch 129 Aufklärungsflüge über Großbritannien.[143] Und kein einziger Agent der Abwehr hatte
Einblick in die Pläne der Alliierten.

Auch der falsche Funkverkehr war oft zu viel Aufwand. In
Bletchley Park konnten die Abhörspezialisten nachweisen,
dass sich die Deutschen kaum mehr die Mühe machten, die
angeblichen Funksprüche zu entschlüsseln und weiterzusen-
den. Weshalb auch? Sie hatten ja schließlich ›Alaric Arabel‹
und andere Agenten vor Ort, die ihnen sehr genau über die
Vorbereitungen rund um Wentworth berichteten.[144] Pujol
und sein ›Arabel‹-Netzwerk waren fest etabliert. Die Abwehr
startete keinen einzigen Versuch mehr, weitere Agenten in
Großbritannien zu platzieren, und war damit vollkommen
abhängig geworden von Pujol und anderen britischen Doppelagenten wie ›Tricycle‹, ›Brutus‹ und ›Tate‹.

Der Kommandeur der riesigen Geisterarmee war US-
General George S. Patton, der diese Aufgabe, die ihm der
Oberbefehlshaber der alliierten Streitkräfte, General Dwight

D. Eisenhower gestellt hatte, allerdings nur sehr widerwillig übernommen hatte. Statt eine riesige Armee mit über 150 000 Soldaten zu befehligen, war Pattons Auftrag überschaubar. Tatsächlich standen nie mehr als ein gutes Dutzend Soldaten unter seinem direkten Kommando. Patton agierte gewissermaßen auf Bewährung, und der Grund war sein Hang zum Jähzorn.

Gut ein Jahr zuvor, im August 1943, hatte er in Sizilien ein Lazarett seiner Einheit besucht. Er ging dabei von Bett zu Bett und erkundigte sich nach den Verwundungen seiner Soldaten. Als er an das Bett des 18-jährigen Charles Herman Kuhl trat, war Patton sichtlich überrascht. Der Soldat schien keine sichtbaren Verletzungen zu haben.

»Was fehlt Ihnen, Soldat?«, fragte Patton.

»Ich ertrage es nicht mehr, an die Front zu gehen. Ich kann die Explosionen nicht mehr hören.«

Das war zu viel für Patton. Er rastete aus und schlug Kuhl hart ins Gesicht.

»Ein verdammter Feigling sind Sie.«

Danach wollte Patton aus dem Zelt gehen. Er hörte Kuhl weiter weinen, drehte sich noch einmal um, schlug ihn erneut und befahl ihm, das Sanitätszelt zu verlassen. Später fanden die Ärzte heraus, dass Kuhl nicht nur an einer Kriegsneurose litt, sondern auch an Malaria und hohem Fieber. Die Zeitungen in den USA berichteten ausführlich über Pattons Entgleisung. Als auch noch bekannt wurde, dass der General zuvor einen weiteren Soldaten in einem anderen Lazarett geschlagen hatte, verlor er das Kommando über die 7. Armee auf Sizilien. Trotz allem: Die Entscheidung, dass Patton angeblich die FUSAG gegen die Deutschen führen sollte, war von den Amerikanern wohl überlegt getroffen worden. Hitler hatte ihn »ihren besten General« genannt, und er wurde von seinen Gegnern gefürchtet.[145] Als Kommandeur der FUSAG fuhr er hauptsächlich quer durch Südost-England und versuchte bei öffentlichen Auftritten, die

Legende von einer angeblichen Landung im Pas de Calais zu
verstärken. Von seinem dafür hilfreichen schauspielerischen
Talent war Patton zuiefst überzeugt. »Ich bin ein gottver-
dammter, geborener Schmierenkomödiant«, hatte er gesagt,
als er das Kommando antrat, und er behielt recht.[146] Mitte
Mai rief er in der Lobby des Londoner Claridge's-Hotels
dem Kommandeur der US-Fallschirmjäger, Brigadegeneral
James Gavin, bei einem Empfang ziemlich laut zu: »Wir
sehen uns im Pas de Calais, Gavin!«[147] Die umstehenden
Offiziere waren konsterniert und starrten Patton fassungslos
an. Wie konnte ein General derart unvorsichtig die Lan-
dungspläne der Alliierten ausplaudern? In das ganze Manöver eingeweiht waren nur die wenigsten.

Dass die Landung der Alliierten bevorstand, ließ sich vor
der deutschen Aufklärung nicht länger geheim halten. Aus
Sicht des deutschen Oberkommandos musste der Pas de
Calais das logische Landungsgebiet sein. Wegen der kurzen
Überfahrt würden vermutlich nur wenige Soldaten see-
krank werden, und die Alliierten waren zudem auf einen
großen Hafen angewiesen, um ihren Nachschub zu sichern.
Sonst würde die Landung nach wenigen Tagen bereits zum
Scheitern verurteilt sein. Außerdem führte von dort der kür-
zeste Weg nach Berlin.

Auch Hitler war von der Landung im Pas de Calais überzeugt und hatte in einer seiner Weisungen geschrieben:

»Alle Anzeichen sprechen dafür, dass der Feind spätestens im Frühjahr, vielleicht aber schon früher, zum Angriff
gegen die Westfront Europas antreten wird. Ich kann es
daher nicht mehr verantworten, dass der Westen zugunsten
anderer Kriegsschauplätze weiter geschwächt wird. Ich habe
mich daher entschlossen, seine Abwehrkraft zu verstärken,
insbesondere dort, von wo aus wir den Fernkampf gegen
England beginnen werden. (…) Denn dort muss und wird
der Feind angreifen, dort wird – wenn nicht alles täuscht –
die entscheidende Landungsschlacht geschlagen werden.«[148]

Aber gerade weil die Gegend um Calais das so offensicht-
liche Landungsziel war, hatten sich die britischen und amerikanischen Militärs dagegen entschieden, auch weil dieser
Küstenstreifen der am stärksten befestigte war. Hier befanden sich auch die Abschussrampen für die V-1 Raketen, die
auf England gerichtet waren. Im Südosten Englands traf
derweil die echte Landungsarmee ihre Vorbereitungen. Die
britisch-kanadische 21. Armeegruppe mit ihren 160 000 Soldaten wurde vom britischen Feldmarschall Bernard Montgomery geführt und musste in relativ kurzer Zeit an Land
gebracht werden. In guter Verfassung und wenn möglich
so, dass der Gegner vom Angriff völlig überrascht werden
würde.

General Dwight D. Eisenhower und seine Planer waren
alle Optionen durchgegangen. Die Wahl fiel schließlich auf
die Normandie. Das Gebiet war von der Wehrmacht am
schwächsten befestigt worden; die Alliierten rechneten damit, dass ihre Fallschirmjäger hier die geringste Gegenwehr
zu erwarten hätten. Die Küste war kein unüberwindliches
Steilufer, und nach der ersten Angriffswelle würde die
21. Armeegruppe auch schweres Gerät sicher und schnell an
Land bringen können.

Das Datum für die Landung in der Normandie hatten die
Stabschefs bereits auf den Konferenzen in Kairo und Teheran im November und Dezember 1943 festgesetzt. Sie war
unter dem Decknamen ›Operation Overlord‹ auf den Mai
1944 terminiert worden.

Der Plan, den die Alliierten parallel dazu entwickelt hatten, um die Deutschen über den genauen Ort und den Zeitpunkt der Landung sowie über die Größe ihrer Streitmacht
zu täuschen, war beinahe so kompliziert wie die Vorbereitungen für die Landung selbst. Siebenmal wurde er geändert, ab Anfang 1944 stand die ›Operation Fortitude‹
(Kraft) in ihren Grundzügen fest.

›Fortitude‹ sollte zur größten Aufgabe für die britischen

Doppelagenten werden. Aber nur diejenigen von ihnen, die Funkkontakt mit den Deutschen hatten, kamen dafür infrage. Neben Joan Pujol waren das Dušan Popov (›Tricycle‹), Wulf Schmidt (›Tate‹) und Roman Garby-Czerniawski (›Brutus‹). Ihnen brachte die deutsche Seite das größte Vertrauen entgegen.[149] Von allen Doppelagenten trugen ›Garbo‹ und sein Netzwerk zum Erfolg der ›Operation Fortitude‹ am meisten bei.[150]

John C. Masterman, der Vorsitzende des XX-Komitees, war sich der Größe der Aufgabe bewusst, die vor ihm lag, und schrieb darüber nach dem Krieg:

»Ab Anfang 1944 wurden alle unsere Aktivitäten von der großen strategischen Täuschung über die Landung in der Normandie überschattet. Der Höhepunkt, auf den wir seit dem Beginn gehofft hatten, kam näher. Alle anderen Aktivitäten wurden unbedeutend – zumindest zu diesem Zeitpunkt.«[151]

Bei den Militärs herrschte allerdings Skepsis hinsichtlich der Rolle der Doppelagenten. Niemand glaubte, dass ein Agent allein mit seinen Meldungen die Deutschen so umfassend würde täuschen können. Deshalb wurde ihre Rolle nur als eines von vielen Täuschungselementen betrachtet, das aber nicht das alles Entscheidende war.

»Es wäre schon ein Erfolg, wenn die Meldungen der Doppelagenten auch nur eine einzige deutsche Division für 48 Stunden auf ihrem Vormarsch in die Normandie aufhalten könnten«, schrieb Tomás Harris über die Meinung der Militärs zu den geplanten Täuschungsmanövern der Doppelagenten.[152]

Die B1a arbeitete nun eng mit den Planern im Hauptquartier der alliierten Streitkräfte in Nordwesteuropa (SHAEF) zusammen. Diese hatten ihren Sitz in London am St. James's Square, gut zwei Gehminuten vom Büro von ›Tar‹ Robertson, Tomás Harris und John C. Masterman entfernt. Für die militärischen Täuschungsoperationen der Alliierten war auf britischer Seite die ›London Controlling Section‹ (LCS) zuständig, die alle Beteiligten koordinierte. Die LCS war im September 1941 genau dafür entstanden. Am Heiligen Abend 1943, kurz nach der Konferenz von Teheran, hatte die LCS den Stabschefs ihre grundlegenden Pläne präsentiert, die dazu dienen sollten, die Landung in der Normandie zu verschleiern.[153]

Pujol und Harris erhielten eine abhörsichere Telefonverbindung direkt zum MI5 und dem SHAEF-Hauptquartier.[154] Die Agenten der B1a wurden nun Teil der militärischen Planung für den D-Day. John Bevan, Leiter der ›London Controlling Section‹, schrieb an ›Tar‹ Robertson:

»›Garbo‹ wird eine sehr wichtige Rolle in der Zukunft spielen. Sie können sich darauf verlassen, dass wir dieser exzellenten Figur all unsere Unterstützung geben werden.«[155]

Die ›Operation Fortitude‹ gliederte sich in zwei Teile – ›Fortitude South‹ und ›Fortitude North‹. Herzstück von ›Fortitude South‹ war, dass die Deutschen im Glauben gelassen werden sollten, der geplante Angriff in der Normandie sei lediglich ein erstes Täuschungsmanöver; der wahre Angriff werde dann wenig später im Pas de Calais erfolgen.

Für den anderen Teil, also ›Fortitude North‹, täuschten die Planer eine mögliche Landung von Truppen in Norwegen vor. Die deutsche Seite sollte annehmen, dass die Alliierten vom Norden Schottlands aus einen Ablenkungsangriff auf Norwegen vorbereiteten. Hintergrund war die Idee, den Deutschen Angst vor einem Angriff in Skandinavien zu machen und sie dazu zu bewegen, große Truppenteile dort zu belassen. Verhindert werden sollte damit, dass die deutschen Truppen in Nordfrankreich weiter verstärkt werden konnten. Falscher Funkverkehr und die Informationen der britischen Doppelagenten sorgten beim Feind für die Annahme, dass die fiktive Vierte Britische Armee mit der Unterstützung von US-Soldaten Stavanger und Narvik angreifen würde, um dann nach Oslo vorzudringen. 350 Soldaten fuhren daher mit ihren Lastwagen quer durch Schottland, auf den Ladeflächen hatten sie mobile Funkgeräte installiert und simulierten so den Funkverkehr der angeblich 100 000 Mann starken Truppe.

Die deutsche Führung reagierte eher verhalten auf diese mögliche Bedrohung. Immerhin aber beschloss Hitler, zwei Divisionen der Wehrmacht nach Norwegen zu senden, zusätzlich zu den zehn bereits dort stationierten. So konnte zumindest verhindert werden, dass 30 000 Soldaten als Verstärkung der Front in Frankreich abgezogen wurden.[156] Um den Anschein einer Gefahr für Norwegen zu verstärken, berichtete Joan Pujols Agent Nummer 3 aus Glasgow jetzt häufig über Marineübungen in der Gegend. Das reichte jedoch nicht, und so erfand Tomás Harris die Geschichte, dass Agent Nummer 3 in Schottland einen Matrosen aus Griechenland kennengelernt habe, der desertiert sei. Nummer 3 heuerte ihn als Verstärkung an, und der neue Agent schickte ab sofort von der Ostküste Schottlands zusätzliche Meldungen an ›Garbo‹.[157] Kein Tag verging, an dem seine Agenten nicht über die Vorbereitungen zu ›Fortitude North‹ berichteten. Karl-Erich Kühlenthal wurde stets beschäftigt gehalten und ließ mitteilen, er sei über die Arbeit des Netzwerks »hocherfreut«.[158]

Trotz aller Täuschung: Den Alliierten war klar, dass die Deutschen die Gefahr, die von einem möglichen Angriff auf Norwegen ausging, als gering einschätzten. Sie blieben bei ihrer Überzeugung, dass es sich lediglich um ein Ablenkungsmanöver handle und die Hauptgefahr eine Landung in Nordfrankreich bliebe. Darauf konzentrierten sich beide Seiten.

›Garbo‹ und sein Netzwerk arbeiteten fast ohne Pause. Von Januar bis Mai 1944 sendete er täglich bis zu vier Stunden Informationen über Truppenbewegungen und angebliche Vorbereitungen der Alliierten an die Abwehr in Madrid. Insgesamt funkte er bis zur Landung in der Normandie

500 Meldungen. Dieser enorme Funkverkehr war nur deshalb glaubwürdig, weil ihm die Abwehr beigebracht hatte, die echten Rufzeichen der britischen Armee zu imitieren. Wer immer diesen Kanal abhörte, konnte nicht anders, als zu glauben, dass dies ein echter britischer Sender sein müsse. Joan Pujol war nun auch zur wichtigsten Quelle deutscher Planungen geworden. Er sendete pro Tag fünf bis sechs lange Meldungen nach Madrid, griff vermeintlich auf neun Vollzeitagenten zurück und besaß angeblich zusätzlich viele andere Informanten, deren Arbeit er begutachten musste. Verwundert bemerkte Tomás Harris damals:

»›Garbo‹ muss Meldungen seiner Agenten analysieren, sichten, kürzen und umformulieren, dann muss er sie verschlüsseln und per Funk übertragen. Es ist zweifelhaft, ob in der Realität ein einziger Mann diese ganze Arbeit hätte leisten können, die ›Garbo‹ zugeschrieben wird.«[159]

Die Abwehr stand derweil unter großem Druck. Am 11. Februar 1944 war Admiral Wilhelm Canaris als Leiter entlassen worden – und mit ihm eine Reihe führender Offiziere. Hitler traute seiner Spionageeinheit nach einigen schwerwiegenden Fehlern nicht mehr viel zu. Die Abwehr und besonders ihre Führung hatten den Ruf erlangt, inkompetent und illoyal zu sein. In den kommenden Monaten geriet die Organisation Schritt um Schritt unter die Kontrolle des Sicherheitsdienstes des Reichsführers-SS (SD), des Geheimdienstes der SS. Beide Geheimdienste, Abwehr und SD, wurden dann im Reichssicherheitshauptamt (RSHA) unter der Leitung von Walter Schellenberg vereinigt.

Harris und Pujol bekamen vom XX-Komitee die Erlaubnis, Details und Aufgaben der echten im Südwesten stationierten 21. Armeegruppe unter Feldmarschall Montgomery und der nicht existierenden FUSAG im Südosten unter General Patton zu melden. Pujol sollte auch richtige und überprüfbare Meldungen an Kühlenthal senden, damit seine Glaubwürdigkeit auf deutscher Seite unerschütterlich bliebe.

Die Landung in der Normandie rückte näher. Pujol und Harris verstärkten ihr bereits bestehendes Netzwerk unter der Leitung ihres Agenten Nummer 7. Das war ›Stanley‹, der das ›Dagobert‹-Netzwerk leitete. Zur »Bruderschaft der Arischen Weltordnung«, der Gruppe walisischer Faschisten, zu denen bisher schon seine Agenten ›Donny‹, ›Dick‹ und ›Dorick‹ gehörten, kamen sechs neue Mitglieder hinzu, die wichtige Regionen in Schottland sowie im Südwesten und im Südosten Englands abdeckten.

Pujol meldete Kühlenthal auch, dass er selbst eine lange Erkundungsreise durch Südengland unternommen habe, und berichtete regelmäßig über seine neuen Erkenntnisse. Wegen der strengen britischen Zensur kurz vor der Landung konnte inzwischen keine Luftpost mehr nach Madrid geschickt werden. Pujol funkte dorthin, dass deshalb die Witwe seines ehemaligen Liverpooler Agenten ›William Gerbers‹ immer mehr Nachrichten für die Funkübertragung verschlüsseln würde.

Auch die anderen britischen Doppelagenten sendeten einen konstanten Strom von Meldungen über die FUSAG an die Abwehr. ›Brutus‹ gelang es angeblich, als polnischer Verbindungsoffizier im FUSAG-Hauptquartier zu arbeiten. ›Tate‹ hielt sich rein zufällig in der Grafschaft Kent auf, dem Zentrum aller vermeintlichen Truppenbewegungen, und auch ›Tricycle‹ berichtete immer wieder Details zur Position der FUSAG-Soldaten und zu ihren Absichten.

Doch Mitte Mai unterlief den Planern der B1a ein haarsträubender Fehler. Das System der Doppelagenten hätte danach ohne große Schwierigkeiten aufgedeckt werden können. Knapp drei Wochen vor der Landung in der Normandie hoben britische Aufklärungsflugzeuge in großer Zahl von Startbahnen im Südosten Englands ab. Die Deutschen sollten den Eindruck von der Existenz eines großen Flugzeugstützpunkts gewinnen, von dem aus die Landungsaktion im Pas de Calais jederzeit eingeleitet werden könne.

Um dieses Szenario zu verstärken, berichtete nicht nur ›Garbos‹ Agent ›Donny‹, der separatistische walisische Seemann und Anführer der angeblich NS-treuen, obskuren »Bruderschaft der Arischen Weltordnung«, von diesem Einsatz, auch ›Tate‹ und ›Brutus‹ meldeten ihn. Hätte die Abwehr die Meldungen ihrer drei wichtigsten Agenten verglichen, hätte sie misstrauisch werden müssen. Dass drei Agenten über ein und denselben Einsatz gleichlautende Meldungen schickten, hätte das XX-System auffliegen lassen können. Doch die einzelnen Abwehrstellen und ihre Führungsoffiziere in Deutschland verglichen niemals ihre Beobachtungen, und die fehlende Abstimmung innerhalb der B1a blieb ohne ernste Folgen.[160]

In Madrid erhielt Karl-Erich Kühlenthal auch dank des von Agent Nummer 7 (›Stanley‹) verstärkten ›Dagobert-Netzwerks‹ so viel Material, dass er Pujols Meldungen nicht einmal mehr übersetzte oder abschrieb. Kühlenthal sendete alles wörtlich in der ersten Person direkt nach Berlin weiter. Wann immer ihm ›Alaric Arabel‹ noch eine persönliche Einschätzung zu den Berichten seiner Unteragenten schickte, leitete Kühlenthal auch diese direkt weiter.

Kühlenthal reagierte begeistert und schrieb am 22. April 1944 einen langen Brief an Pujol:

»Ich habe mit großem Interesse gelesen, wie du dein Netzwerk verstärkt hast. Die zahlreichen Nachrichten der letzten Wochen haben mir gezeigt, wie richtig es von dir war, die alten Mitarbeiter als Unteragenten für ihre Netzwerke einzusetzen. Besonders das Netzwerk von ›Dagobert‹ scheint das zu sein, das die besten Ergebnisse erzielt.«[161]

Diese Nachricht von Kühlenthal löste in der Crespigny Road, so erinnerte sich Pujol später, helle Freude aus. Denn sie bewies, dass die ›Operation Fortitude‹ funktionierte.

Zossen/Wünsdorf, April 1944

In einem ausgedehnten Waldgebiet, gut 40 Kilometer südlich von Berlin, lagen die mächtigen Bunkeranlagen des deutschen Oberkommandos des Heeres. Das Hauptquartier bestand aus 23 Bunkern, die untereinander mit einem riesigen Stollensystem verbunden waren. Was hier wirklich geschah, blieb der Öffentlichkeit zu jeder Zeit verborgen. Wichtigster Teil der Anlage war die Nachrichtenzentrale. Von hier aus bestanden Fernmeldeverbindungen zu allen Kriegsschauplätzen, und von hier erhielten die deutschen Armeen und Generäle im Feld ihre Einsatzbefehle.

Teil des Bunkersystems war auch die Anlage › Maybach 1 ‹ mit zwölf Bunkerhäusern. Diese Häuser hatten fünf Etagen. Drei Stockwerke waren oberirdisch, zwei lagen unter der Erde, und die Häuser waren mit einem 600 Meter langen Ringstollen verbunden. Zur Tarnung hatten alle Bunker Wohnhausfenster und trugen falsche Giebel. Auf den Dächern waren jeweils zwei Schornsteinattrappen befestigt und Dachziegel aufgeklebt, die massiven Eisentüren waren mit Holz verkleidet.[162] Alles sollte wie eine normale Wohnsiedlung aussehen. Die Bunkerwände waren bis zu einem Meter dick. Schon morgens bei der Lagebesprechung mussten sich die Mitarbeiter das Gähnen verkneifen, denn in den abgeschlossenen und gassicheren Räumen wurde der Sauerstoff schnell knapp.[163]

Im Bunkerhaus 2 der Anlage war die Abteilung Fremde Heere West (FHW) untergebracht. Die FHW war zuständig für die militärische Aufklärung und Analyse der Feindlage an der Westfront. Hier liefen alle verfügbaren Informationen zusammen. Dazu analysierten die Militärs den feindlichen Funkverkehr, die Lageberichte der eigenen Befehlshaber vor Ort, die Aufklärungsinformationen von Luftwaffe und Marine, die Verhörprotokolle von Kriegsgefangenen sowie die Meldungen der Agenten der Abwehr im

143

In- und Ausland. Das Puzzle, das die FHW zusammensetzte, war dazu bestimmt, Hitler als Grundlage für seine Entscheidungen zu dienen. Seit März 1943 leitete Oberst Alexis Freiherr von Roenne die FHW. Von seinem Urteil über die möglichen Absichten des Gegners erhoffte sich die deutsche Führung Hinweise darauf, welche Schritte zu unternehmen seien. Roenne, der stets eine runde Brille mit heller Fassung trug, hatte bereits in der Vergangenheit seine Fähigkeit zur scharfen Analyse bewiesen. Schon seine Examensarbeit auf der Kriegsakademie verblüffte die Prüfer, er galt als brillant und extrem intelligent. Als im September 1939 die Rote Armee überraschend nach Polen einmarschiert war, hatte er weitblickend zu einigen seiner Offizierskameraden gesagt:

»Also haben wir binnen fünf Jahren Krieg mit Russland. Und dann hat der Westen die Hände frei, führt sein Luftrüstungsprogramm durch und schmeißt uns kaputt.«[164]

Von Roenne entstammte einer baltischen Familie, die auf eine lange militärische Tradition zurückblicken konnte. Der Titel eines Barons war einem seiner Vorfahren, der General gewesen war, vom russischen Zaren Peter dem Großen verliehen worden. Den größten Teil ihres Besitzes, darunter das Familiengut, hatte die Familie im Zuge der russischen Revolution verloren. Von daheim war Roenne ein Gefühl für Verantwortung und Pflichterfüllung mitgegeben worden, dazu eine deutlich protestantische Prägung.

Er genoss das volle Vertrauen seiner Vorgesetzten. Vor dem Überfall Deutschlands auf Polen am 1. September 1939 hatte er für Hitler das mögliche Vorgehen Frankreichs und Großbritanniens analysiert. Seine Prognose lautete damals, dass die westlichen Alliierten scharf protestieren, aber nicht militärisch eingreifen würden. Er hatte richtig gelegen. Frankreich und Großbritannien erklärten Deutschland den Krieg, aber griffen nicht an. Roenne hatte damit genau das prognostiziert, was Hitler hören wollte. Seitdem war sein Ansehen im Generalstab gewachsen, zumal ihm auch posi-

Joan Pujol Garcia in seiner Leutnantsuniform der spanischen republikanischen Armee. [1]

Ein seltener Moment ehelicher Harmonie: Pujol und seine Frau Araceli González Carballo. Die beiden lernten sich 1939 kennen. [2]

London, Crespigny Road 35. In diesem Haus im nordwestlichen Stadtteil Hendon lebte Pujol ab 1942 zusammen mit Araceli und den gemeinsamen Kindern. [3]

Tomás Harris Rodriguez. Der Halbspanier und Kunstexperte war Pujols Führungsoffizier. Gemeinsam bildeten sie das wohl kreativste Duo in der Geschichte des britischen Geheimdienstes. [4]

Thomas Argyll ›Tar‹, Robertson, Leiter der Doppelagenten-Abteilung B1a. Wegen seiner Schottenhosen, die er ausschließlich trug, intern auch »die heiße Hose« genannt. [5]

Johann JEBSEN

Guy Liddell, von 1940–1946 Leiter der Spionageabwehr des MI5. [6]

Johann ›Johnny‹ Jebsen, Codename ›Artist‹. [7]

Sir John Cecil Masterman, Oxford-Historiker und Vorsitzender des sogenannten Komitees 20 (auch Doppelkreuz-Komitee), das alle britischen Doppelagenten steuerte. [8]

Mitarbeiterinnen in Bletchley Park bedienen 1942 den ›Colossus‹-Computer, um die deutsche Verschlüsselung zu brechen. [9]

Das Herrenhaus von Bletchley Park. Hier arbeiteten bis zu 14 000 Codeknacker daran, den deutschen Nachrichtenverkehr zu entziffern. [10]

Panzerattrappe ›Matilda‹. Hunderte von ihnen wurden im gesamten Südwesten Englands aufgestellt. [11]

Panzerspurentraktor. Die Spuren sollten massive Truppenbewegungen vortäuschen. [12]

Joan Pujol Garcia. Bild aus seiner Akte des britischen Geheimdienstes. [13]

›Garbo‹, der beste Schauspieler der Welt. Nachdem er nach England
geflohen ist, hat sich Pujol getarnt. [14]

Karl-Erich Kühlenthal, Codename ›Felipe‹ oder ›Don Carlos‹. Der Mitarbeiter der Abwehr in Madrid vertraute Pujol scheinbar grenzenlos. [15]

Oberst Alexis Freiherr von Roenne, Leiter der Abteilung Fremde Heere West (FHW). [16]

Friedrich Knappe-Rathey, Codename ›Federico‹, einer der führenden Mitarbeiter Kühlenthals. [17]

Alexis von Roenne (vordere Reihe, Mitte) mit Offizieren der FHW. Sie versuchten, die Stärke der feindlichen Truppen im Westen einzuschätzen. [18]

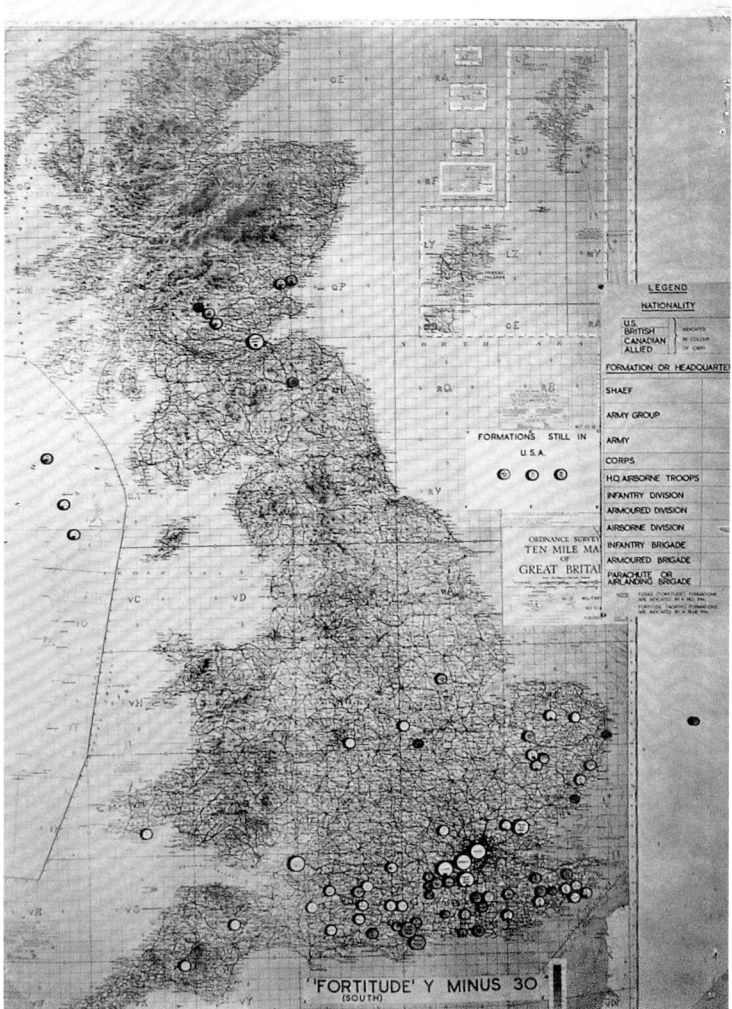

Eine Karte der D-Day-Planer zur ›Operation Fortitude‹, 30 Tage vor der Landung in der Normandie. Die Karte zeigt die angeblichen Formationen der Geisterarmee FUSAG im Südosten Englands. [19]

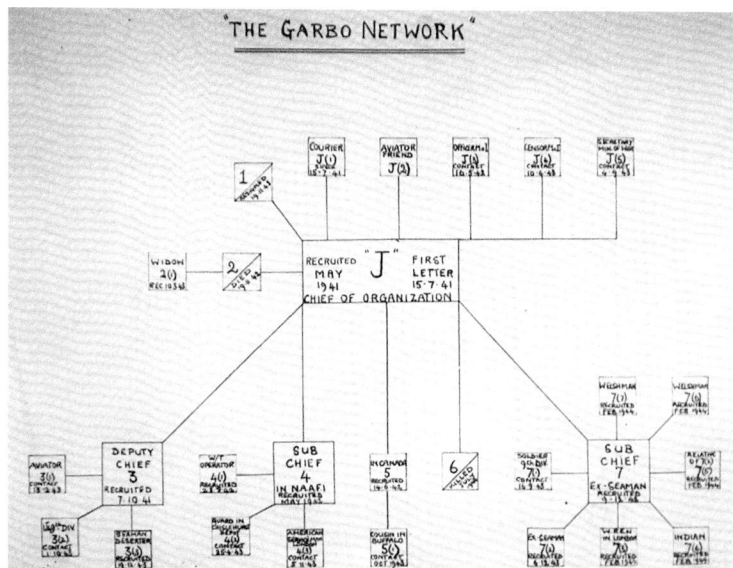

Das von Pujol und Harris erfundene ›Garbo‹-Netzwerk, bestehend aus insgesamt 27 fiktiven Unteragenten. [20]

```
2772    GROUP II/IA
        MADRID I to BERLIN
        RSS 128, 130/9/6/44
        TFC on 12896 kcs at 1050 GMT    9/6/44
        AUI on 9288 kcs at 1107 GMT     8/6/44
        256

        |267|. An HEROLD.  Bitte LUDWIG MARTIN dort beteibigen.
        Andere Stellen habenx nicht.  V ALARIC ARABEL meldet
        9ten Juni aus GOLFPLATZ ueber FELIPE.  Nach persoenlicher
        Ruecksprache am 8ten Juni in LONDON mit meinen Agenten
        DONNY DICK und DORICK, deren Meldungen heute ueber-
        mittelt, ich bin ich auf Grund der starken Truppenbe-
        reitsstellungen im Suedost und Ost ENGLAND, die an an-
        genblickbichen Operationen nicht beteiligt sind, der
        Ansicht , dass diese Operationen Ablenkungsmanoever sind,
        mit Zweck feindliche Reserven auf sich zu ziehen, um dann
        entscheidenden Stoss an anderer Stelle zu fuehren.
        Dieses koennte unter Beruecksichtigung der dort gesetzten
        Luftangriffe und der hierfuer strategisch guenstigen Lage
        des erwaehnten Bereitstellungsraums sehr wohl in der Gegend
        PAS DE CALAIS erfolgen, insebesondere da bei einem solchen
        Angriff die naeher gelegenen Luftstuetzpunkte fortgesetzte
        staerkste Unterstuetzung durch Luftstreitkraefte eines
        solchen Unternehmen erleichtert wuerden.  Wie ich gestern
        von meiner Verbindung V AMY ( Schreiben KO SP GKDOS Nr.
        934 vom 4/44) hoerte, befanden sich vor Beginn FRANKREICH
        Operation 75 Divisionen in ENGLAND.
                            KOSP 5879.
```

Die wichtigste Nachricht, die die deutsche Seite von ›Arabel‹ erhielt: Deutlicher hätte Joan Pujol sie nicht vor einem angeblichen Hauptangriff bei Calais warnen können. [21]

Beginn der ›Operation Overlord‹. Lastwagen der Ersten Infanterie-Division
der US-Armee werden in Süd-England auf ein gepanzertes Landungsschiff
gebracht. [22]

Die Küste der Normandie mit den deutschen Verteidigungsanlagen
(›Rommel Spargel‹). [23]

Ein britischer Soldat im Nahkampf, kurz nach der Landung in der Normandie. [24]

6. Juni 1944: die Schiffe der Alliierten haben den Omaha-Beach erreicht. Sie bringen Fahrzeuge, Geschütze und tausende Soldaten an Land. [25]

tiv angerechnet wurde, dass der Westfeldzug 1940 so erfolgreich gewesen und die französische Kapitulation so schnell
erfolgt war. Zu diesem Zeitpunkt war Roenne bei der FHW
für Frankreich zuständig gewesen und hatte die gegnerischen Truppen detailliert und fast punktgenau ausgemacht.

Doch je länger der Krieg dauerte, umso schärfer wurde
seine von Anbeginn kritische Haltung gegenüber dem NS-
Regime. Am ersten Tag des Russlandfeldzugs 1941 erlitt
Roenne einen Kopfschuss und war danach ein Jahr lang
dienstunfähig. Nach seiner Genesung wurde er in Russland
Zeuge der Massenerschießungen von Juden. Diese Erlebnisse erschütterten ihn, der sehr religiös erzogen worden
war, bis in seine Grundfesten. Er sah durch den Nationalsozialismus auch seine christlichen Werte mehr und mehr
bedroht. Er verstärkte seine Form des Widerstands, indem
er in seinem Umfeld keinen Hehl aus seiner Überzeugung
und seiner Haltung machte. Eine noch offenere Opposition
war ihm unmöglich, das wusste er, sie hätte ihn sofort den
Kopf kosten können. Auch ein leichtes Abweichen von den
Fakten und Zahlen über den Feind war keine Option, denn
die FHW war nicht die einzige Stelle, die dieses Material
analysierte.

Jeden Tag stellte die FHW das »Feindbild« zusammen,
einen dreiseitigen Lagebericht über die Situation an der
Westfront und die Aufstellung des Gegners. Diese Lageberichte wurden von den einzelnen FHW-Arbeitsgruppen
unter ihren Leitern erarbeitet, dann in einer gemeinsamen
Sitzung vorgetragen, besprochen und herausgegeben. Sie
basierten auf verschiedenen Quellen: Das waren Meldungen
der eigenen Stellen, Berichte von Spionen und Artikel aus
ausländischen Zeitungen, die die Auslandsbüros der Abwehr
während des gesamten Krieges nach Deutschland schickten.
Erst wenn eine Meldung mindestens von zwei, besser noch
von drei Stellen bestätigt worden war, floss sie in die Berichte
ein. Zusätzlich lieferte die FHW alle 14 Tage noch eine

145

genaue Analyse über die Position der alliierten Truppen und erstellte außerdem Langzeitprognosen. Wenn es eine Person gab, die von den vermeintlich echten Informationen des ›Garbo‹-Netzwerks und der anderen britischen Doppelagenten überzeugt werden musste, dann war es Alexis von Roenne.

Im Herbst 1943 hatte er fünf Tage lang in Nordfrankreich die Befestigungen des »Atlantikwalls« inspiziert. Sein entsprechender Bericht, den er im November vorgelegt hatte, war ernüchternd gewesen. Er war zu dem Schluss gekommen, dass die Alliierten an der gesamten Kanalküste – mit Ausnahme der befestigten Häfen – landen und dann vom Inland aus die Häfen einnehmen könnten. Die Küste war aus seiner Sicht völlig unzureichend befestigt.

Aufgrund der dienstlichen Gegebenheiten musste er seit Ende 1943 eng mit Major Roger Michael zusammenarbeiten, der die für Großbritannien zuständige Gruppe III der FHW leitete. Nachdem der bisherige Leiter der Großbritannien-Gruppe darum gebeten hatte, versetzt zu werden, hatte von Roenne diese Aufgabe etwas widerstrebend an Michael übergeben. Michael hatte schon länger in der Abteilung gearbeitet. Sein Vater war Deutscher, seine Mutter Engländerin. 1939 hatte er das Dolmetscherexamen bestanden. Im Kameradenkreis war er beliebt, gab aber – wegen seiner Schwäche für Alkohol und Frauen – Anlass zu gewissen Sorgen. Aber für Roenne gab es keine Alternative, er war auf Michael angewiesen, denn er selbst hatte zwar eine Dolmetscherprüfung für Russisch abgelegt, sprach aber fast kein Englisch.

Nun ging die Aufgabe auf Michael über, die in Großbritannien verfügbaren Kräfte für die zu erwartende Landung einzuschätzen. War schon unter Michaels Vorgänger in der Großbritannien-Gruppe die alliierte Geisterarmee als solche nicht erkannt worden, so änderte sich das auch unter der neuen Leitung nicht. Anfang 1944 waren große deutsche

Truppenkontingente vom »Atlantikwall« an die Ostfront verlegt worden, die Verteidigung im Westen war damit deutlich geschwächt. Auch dies dürfte für die Großbritannien-Gruppe unter Michael ein Grund gewesen sein, für Meldungen über angebliche Truppenbewegungen in Südengland sehr empfänglich zu sein und alle Anzeichen, dass sich der Gegner immer weiter verstärkte, sorgfältig zu notieren und dem FHW-Leiter von Roenne vorzutragen. Und dieser trug die Meinung der Gruppe mit, sofern die Meldungen auf mehreren Quellen beruhten und auch durch Zeitungen aus dem Ausland oder durch den »falschen« Funkverkehr bestätigt wurden. Wenn ›Garbo‹ und die anderen Doppelagenten auch nur Teile eines angeblichen neuen Bataillons meldeten, rechnete die FHW sofort ein gesamtes Truppenkontingent mit ein. Jeden noch so kleinen Hinweis über Positionen und Größe feindlicher Armeen nahmen die FHW-Planer für bare Münze. Im Januar 1944 hatte die FHW deshalb errechnet, dass die Alliierten 55 Divisionen für die Landung würden einsetzen können. Tatsächlich waren es aber nur 37.[165] Durch diese falschen Analysen wuchs in den Annahmen das Heer beständig, das der deutschen Seite anscheinend gegenüberstand. Auch die FUSAG im Südosten und die Kontingente in Schottland wurden bereitwillig mit eingerechnet.

Wie hoch ›Alaric Arabels‹ Arbeit von den Deutschen geschätzt wurde, belegt, dass sein Material wörtlich im Lagebericht West zitiert wurde. Er war der einzige Doppelagent, der dies schaffte.[166] Seine Meldungen und die Beobachtungen seiner Mitagenten waren mehr und mehr zur bestimmenden Grundlage für die Entscheidungen der deutschen Armeeführung geworden. Alles, was von ihm und von seinen Mitagenten kam, floss als direkte Quelle in die täglichen Situationsberichte der FHW ein. Tomás Harris notierte dazu:

»Die ›Garbo‹-Berichte wurden wörtlich und mit dem Vermerk ›Dringend‹ von Madrid nach Berlin übermittelt

147

und dann nach Zossen, ins Oberkommando der Wehrmacht, per Fernschreiber gesendet. Wenn ›Garbo‹ eine Änderung in der Formation des alliierten Heeres meldete, tauchten diese Änderungen manchmal nur 24 Stunden später in den Meldungen der FHW-Berichte auf.«[167]

Roenne und Michael hofften durch ihre Analysen zu erreichen, dass die Truppen in der Normandie und im Pas de Calais verstärkt würden, da sie durch die Täuschungen der »Operation Fortitude« als gesichert annahmen, dass anderenfalls die Landung nicht verhindert und nicht mehr zurückgeschlagen werden könne. Mitte Mai trug die FHW 77 feindliche Divisionen in ihre Planungskarte ein, tatsächlich waren es nur etwa halb so viele.[168] Auch die Positionen der FUSAG und der vermeintlichen Truppen in Schottland waren vermerkt. Roenne hatte dafür gesorgt, dass die Deutschen in der ›Operation Fortitude‹ eine glaubhafte Bedrohung sahen. Die Alliierten hatten in ihm quasi einen Verbündeten, der mitten in der Kommandozentrale des deutschen Heeres unfreiwillig am Erfolg der Täuschung mitarbeitete – auch weil er auf keine besseren Informationen zugreifen konnte.

Den Alliierten blieb bis zur Landung in der Normandie nur noch wenig Zeit. Bis jetzt war für Joan Pujol und Tomás Harris fast alles nach Plan verlaufen. Dann aber kam der Moment, an dem Harris plötzlich glaubte, seinen besten Agenten sofort verstummen lassen zu müssen. Wenige Wochen vor der Landung bestand auf einmal das Risiko, dass Joan Pujol und alle Doppelagenten enttarnt werden könnten, und es schien so, als ob Harris dagegen völlig machtlos sei.

Kapitel 9

Die ›Artist‹-Affäre

Lissabon, April 1944

Er besaß einen Rolls-Royce Silver Ghost, aber keinen Führerschein. Wenn Johann ›Johnny‹ Jebsen sich von Estoril, wo er in einer herrschaftlichen Villa mit vier Dienstboten lebte, nach Lissabon fahren ließ, genoss er die bewundernden Blicke, die sein Auto erregte. Jebsen war der Sohn eines wohlhabenden Reeders, und obwohl er in Hamburg geboren worden war, hatte er wie seine Eltern und Großeltern ursprünglich einen dänischen Pass besessen. Erst im Alter von zwölf Jahren erhielt Jebsen die deutsche Staatsbürgerschaft. Er war ein Mann der Widersprüche.

Sein Auftreten und seine Manieren verrieten stets seine Herkunft aus der hanseatischen Oberschicht. Er trug Maßanzüge und ein Monokel im linken Auge. Sein rotblondes, strähniges Haar war meist ungekämmt und sein Schnurrbart ungepflegt. Fast immer hielt ›Johnny‹ eine Zigarette in der Hand, er rauchte bis zu 100 Stück am Tag, seine Zähne waren bräunlich-gelb verfärbt. Er war erst 30, sah aber zehn Jahre älter und sehr ungesund aus. Seine auffällige Blässe hob sich stark von den nikotingelben Zähnen ab.[169] In den Bars und Restaurants von Lissabon und im Kasino von Estoril bestellte ›Johnny‹ ausschließlich Champagner und aß kaum etwas. Oft fuhr er nach Madrid, wo er in zwei »geheimen« Kinos seiner Vorliebe für pornografische Filme nach-

ging. Mit seinem Rolls-Royce ließ er gern hübsche, junge
Sekretärinnen aus der deutschen Botschaft zu sich in seine
Villa bringen und lud sie zum Abendessen bei Kerzenschein
ein.[170] Häufig hatte er mehrere Affären gleichzeitig. In seiner
Freizeit gab er sich völlig dem Verfassen philosophischer
Schriften hin.

Dem Militärdienst in Deutschland hatte er in den Dreißigerjahren unbedingt entgehen wollen. Deshalb ließ er
sich von der Abwehr anwerben. Schon bald arbeitete er für
den Finanzchef der Organisation und konnte so ohne allzu
großes Risiko weiter seine eigenen Geschäfte verfolgen. Da
er für die Abwehr täglich große Summen Geld bewegte, fiel
es nicht weiter auf, dass er nebenher noch andere, private
Transaktionen abwickelte. Seine Arbeit für die Abwehr
brachte ihm auch den Vorteil, mit vielen potenziellen Ge-
schäftspartnern in Kontakt zu kommen. Jebsen fuhr zwei-
gleisig: Einerseits war er Mitarbeiter der Abwehr, anderer-
seits war er an obskuren Finanzgeschäften beteiligt; viele
davon liefen im Auftrag hochrangiger Nationalsozialisten.

Hitler und die NSDAP hatte er von Beginn an verab-
scheut. Darin war er durch seine Studienzeit an der Universität Freiburg entscheidend geprägt worden. Dort hatte
Jebsen 1936 schnell Freundschaft mit seinem serbischen
Kommilitonen Dušan Popov geschlossen. Beide verband
ihre Liebe zu schnellen Autos, Partys, Frauen und die Ableh-
nung ihrer nationalsozialistischen Kommilitonen. Popov
und Jebsen hatten sich während der Diskussionsabende in
der ›Deutschen Ausländischen Gesellschaft‹ angefreundet –
einem Klub für ausländische Studenten. Jebsen war der Vorsitzende dieser Gesellschaft. Bei einer der Debatten im Frei-
burger ›Ausländerklub‹ hatte sich Popov mit Verve für die
Demokratie stark gemacht und sich unmissverständlich
gegen die Anhänger des Nationalsozialistischen Deutschen
Studentenbunds und gegen die brutalen Taten von SA und
SS ausgesprochen. Offiziell herrschte im Klub Meinungsfrei-

heit, doch seine offenen Worte hatten Popov schließlich acht
Tage Gestapohaft eingebracht, und Jebsen musste seinen
ganzen Einfluss geltend machen, um seinen Freund zu be-
freien. Nach intensiven Verhören wurde Popov aus Deutschland ausgewiesen.[171]

Ihre Wege trennten sich nach Popovs erzwungenem
Abschied und führten mit Beginn des Zweiten Weltkriegs
doch rasch wieder zusammen. Ende 1939 besuchte Jebsen
Popov in Belgrad und bot ihm an, so wie er selbst künftig für
die Abwehr zu arbeiten. Popov sagte seinem Freund zu,
hatte aber zuvor den britischen Geheimdienst über Jebsens
Angebot informiert. Damit war Popov zum Doppelagenten
geworden. Neben ›Garbo‹ wurde er zu einem der erfolgreichsten Informanten im Dienst des britischen Geheimdiensts. Jebsen hatte damals keine Ahnung davon, dass sein
Freund Popov fortan unter dem Decknamen ›Tricycle‹ für
Großbritannien arbeitete.

›Tricycle‹ und sein Freund ›Johnny‹ begegneten sich
immer häufiger. Im Herbst 1943 war sich ›Tricycle‹ sicher,
dass Jebsen wusste, dass er ein Doppelagent sei und für die
Briten arbeitete. Jebsen erzählte seinem Freund nämlich in
dieser Zeit, dass er in Großbritannien um Asyl bitten wolle.
Er fürchtete, dass ihm die Gestapo wegen seiner Finanzgeschäfte auf den Fersen sei. Kurze Zeit später nahm Jebsen
Kontakt mit der britischen Botschaft in Madrid auf und bat
darum, nach Großbritannien evakuiert zu werden. Nach
mehreren beruhigenden Gesprächen brachten die Vertreter
des MI6 Jebsen von diesem Plan ab und überzeugten ihn
schließlich, dass auch er als Doppelagent für sie arbeiten
solle. Jebsen erhielt den Codenamen ›Artist‹. Er blieb der
einzige alliierte Agent, der direkt aus den Reihen der Abwehr
rekrutiert werden konnte.

›Artist‹ meldete nicht nur, wie stark die Abwehr bereits in
Auflösung begriffen sei, er lieferte auch Fakten zu Rüstungs-
projekten und berichtete über die sinkende Moral der deut-

schen Bevölkerung. Er erzählte der britischen Seite auch von einem Gespräch, das er mit Admiral Canaris geführt habe. Demnach habe dieser geäußert, dass es ihm inzwischen völlig gleichgültig sei, wenn jeder deutsche Agent in Großbritannien übergelaufen sei – solange er nur dem Oberkommando der Wehrmacht berichten könne, er habe Agenten in Großbritannien, die der Abwehr regelmäßig Berichte sendeten.[172]

Jebsen übermittelte von Beginn an gute Informationen. Manche waren aus britischer Sicht zu gut. Einer der ersten Berichte des neuen Agenten ›Artist‹ hatte Anfang Januar 1944 Tomás Harris wieder einmal in einen Schockzustand versetzt. Um seinen Auftraggebern in London seine guten Absichten zu demonstrieren, hatte ›Artist‹ ihnen eine Liste der Abwehragenten übergeben, die in Großbritannien operierten. Ganz oben stand der Name ›Alaric Arabel‹. ›Artist‹ hatte also durch seine guten Kontakte innerhalb der Abwehr erfahren, dass Joan Pujol für die Deutschen in Großbritannien spionierte.

Aber ›Artist‹ wusste noch mehr: Über fast alle angeblichen Agenten des ›Alaric‹-Netzwerks konnte er exakte Details liefern, einschließlich ihres Einkommens, ihrer Berufe und ihrer momentanen Aufenthaltsorte. Jebsen berichtete freimütig, dass er schon seit Langem ›Alaric‹ verdächtige, ein Doppelagent zu sein, weil dieser anscheinend mühelos so viele Informationen an die Abwehr liefere. Außerdem äußerte er den Verdacht, Karl-Erich Kühlenthal stehe direkt in Diensten des MI6. Harris war fassungslos – ›Artist‹ hatte den Briten genug Beweise geliefert, um Joan Pujol sofort als deutschen Spion festnehmen zu können. Wenn die britischen Behörden Pujol jetzt nicht verhaften würden, dann konnte ›Artist‹ sicher sein, dass er mit seiner Vermutung richtig gelegen hatte – dass Pujol unter dem Schutz des MI5 stand, also ein Doppelagent war.

Tomás Harris stand vor seiner schwierigsten Entscheidung. Tagelang zerbrach er sich mit seinen Kollegen der B1a den Kopf. Plötzlich war das gesamte System der britischen Doppelagenten in Gefahr geraten und damit auch das bevorstehende Täuschungsmanöver zur Landung in der Normandie. Würde Jebsen der deutschen Seite sein Wissen über Pujol und seine Vermutung offenbaren, wäre die Täuschungsaktion, an der das Schicksal Zehntausender alliierter Soldaten hing, zu Ende und gescheitert. Die Besprechungen der B1a-Mitarbeiter dauerten bis tief in die Nacht. Die Männer gingen alle Optionen durch.

»Wenn ›Garbo‹ jetzt nicht in London verhaftet wird, dann erkennt ›Artist‹ sofort, dass er ein Doppelagent ist«, sagte Tomás Harris und blickte fragend in die Runde.

›Tar‹ Robertson nickte schwach.

»Du hast recht, Tommy. Und mit ›Garbo‹ wird dann das gesamte Netzwerk auffliegen. Es ist eine fast unlösbare Aufgabe, und wir haben allen Grund zu größter Sorge. ›Artist‹ weiß einfach zu viel über ›Garbo‹.«[173]

Die B1a unter ›Tar‹ Robertson und das XX-Komitee mussten sofort handeln. Kurzzeitig hatten sie überlegt, Jebsen nach London auszufliegen. Aber das hätte mit einem Schlag das Ende für zwei der wichtigsten Doppelagenten bedeutet: für Jebsens Freund Popov alias ›Tricycle‹ und – noch folgenreicher – für ›Garbo‹. Das wollte niemand riskieren.

Nach weiteren intensiven Beratungen schlug das XX-Komitee eine dritte Option vor: Agenten des MI6 sollten Johann Jebsen in Lissabon ermorden. Aber auch diese Variante hätte für die britischen Doppelagenten ein unkontrollierbares Risiko bedeutet. Mit Sicherheit hätte die deutsche Seite eine größere Untersuchung eingeleitet, und dabei wären Jebsens Kontakte mit den Briten fast unvermeidlich ans Licht gekommen. Schließlich fasste das XX-Komitee einen endgültigen Beschluss: gar nichts zu tun. Der MI6 sollte ›Johnny‹ lediglich in nächster Zeit im Auge behalten. Die

Gefahr, die von Jebsen ausging, blieb damit akut: Würde ›Artist‹ unter Druck der Gestapo das System der britischen Doppelagenten verraten, dann würden die Deutschen unweigerlich zum Schluss kommen, dass die Operation ›Fortitude‹ nicht existierte.

Tomás Harris war so besorgt, dass er Ende Februar sogar empfohlen hatte, Joan Pujols Arbeit als Doppelagent für immer zu beenden. Seine Kollegen konnten ihn davon wieder abbringen, aber alle wussten, dass sich das System der Doppelagenten in seiner kritischsten Phase befand.

Noch aber hoffte der MI6, die Lage unter Kontrolle behalten zu können. In einem Bericht an Premierminister Winston Churchill hieß es:

»›Artists‹ Eifer und sein Wissen haben uns fast in eine peinliche Lage gebracht. Er hat damit begonnen, uns Informationen über die Netzwerke der Deutschen in diesem Land zu liefern. Davon ist die ›Garbo‹-Organisation die wichtigste. Es ist eindeutig nicht wünschenswert, dass er uns zu viel darüber verrät. Im Moment versuchen wir, die Aufmerksamkeit dieses wertvollen Agenten in eine andere Richtung zu lenken. Die Aussicht auf Erfolg ist ganz gut.«[174]

Das war reines Wunschdenken; dem Premierminister sollte der Ernst der Lage nicht allzu bewusst werden. Alarmiert hielt Guy Liddell, der als Führungsoffizier bisher für Dušan Popov alias ›Tricycle‹ verantwortlich gewesen war, in seinem Tagebuch fest:

»›Artist‹ sagt klar, dass er alles über die ›Garbo‹-Organisation weiß und dass sie nicht existiert. Er spricht mit unseren Männern unter der Annahme, dass die gesamte Organisation von Karl-Erich Kühlenthal unter unserer Kontrolle ist.«[175]

Das XX-Komitee und die B1a gingen nun das höchstmögliche Risiko ein. Sie dachten nicht mehr daran, ›Garbo‹ jetzt zurückzuziehen – wenige Wochen vor der geplanten Landung. Trotz des möglichen Verrats durch ›Artist‹ sollte

Joan Pujol seine Rolle weiterspielen. Sein Netzwerk war zu wichtig, um es jetzt, nach Jahren mühsamer Arbeit, auf einen Schlag völlig aufzugeben.

Lissabon, 17. April 1944

Johann Jebsen wusste genau, dass er mächtige Feinde hatte, die schon bald zuschlagen könnten. Seit längerer Zeit hatte der Sicherheitsdienst seine Aktivitäten misstrauisch verfolgt. Jebsen hatte sich in Lissabon offen mit deutschen Gegnern des Nationalsozialismus getroffen, und er hatte für Gestapo-Offiziere Geld in die Schweiz transferiert. Lange waren seine Geschäfte gut gegangen. Dann aber machte Jebsen eine überraschende Entdeckung. Die Banknoten, die er für einige Offiziere in die Schweiz bringen sollte, waren Blüten. Zornig meldete er diesen Verrat seinen Vorgesetzten und hoffte, dass diese ihn künftig vor der möglichen Rache der Gestapo schützen würden. Damit lag Jebsen falsch. Er konnte niemandem mehr trauen, auch seinen engsten Kollegen nicht.

Mitte April geriet er in eine Situation, die ihm fast die Luft abzuschnüren drohte. Dr. Aloys Schreiber, Leiter der Gegenspionage der Abwehr in Lissabon, hatte ihn aufgefordert, in seinem Büro zu erscheinen. Schreiber, ein Jurist aus Augsburg, mit ovalem Gesicht und ergrauendem braunen Haar, war seit 1940 für die Abwehr tätig. Erst vor einem knappen Jahr hatte man ihn nach Portugal versetzt. Hier sollte er Geheimdienstinformationen über feindliche Armeen sammeln. Da es im neutralen Portugal aber nicht sehr viele Informationen dieser Art für ihn zu sammeln gab, kümmerte sich Schreiber auch um die Führung von Agenten im Ausland und half anderen Abwehrstationen bei ihren Operationen aus. Vor einigen Tagen hatte Schreiber einen Sonderauftrag aus Berlin erhalten. Es ging um Johann Jebsen,

155

und Schreiber hatte ihn deshalb einbestellt. Wie verabredet traf Jebsen in seinem Büro ein. Schreiber erwartete ihn sichtlich angespannt und bot ihm einen Stuhl an.

»Gut, dass Sie gekommen sind, Jebsen. Ich habe ein Telegramm aus Berlin erhalten. Sie und ich sollen am 20. April zu einem Gespräch mit Major Bohlen nach Biarritz reisen. Es geht um die Geldforderungen von Dušan Popov.«

Major Ludwig von Bohlen war als Verwaltungsleiter des jetzt umgebildeten deutschen Geheimdienstes für alle Abwehrstellen außerhalb Deutschlands zuständig. Erst kürzlich hatte Popov für seine weitere Arbeit die extrem hohe Summe von 150 000 US-Dollar von den Deutschen gefordert. Jebsen fürchtete das Schlimmste. Auf keinen Fall wollte er Lissabon verlassen. Er vermutete eine Falle, seine Angst wuchs, und verzweifelt suchte er nach einer Ausrede.

»Sie sehen mich überrascht, Oberstleutnant. Eine Reise nach Biarritz könnte meine Tarnung als unabhängiger Geschäftsmann hier auffliegen lassen. Außerdem bräuchte ich für die Fahrt nach Frankreich eine offizielle Genehmigung. Ich werde deshalb nicht mit Ihnen fahren.«

Schreiber verlor die Geduld. Ruckartig stand er hinter seinem Schreibtisch auf und ging auf Jebsen zu.

»Betrachten Sie das Telegramm als einen Befehl, Jebsen! Wenn Sie sich weigern, wird das von jedem Kriegsgericht als Fahnenflucht angesehen werden. Sie sind ein Soldat mit einem besonderen Auftrag in einem neutralen Land und unterstehen somit dem Militärstrafrecht. Ich werde Berlin Ihre Weigerung berichten müssen!«[176]

Jebsen blieb stur, und das Gespräch endete abrupt. Noch am selben Tag schickte Schreiber eine lange Liste mit weiteren Anschuldigungen gegen Jebsen nach Berlin. Angeblich, so vermuteten einige Abwehrmitarbeiter in Portugal, besitze er sowohl einen britischen als auch einen deutschen Diplomatenpass und plane, mehrere Millionen Schweizer Franken von Deutschland aus in die besetzten Gebiete zu schmuggeln.[177]

Jebsen blieb in den kommenden Tagen hartnäckig. Der Ton in den Telegrammen zwischen Lissabon und Berlin wurde immer schärfer. Jebsen erhielt noch ein anderes, an ihn persönlich gerichtetes Telegramm mit dem Befehl, sofort in Biarritz zu erscheinen. Auch Aloys Schreiber bekam eine weitere Nachricht – streng vertraulich. Wenn sich Jebsen noch immer weigere, solle sich Schreiber allein in die südfranzösische Stadt begeben.[178]

Lissabon, 30. April 1944

Schreiber hatte gehorcht und war allein nach Biarritz gefahren. Dort hatte er sich mit Oberstleutnant Wilhelm Kuebart getroffen, dem Leiter der Abteilung I der Abwehr. Kuebart hatte ihm befohlen, persönlich dafür zu sorgen, dass Jebsen so schnell wie möglich nach Deutschland gebracht werde. Berlin besitze eindeutige Beweise, dass Jebsen für beide Seiten arbeite und jetzt fliehen wolle. In keinem Fall dürfe er zu den Alliierten überlaufen. Es bleibe Schreiber völlig überlassen, wie er diesen Befehl erfolgreich ausführe, hatte Kuebart zum Schluss gesagt. Auf der langen Rückreise von Biarritz nach Lissabon blieb Schreiber viel Zeit zum Nachdenken. Als er in Lissabon eintraf, stand sein Plan fest.

Er befahl Jebsen, am Nachmittag des 30. April erneut in das Abwehrbüro in der Rua Buenos Aires zu kommen. Schreiber sagte, er wolle mit ihm über eine mögliche Ordensverleihung sprechen, und forderte ihn auch auf, seinen Freund Heinz-Paul Moldenhauer mitzubringen, der momentan zu Besuch bei Jebsen war. Moldenhauer war ein junger Abwehroffizier, der hauptsächlich Wirtschaftsspionage betrieb und im Verdacht stand, gute Kontakte zu den Alliierten zu besitzen. Schreiber deutete Jebsen gegenüber an, er wolle mit seinem Freund über künftige Einsätze sprechen. Denn immer mehr verstärkte sich bei Schreiber der

Verdacht, dass beide gemeinsam desertieren wollten. Jebsen blieb misstrauisch, sagte aber trotzdem zu, gemeinsam mit Moldenhauer zum Gespräch zu kommen.

Pünktlich um 15 Uhr erschienen die beiden bei Schreiber im Büro. Es war Wochenende – Jebsen schaute den Korridor entlang. Alles schien menschenleer. Als sich beide Schreibers Zimmer näherten, sahen sie zwei Abwehrmitarbeiter in einem Nebenraum sitzen: den Fernmeldeoffizier Bleil und Karl Meier, einen zivilen Fahrer. Schreiber begrüßte Jebsen und Moldenhauer kurz und förmlich. Dann begann er mit ihnen zu plaudern. Plötzlich bat er Jebsen in einen anderen Raum mit dem Hinweis, dort über die geplante Ordensverleihung mit ihm sprechen zu wollen. Schreiber deutete auf einen Stuhl und gab Jebsen, der schon die nächste Zigarette in der Hand hielt, Feuer.

»Ich will es sehr kurz machen.« Schreiber war direkt vor Jebsens Stuhl stehen geblieben. »Das Treffen in Biarritz hat ergeben, dass ich Sie notfalls mit Gewalt nach Berlin bringen soll, da Sie dort nicht aus freien Stücken erscheinen werden.«

Einen Moment zögerte Jebsen. Dann stand er langsam von seinem Stuhl auf und blickte Schreiber kurz an. Er zog noch einmal an seiner Zigarette, die er dann zu Boden warf. In ihm arbeitete etwas. Plötzlich packte er den Stuhl, schleuderte diesen gegen Schreiber und rannte zur Tür. Aber Schreiber war schneller, konnte ihn von hinten festhalten und versetzte ihm einen harten Schlag in den Bauch. Jebsen blieb die Luft weg, nach zwei weiteren Treffern wurde er ohnmächtig. In der Zwischenzeit hatten Bleil und Meier im Nebenraum Moldenhauer überwältigt.

Wenig später kamen beide wieder zu Bewusstsein und merkten, dass sie mit ihren Armen an die Stuhllehnen gefesselt worden waren.

»In wenigen Stunden werden Sie nach Berlin gebracht«, sagte Schreiber. Er hatte alles genau geplant. Einige Tage zuvor hatten Bleil und Meier zwei große Metallkisten besorgt, in die sie Lüftungsschlitze geschnitten hatten. Um sicherzugehen, dass Jebsen und Moldenhauer bei der Fahrt keine Schwierigkeiten machen würden, hatten sie außerdem in einer Apotheke in Lissabon Spritzen, Injektionsnadeln und ein starkes Narkosemittel gekauft.

Während Schreiber redete, zog Bleil die klare Flüssigkeit in den Kolben der Spritze. Einige Tropfen schossen durch die Nadel senkrecht in die Luft, als er mit dem Finger leicht auf den Kolben drückte. Dann setzte er die Spritze erst an Jebsens, dann an Moldenhauers Unterarm an und injizierte ihnen jeweils das Narkosemittel. Beide besaßen keine Kraft mehr, sich dagegen aufzubäumen.

Gegen 21 Uhr standen für einen kurzen Augenblick die schmiedeeisernen Einfahrtstore des Abwehrbüros weit offen. In schneller Fahrt verließ ein Studebaker mit Diplomatenkennzeichen das Gelände. Vorn saßen Bleil und Meier, auf der Rückbank Aloys Schreiber. Im Kofferraum der großen US-Limousine befanden sich die zwei Kisten aus Metall, darin lagen Jebsen und Moldenhauer – gefesselt und betäubt. Bleil und Meier kannten den Weg nach Biarritz und vor allem die Grenzbeamten. Um 2 Uhr nachts überquerten sie, ohne kontrolliert zu werden, die portugiesisch-spanische Grenze und erreichten Badajoz. Sie machten nur einige kurze Pausen im Freien. Kurz nach Mitternacht des folgenden Tages kamen sie in Biarritz an und übergaben Jebsen und Moldenhauer den Beamten des Sicherheitsdiensts.[179] In Biarritz wartete schon ein Flugzeug, das beide nach Berlin brachte. Jebsen traf kurze Zeit später im Gestapo-Hauptquartier in der Prinz-Albrecht-Straße ein. Moldenhauer wurde bald wieder auf freien Fuß gesetzt.

Bletchley Park, 2. Mai 1944

Die ersten Meldungen über Jebsens Entführung fingen die britischen Abhörspezialisten bereits am nächsten Tag ab. Bletchley Park hatte eine Meldung von Aloys Schreiber erreicht, in der er den erfolgreichen Abschluss der ›Operation Dora‹ meldete, wie die Entführung von Jebsen intern hieß. Dieser Beweis für ›Johnnys‹ Schicksal ließ die britischen Geheimdienstmitarbeiter zutiefst erschrecken. Ihre schlimmsten Ängste waren Realität geworden. Jetzt blieb nur die Hoffnung, dass Jebsen den Verhörmethoden der Gestapo standhalten und auch unter Folter nichts verraten würde. Ansonsten war das System der Doppelagenten am Ende – und das wenige Wochen vor der geplanten Landung in der Normandie.

Weshalb Jebsen entführt worden war, blieb der britischen Seite noch immer ein Rätsel. War er wegen seiner obskuren Finanzgeschäfte und möglicher Unterschlagungen verschleppt worden? Oder hatten die Deutschen doch herausgefunden, dass ›Johnny‹ für die Alliierten arbeitete? Weitere abgefangene Meldungen belegten zwar, dass die Deutschen fürchteten, dass Jebsen überlaufen könnte, aber sie schienen ihn keinesfalls zu verdächtigen, dass er bereits Verrat begangen habe.

Würden die Deutschen von Jebsen jetzt erfahren, dass alle Meldungen falsch waren, die sie aus Großbritannien von ihren Agenten erhalten hatten, dann würden sie daraus leicht folgern können, dass der Pas de Calais nicht das wirkliche Ziel der alliierten Truppen sei und dass die eigentliche Landung in der Normandie passieren werde. Die Nachricht von Jebsens Entführung sorgte in London jedenfalls für einen erbitterten Streit zwischen dem Inlandsgeheimdienst MI5 und dem Auslandsdienst MI6. Hätten sie Jebsen rechtzeitig vorwarnen müssen? Die abgehörten Meldungen, die in Bletchley Park in den Wochen zuvor eingegangen waren, hatten doch klar gezeigt, dass Jebsen in größter Gefahr schwebte. Der MI6 warf dem MI5 vor, dass Jebsen hätte gerettet werden können. Besonders ›Tar‹ Robertson musste sich auf einmal harter Kritik erwehren. Schließlich hatte er sich vehement dagegen ausgesprochen, Jebsen rechtzeitig auszufliegen. Der Druck, der auf ihm lastete, war immens. Trotzdem blieb Robertson der Ansicht, dass die Briten ›Artist‹ nicht hätten vorwarnen können. Das Risiko, dabei das ›Ultra‹-Geheimnis aufzudecken, also die Möglichkeit der Abhörspezialisten in Bletchley Park, den gesamten deutschen Funkverkehr zu entschlüsseln, wäre zu groß gewesen. Eher nahm er den Tod von ›Artist‹ bewusst in Kauf.[180]

London, 10. Mai 1944

Im Hauptquartier des MI5 kam es einige Tage später zu einem Krisentreffen. Tomás Harris, Guy Liddell, ›Tar‹ Robertson und John C. Masterman berieten, was nun zu tun sei. Um die unmittelbare Gefahr für den Erfolg der Landung in der Normandie abzuwenden, entschieden sie, ›Tricycle‹ ab sofort nicht mehr für die Täuschungsmanöver von ›Fortitude‹ einzusetzen.

Doch wie sollten sich die anderen Doppelagenten verhalten? Würde Jebsen auch sie verraten? Besonders John C. Masterman sträubte sich dagegen, jetzt alle zurückzuziehen.

»Wenn auch die anderen Agenten enttarnt werden, dann können ihre Meldungen rückwärts gelesen werden, und daraus können natürlich die entsprechenden Schlüsse gezogen werden. Ich finde trotzdem, dass sie weitermachen sollen«, sagte Masterman und suchte in der Runde nach zustimmenden Blicken.

»Wird die Situation schlimmer, dann können wir die Agenten immer noch benutzen, um die Deutschen zu verwirren. Wenn sie tatsächlich auffliegen, beenden wir alles.

Trotzdem glaube ich nicht, dass die Deutschen selbst bei einer gründlichen Prüfung die Lüge von der Wahrheit unterscheiden können.«[181]

Während Masterman sprach, schüttelte Tomás Harris energisch den Kopf. Er befürchtete noch immer, dass seine Zusammenarbeit mit Joan Pujol jetzt auf einen Schlag zunichte gemacht werden könnte.

»Nein, John! Ich sehe das völlig anders. Unsere Feinde können innerhalb von 24 Stunden den gesamten Funkverkehr der B1a der vergangenen zwei Monate durchsehen. Sie können daraus schließen, dass unser Ablenkungsmanöver letztlich doch auf den Pas de Calais zielt und wir den Feind glauben lassen wollen, dass wir einen zweiteiligen Angriff planen. Diese Entdeckung wäre eine Katastrophe!«[182]

Die vier Männer zerbrachen sich die Köpfe, doch sie merkten schnell, dass ihnen kaum eine andere Wahl blieb, als darauf zu hoffen, dass Jebsen nicht das gesamte XX-System verraten würde, und dass sie keine andere Möglichkeit besaßen, als die ›Operation Fortitude‹ einfach weiterzuführen. Alles andere hätte die anstehende Landung gefährdet. ›Garbo‹, ›Brutus‹ und die anderen Doppelagenten sollten in den noch verbleibenden Wochen weiter auf die Möglichkeit einer Landung im Pas de Calais hinweisen, und Bletchley Park würde im abgehörten Funkverkehr verstärkt auf Anzeichen achten, ob Jebsen ein Geständnis abgelegt hatte.

Viel hing für die Alliierten nun vom Schicksal ihres Doppelagenten ›Artist‹ ab. Wie viel, das wusste selbst der britische Premierminister Winston Churchill lange nicht. Der Geheimdienst informierte ihn erst drei Tage vor der Landung in der Normandie darüber, was mit ›Artist‹ geschehen war.[183]

»Der D-Day war da, und der deutschen Seite blieb keine Zeit mehr, die verschiedenen Stränge der ›Artist‹-Affäre zu entwirren«, analysierte John C. Masterman.[184] Je näher der geplante Termin der Landung rückte, desto größer waren die Erfolgsaussichten für die ›Operation Fortitude‹.

Kapitel 10

Die Landung in der Normandie

Englische Südküste, Mitte Mai 1944

Das Geheimnis war schon lange keines mehr, und jeder wusste, dass sie nun kommen würde. Auf beiden Seiten des Atlantiks gab es kein anderes Gesprächsthema mehr als die bevorstehende Landung der Alliierten. In New York nahmen die Buchmacher Wetten auf den genauen Tag an, in den britischen Fabriken setzten die Arbeiter Teile ihres Lohns auf den Ort in Frankreich, an dem die ersten alliierten Soldaten landen würden. Unaufhörlich berichteten die Zeitungen über die militärischen Vorbereitungen. Auf den Straßen an der englischen Südküste fuhren endlose Lastwagenkonvois von Stützpunkt zu Stützpunkt und zu den nahe gelegenen Häfen. In den Pubs warteten britische und amerikanische Soldaten auf ihren Einsatz, aber auch Kanadier, Franzosen, Polen, Australier, Neuseeländer und Inder. Zwei Millionen Soldaten bereiteten sich auf die Landung in der Normandie vor, 11 000 Flugzeuge standen bereit, sieben Millionen Tonnen Öl lagerten in den Tanks auf der Insel.

Im Westen des Deutschen Reichs hatten in den vergangenen Tagen die Luftangriffe der Amerikaner und Briten deutlich zugenommen. Das deutete darauf hin, dass die Alliierten versuchen würden, die Verbindung zwischen dem Reich und dem »Atlantikwall« zu unterbrechen. Propagandaminister Joseph Goebbels hatte bereits seit April mit der

163

Ankunft der Alliierten »in allernächster Zeit« gerechnet.[185] Goebbels' Propaganda gab nicht nur bekannt, dass die Landung bevorstehe, der Minister ließ auch vermelden, dass sie äußerst willkommen sei, da die alliierten Soldaten in jedem Fall an den massiven Befestigungen des ›Atlantikwalls‹ scheitern würden. Die ›Festung Europa‹, wie die Nationalsozialisten den von ihnen besetzten Kontinent bezeichneten, bleibe uneinnehmbar.

Für den Oberbefehlshaber der alliierten Streitkräfte ging es nun darum, den besten Zeitpunkt für den Tag der Entscheidung, den D-Day, festzulegen. Den endgültigen Entschluss fasste General Dwight D. Eisenhower am 17. Mai und bestimmte als mögliche Tage des Angriffs den 5., 6. oder 7. Juni. Allerdings mussten dann ideale Bedingungen herrschen, sonst war ein Desaster wahrscheinlich. Als erste Angriffstruppen sollten noch in völliger Dunkelheit 18 000 Fallschirmjäger landen. Die Einheiten waren für ihren Einsatz gegen Mitternacht aber auf einen hell scheinenden Mond angewiesen, damit sie genug sehen konnten. Das wäre ideal gewesen. Wenige Stunden später sollten die Bodentruppen an den Stränden landen. Dafür musste Ebbe herrschen, damit die Soldaten schnell die Landungsboote verlassen konnten und ihnen die sogenannten »Rommelspargel« und andere deutsche Hindernisse nicht zum Verhängnis werden würden.

Der deutsche Oberbefehlshaber für den angeblich unüberwindbaren ›Atlantikwall‹, Generalfeldmarschall Erwin Rommel, hatte Tausende von vier bis fünf Meter langen Baumstämmen an den Stränden des Ärmelkanals und der Atlantikküste aufstellen lassen. Die Pfähle waren bis zu zwei Meter tief eingegraben, an den Spitzen waren Minen angebracht, die sich bei Flut jeweils knapp unter der Wasserlinie befanden. Schon bald waren in Küstennähe die Bäume knapp geworden, und deshalb mussten Stämme aus bis zu 20 Kilometern Entfernung vom Landesinneren an den

Strand gebracht werden. Kurz vor der Landung fuhren Holz-fällertrupps sogar bis in die Vogesen, um genügend Bäume schlagen zu können.[186] Insgesamt waren eine halbe Million Hindernisse vor der Küste installiert worden, die die Boote und Fahrzeuge der Gegner durchlöchern, stoppen oder rammen sollten. Zudem hatten die Deutschen vier Millionen Minen vergraben. Ursprünglich hatte Rommel 50 Millionen Stück gefordert. Außerdem nutzte der Feldmarschall Hemmbalken und sogenannte »Tschechenigel« – Panzer-sperren, die erstmals in den Dreißigerjahren in der Tsche-choslowakei benutzt worden waren und aus jeweils drei Stahlträgern bestanden, die am Strand die Bodenplatten der Landungsboote und amphibischen Fahrzeuge aufschlitzen sollten.

Die Vorbereitungen verliefen höchst unterschiedlich – je nach Region. In ihrem letzten Lagebericht meldete die deut-sche Heeresgruppe B, dass der ›Atlantikwall‹ in der Gegend um den Pas de Calais zu 68 Prozent, in der Normandie aber nur zu 18 Prozent fertig gebaut sei – eine Schwäche, die den Alliierten nicht verborgen blieb.[187]

Kurz vor Beginn der Landung in der Normandie hatte Oberst Alexis von Roenne nochmals eindringlich davor gewarnt, wie schlecht die deutschen Vorbereitungen zur Verteidigung der Küste liefen. In der ›Wolfsschanze‹, dem Führerhauptquartier, hielt er vor Hitler einen Vortrag zur Feindlage und wagte es dabei, die große Truppenzahl der Alliierten den deutlich kleineren Wehrmachtsverbänden in Frankreich, Belgien und den Niederlanden gegenüberzu-stellen. Nach diesem Vortrag wurde Roenne als »Defätist« gebrandmarkt.[188] Er durfte nie wieder vor dem »Führer« vortragen. Immer wieder hatte Roenne auch Mitarbeitern gegenüber gesagt, dass er mit einer Landung in der Nor-mandie rechne und nicht im Pas de Calais.[189] Den ›Garbo‹-Berichten schenkte er Glauben, solange noch andere Quel-len diese bestätigten. Er glaubte vor allem an eine Landung in der Normandie, weil dieser Küstenabschnitt deutlich schlechter befestigt worden war und weil das Ziel Pas de Calais das offensichtlichste war. Er fand jedoch kaum noch Gehör.

Was die Verteidigungsstrategie für den Tag des Angriffs betraf, war sich die deutsche militärische Führung in vielen Fragen vehement uneins. Immer wieder kam es zu Kompetenzgerangel und Streitereien um die Zuständigkeit zwischen den beiden ranggleichen höchsten Militärs im besetzten Frankreich. Generalfeldmarschall Gerd von Rundstedt trug die Verantwortung als Oberbefehlshaber West. Generalfeldmarschall Erwin Rommel befehligte die Heeresgruppe B, die aus der 7. und der 15. Armee bestand und die Küste von der Bretagne bis nach Belgien verteidigen sollte. Rommel, der für die Befestigung der Küste verantwortlich war, war überzeugt, dass die Gegner nur dann gestoppt werden könnten, wenn sie direkt an der Küste zurückgeworfen würden. Er war sich sicher, dass über den Erfolg der Landung innerhalb der ersten 24 Stunden entschieden werden würde, und wollte deshalb starke Panzerverbände an der Küste postieren, um den Feind direkt ins Meer zurückschlagen zu können. Doch die Küste war 2000 Kilometer lang, und an welchem Abschnitt sollten diese Kräfte auf den Feind warten? Rundstedt war deshalb völlig anderer Ansicht und plädierte eindringlich dafür, eine Panzerreserve im Landesinneren bereitzustellen, um möglichst flexibel reagieren zu können.[190] Hitler setzte einen Kompromiss zwischen beiden durch. Drei Panzerdivisionen befehligte Rommel, sie durften nahe der Küste in Position gehen. Fünf andere Panzerdivisionen blieben aber unter Rundstedts Befehl, allerdings durfte er diese nur mit Hitlers Erlaubnis bewegen. Somit waren beide Nachteile der unterschiedlichen Strategien auf fatale Weise kombiniert.[191]

Die Alliierten bereiteten unterdessen die Landung aus der Luft vor. Zwischen April und Anfang Juni flogen britische und amerikanische Piloten 200 000 Einsätze und warfen 195 000 Tonnen Bomben über der Normandie und der französischen Kanalküste ab. Sie verloren dabei 2000 Flugzeuge, aber mit diesen Großeinsätzen hatten sie die nötigen Landezonen für ihre Soldaten freigebombt, die Deutschen vom Nachschub abgeschnitten und die weitgehende Lufthoheit errungen.

»Wenn du ein blaues Flugzeug am Himmel siehst, ist es ein amerikanisches, wenn du ein rotes siehst, ist es ein englisches. Wenn du keins siehst, ist es ein deutsches«, lautete ein Spruch unter deutschen Soldaten. Um die deutsche Gegenwehr war es in den kommenden Tagen der Entscheidung schlecht bestellt.

Berchtesgaden, 27. Mai 1944

Die Meldung, die amerikanische Abhörspezialisten abfingen, war eine Sensation. Der japanische Botschafter in Deutschland, Hiroshi Oshima, hatte sich wieder einmal auf den Weg zum Berghof gemacht, dem Hauptquartier Hitlers auf dem Obersalzberg hoch über Berchtesgaden. Hitler empfing seinen japanischen Verbündeten nach einem Mittagessen mit Außenminister Joachim von Ribbentrop. Oshima berichtete seiner Regierung in Tokio häufig sofort über seine streng vertraulichen Gespräche mit der deutschen Führung und über Hitlers Pläne. Und immer bekamen die Amerikaner alles mit. Die langen Gesprächsprotokolle Oshimas wurden manchmal bereits in Washington analysiert, bevor sie überhaupt in Tokio angekommen waren. Denn die amerikanischen Dienste hatten Oshimas Verschlüsselungscodes schon 1940 gebrochen, und lasen seither jede Meldung mit, die der japanische Spitzendiplomat von Berlin an seine Regierung in Tokio schickte. 1943 hatte Oshima die deutschen Verteidigungslinien am Atlantik besucht und viele Details von dem, was er gesehen hatte, in die Heimat geschickt. Durch ihn erhielten die Alliierten eine präzise Vorstellung davon, wie sie die Landung in der Normandie erfolgreich bewältigen könnten.

Was Oshima nach seinem jüngsten Treffen mit Hitler berichtete, nahm den Alliierten die letzten Zweifel daran, ob die Täuschung der deutschen Seite durch die ›Operation Fortitude‹ aufgegangen sei. Kurz nach seiner Abfahrt vom Berghof sendete Oshima Auszüge seines Gesprächs mit Hitler nach Tokio. Die Alliierten staunten:

»Was ist Ihre Meinung zur Zweiten Front?«, fragte Oshima.

»Ich glaube, dass die Invasion Europas früher oder später versucht werden wird. Ich gehe davon aus, dass der Feind bereits knapp 80 Divisionen in England bereitstehen hat«, antwortete Hitler.

»Glauben Ihre Exzellenz, dass diese anglo-amerikanischen Truppen ihre Vorbereitungen für die Landung bereits abgeschlossen haben?«

»Ja.«

»Ich frage mich, wie Ihrer Ansicht nach die Zweite Front errichtet wird?«

»Ich glaube, dass an verschiedenen Orten Ablenkungsoperationen geplant sind – in Norwegen, Dänemark, im südlichen Teil Westfrankreichs und an der französischen Mittelmeerküste. Danach – wenn sie Brückenköpfe in der Normandie und der Bretagne geschaffen haben und ihre Chancen abschätzen können – werden sie eine echte zweite Front am Ärmelkanal eröffnen«, entgegnete Hitler dem japanischen Botschafter.[192]

Die Meldung Oshimas war für die Alliierten der endgültige Beweis: Die Deutschen rechneten fest mit knapp 80 feindlichen Divisionen – tatsächlich waren es Ende Mai nur 52.[193] Aber damit nicht genug. Hitler war auch davon überzeugt, dass der geplanten Landung in der Normandie noch ein Hauptangriff im Pas de Calais folgen werde. Genau dies war ja das Ziel des ›Fortitude‹-Plans gewesen.

Portsmouth, 4. Juni 1944

Die Wetteraussichten waren ausgesprochen schlecht. Es regnete in Strömen in der südenglischen Hafenstadt. Rund zehn Kilometer vom Stadtzentrum entfernt, in Southwick House, einem eleganten Landsitz, hatte General Eisenhower sein Hauptquartier bezogen. Der Texaner schlief selbst nicht in dem Haus, sondern in einem geräumigen Wohnwagen, auf dem Nachttisch immer einen Stapel Wildwestromane und die Bilder seiner Frau und seines Sohnes.

Wegen des schlechten Wetters hatte er den Beginn der Landung bereits um einen Tag verschieben müssen. Dann hatte der Chefmeteorologe der Alliierten für den Ärmelkanal auch noch schwere Stürme prognostiziert. Aber er sagte auch eine 36-stündige Pause voraus, in der Nacht vom 5. auf den 6. Juni. Jetzt musste Eisenhower die Entscheidung treffen: Sollte er das Signal zum Start der ›Operation Overlord‹ geben? Oder doch lieber noch weitere Wochen abwarten, bis die Gezeiten und der Stand des Mondes wieder annähernd gleich sein würden? Erst am 19. Juni würden wieder ideale Bedingungen herrschen. Doch das Zögern wurde für die Alliierten zur wachsenden Gefahr. Den Truppen im Süden Englands drohten Angriffe durch die deutschen V1-Raketen, der von Hitler seit Langem herbeigesehnten ›Vergeltungswaffe‹ – dem ersten Marschflugkörper der Geschichte. Außerdem waren die geplanten Landeplätze der Alliierten nicht mehr lange geheim zu halten. Würden die Deutschen weiter Zeit gewinnen, wäre das Risiko einer Landung deutlich höher, und niemand wusste, wie lange die britischen Doppelagenten ihre Täuschungsmanöver noch würden aufrechterhalten können.

Es war kurz vor 22:00 Uhr, als der Chefmeteorologe in der Bibliothek von Southwick House seinen Vortrag beendet hatte. Dann setzte im Hauptquartier der Alliierten Streitkräfte eine lähmende Stille ein. Eisenhower schaute die Mitglieder seines Führungsstabs an. Alle wussten, dass starke Winde auch hohen Seegang bedeuteten – eine potenzielle Katastrophe für die flachen Landungsboote und die Truppen, die mit ihrer schweren Ausrüstung keinen Boden unter die Füße bekommen würden.

Der britische Admiral Sir Bertram Ramsey holte tief Luft und wiegte seinen Kopf leicht hin und her. Er war eindeutig gegen die Landung. Als Nächster war der Oberbefehlshaber der britischen Luftwaffe und Eisenhowers Stellvertreter, Arthur Tedder, an der Reihe. Er beschränkte sich auf ein Wort: »risikoreich«. Eisenhowers Stabschef Walter Bedell Smith nannte es »ein Glücksspiel – aber ein gutes Glücksspiel«. Dann schaute Eisenhower den britischen Feldmarschall Bernard Montgomery an. Montgomery wich seinen Blicken keinen Moment aus: »Ich würde sagen: Los.«

Eisenhower verließ seinen Führungsstab und zog sich für eine kurze Ruhepause in seinen Wohnwagen zurück. Draußen tobte ein schwerer Sturm. Dann betrat er am Morgen des 5. Juni gegen 3:30 Uhr wieder die Bibliothek. Der Wind heulte, Regen schlug gegen die Scheiben von Southwick House. Für fast zwei Millionen Männer entschied sich nun, ob das Warten auf den D-Day ein Ende haben würde. Eisenhower blickte die versammelten Offiziere noch einmal kurz an.

»Ich bin der Meinung, dass wir den Befehl geben müssen. Ich sehe nicht, dass wir etwas anderes tun können. Let's go.«[194]

Ab jetzt gab es kein Zurück mehr. Der Tag und der Zeitpunkt der Landung standen fest: Dienstag, der 6. Juni 1944. Am frühen Morgen, um genau 6:30 Uhr, sollten die ersten alliierten Soldaten landen, und damit sollte die entscheidende Schlacht beginnen.

Eisenhower war sich keineswegs sicher, die richtige Entscheidung getroffen zu haben. Sollte es in der Normandie zu einem Blutbad kommen, wollte er allein dafür die Verantwortung übernehmen. Er hatte bereits handschriftlich auf einem Zettel eine kurze Erklärung für den Fall des Scheiterns notiert:

»Meine Entscheidung, zu diesem Zeitpunkt und an diesem Ort anzugreifen, basierte auf den besten verfügbaren Informationen. Die Bodentruppen, Luftwaffe und Marine haben alles getan, was durch Tapferkeit und Pflichterfüllung möglich war. Ich allein bin am Fehlschlagen dieses Versuches schuld und dafür verantwortlich.« Den Zettel hatte Eisenhower in seine Brieftasche gesteckt.[195]

Auch auf deutscher Seite hatte die Sorge um das Wetter die Überlegungen der letzten Stunden bestimmt. Das schmale Hoch, das Eisenhower dazu gebracht hatte, den Marschbefehl auszugeben, war den deutschen Meteorologen verborgen geblieben. Und die deutsche Führung war davon überzeugt, dass mindestens sechs Tage lang ununterbrochen gutes Wetter herrschen müsse, um die Landung zum Erfolg zu führen. Niemand hielt es deshalb für vorstellbar, dass sich Eisenhower an diesem Tag zu einer solchen Entscheidung durchgerungen haben könnte. Der Oberbefehlshaber West, Generalfeldmarschall Gerd von Rundstedt, hatte lange geschlafen. Nur selten saß er vor 10:30 Uhr an seinem Schreibtisch im Hauptquartier West in Saint-Germain-en-Laye in der Nähe von Paris. In seiner Lagebeurteilung vom 5. Juni kam er zu einem klaren Ergebnis: »Die Landung steht nicht unmittelbar bevor.« Gegen 13 Uhr fuhr Rundstedt zusammen mit seinem Sohn in sein Lieblingsrestaurant »Coq Hardi« zum Mittagessen. In weniger als zwölf Stunden sollte sich zeigen, wie falsch er mit seiner Einschätzung gelegen hatte.[196]

London, 5. Juni 1944

Während an der Südküste Englands eine der bedeutendsten Entscheidungen des Zweiten Weltkriegs gefallen war, bereiteten sich Joan Pujol und Tomás Harris in London auf ihren Einsatz vor. Seit Wochen hatte Harris alles auf diesen Tag hin ausgerichtet. Aus dem sonst so zuversichtlichen Geheimdienstmitarbeiter war ein fahriger, nervöser Mann geworden, der seine rasende Ungeduld nicht mehr zügeln konnte. Zwei Fragen trieben ihn ohne Pause um: Würde sein Plan funktionieren? Und würde er damit zum Erfolg der Landung beitragen können? Harris wusste nur eines: Wenn das, was er vorhatte, scheitern würde, wären er und Joan Pujol mit daran schuld, dass es in der Normandie Tausende zusätzliche Tote geben würde.

Der Plan war simpel, aber folgenreich. In einer ersten Meldung sollte ›Garbo‹ die Deutschen vorab über die Landung informieren. Das würde seine Glaubwürdigkeit auf deutscher Seite weiter stärken. Er sollte allerdings so spät vom Beginn des alliierten Angriffs berichten, dass die deutsche Führung daraus keinen Nutzen mehr ziehen könnte. In einer zweiten Botschaft sollte ›Garbo‹ den Deutschen schließlich alle Zweifel daran nehmen, dass dem ersten Angriff in der Normandie noch ein zweiter Schlag folgen würde – der angebliche Hauptangriff im Pas de Calais mit den Kräften der 1. US-Armeegruppe unter General Patton.

Auf alliierter Seite herrschte zaghafte Zuversicht, was Pujols Einsatz betraf. Die Aufregung wegen ›Artists‹ möglichem Verrat hatte sich bisher als unbegründet erwiesen. Außerdem hatten die Meldungen des japanischen Botschafters Oshima zu Hitlers Überzeugungen für weiteren Optimismus gesorgt.

Nun blieben nur noch wenige Stunden bis zum Beginn der Landung. Über London brach die Dunkelheit herein. Am Himmel standen schwere Wolken, und der Wind frischte erneut auf. Tomás Harris wusste genau, was für ihn und Pujol jetzt auf dem Spiel stand. Dann ging es endlich los. Wenige Meilen von seinem Haus im Stadtteil Mayfair entfernt, sendete die BBC um 21:15 Uhr aus einem ihrer Hörfunkstudios den zweiten Teil einer Strophe von Paul Verlaines Gedicht ›Herbstlied‹ (»dass matt und wund vor Sehnsucht und vor Qual ich bin«). Die bedrückenden Zeilen des Dichters informierten die französischen Widerstandskämpfer darüber, dass sich die Alliierten jetzt in Bewegung gesetzt hatten und innerhalb der kommenden 48 Stunden landen würden. Was diese BBC-Meldung zu bedeuten hatte, hatte auch die deutsche Gegenspionage herausgefunden. Aber am ›Atlantikwall‹ passierte nichts. Das Hauptquartier bei Paris war der Ansicht, dass die Alliierten kaum so verrückt sein würden, ihren Angriff über den Hörfunk anzukündigen.[197] Tomás Harris und Joan Pujol blieb jetzt nur noch wenig Zeit übrig.

London, 6. Juni 1944

Es war General Eisenhower selbst, der Tomás Harris die Erlaubnis gegeben hatte, Joan Pujol am Tag der Landung eine Vorwarnung nach Madrid schicken zu lassen. Allerdings nicht vor 3:00 Uhr morgens – dreieinhalb Stunden, bevor die ersten Soldaten die Strände der Normandie erreichen würden. Üblicherweise war die Funkstation der Abwehr in Madrid zwischen Mitternacht und sieben Uhr morgens nicht besetzt. In dieser Nacht aber, so hatte Joan Pujol in einer vorherigen Nachricht Karl-Erich Kühlenthal eingeschärft, sollte der Funker der Abwehr unbedingt um drei Uhr in der Nacht bereit sein, um eine Meldung über eine Division in Schottland zu empfangen, an der die Deutschen besonderes Interesse gezeigt hatten. Madrid hatte zugesagt.

173

Der Abend verlief in gespannter Erwartung. Tomás Harris hatte Joan Pujol, › Tar ‹ Robertson und Oberstleutnant Roger Fleetwood-Hesketh von der London Controlling Section zu einem bescheidenen Abendessen in sein Haus gebeten. Fleetwood-Hesketh hatte entscheidenden Anteil an den Vorbereitungen der › Operation Fortitude ‹. Alle wussten, wie risikoreich ihr Plan war. Harris ließ eine Magnum-Flasche Château Ausone Jahrgang 1934 öffnen, seine Gäste wechselten während des Essens nur wenige Worte, und konzentrierten sich meist auf ihre Teller.[198] Direkt nach dem Abendessen stiegen sie in eine Humber-Limousine des Verteidigungsministeriums. Die Straßen Londons waren leer, und sie kamen zügig voran. Dann erreichte der Wagen die Crespigny Road 35.

Als sie in der Doppelhaushälfte eintrafen, wartete bereits Charles Haines, der Funker, auf sie. Wortlos versammelte sich die Gruppe um sein Funkgerät. Haines hatte es bereits eingeschaltet, die Röhren glommen orange im Halbdunkel des spärlich erleuchteten Wohnzimmers.

Während die Männer in der Crespigny Road auf ihren Einsatz warteten, der für genau 3 Uhr geplant war, herrschte auf den Flugplätzen in Süd- und Mittelengland Hochbetrieb. Hunderte von Flugzeugmotoren wurden angeworfen, ein Pilot nach dem anderen erhielt auf den Rollfeldern seine Freigabe und hob gleich danach ab. Zwei amerikanische und eine britische Luftlandedivision mit über 1200 Flugzeugen starteten in die Nacht. Das Brummen der Motoren wollte nicht aufhören. Die Menschen in Südengland liefen im Nachthemd aus ihren Häusern, um die fast endlose Kette der dunklen Flugzeuge mit ihren Blicken zu begleiten.[199] Die Fallschirmjäger sollten die Gegend östlich des Flusses Orne und die Halbinsel Cotentin sichern. Wenig später stachen von den Häfen Südenglands mehr als 130 000 Soldaten für die ersten drei Angriffswellen in See. In den Landungsbooten herrschte große Enge. Der Geruch von Schiffsdiesel mischte sich mit dem Gestank von Erbrochenem, fast alle Soldaten wurden seekrank. Dicht hinter ihnen machten sich 15 Lazarettschiffe auf den Weg über den Ärmelkanal – an Bord 8000 Ärzte und Sanitäter, 450 000 Liter Blutkonserven und 600 000 Dosen Penizillin. 1200 Kriegsschiffe und fast 6000 Transportschiffe und Landungsboote setzten sich in Bewegung. Unterwegs war die größte Armada der Geschichte.[200]

›Tar‹ Robertson stand direkt hinter Charles Haines und dem Funkgerät. Es war 2:59 Uhr, als er ein letztes Mal auf seine Armbanduhr blickte. Dann sagte er: »Sie können sie abschicken, Charles.« Haines funkte ›Alarics‹ Rufzeichen um genau 3:00 Uhr nach Madrid. Gleich würde sich wie üblich der Funkraum der Abwehrstelle melden.

Haines setzte das Erkennungssignal ab und hatte alles vorbereitet, um auch den verschlüsselten Text nach Madrid senden zu können. Darin meldete Pujol, dass sein Agent Nummer 4, der Kellner aus Gibraltar, mit zwei aus dem Lager Hiltingbury bei Portsmouth desertierten US-Soldaten Kontakt gehabt habe und völlig überraschend nach London gekommen sei, um ihm den Beginn der Landung zu melden:

»Er berichtete mir, dass die Dritte Kanadische Division vor drei Tagen kalte Verpflegung und Brechtüten ausgehändigt bekommen hat und dass die Division das Lager inzwischen verlassen hat. Stattdessen sind Amerikaner in das Lager gezogen. Es gibt Gerüchte, dass die Dritte Kanadische Division jetzt in See gestochen ist.«[201]

Madrid sollte durch diese Meldung zu einem klaren Urteil kommen können: Wenn die kanadischen Truppen das Lager verlassen hatten, konnte das nur bedeuten, dass sie sich bereits eingeschifft hatten und die Landung jetzt beginnen würde. Karl-Erich Kühlenthal sollte noch einen anderen Schluss daraus ziehen: Da das Lager Hiltingbury in direkter südlicher Linie zur Normandie und der französischen Hafenstadt Cherbourg lag, konnte das nur bedeuten, dass die Truppen auf direktem Weg in die Normandie waren.

Charles Haines zog kurz die Augenbrauen hoch. Er hatte Pujols Rufzeichen abgeschickt. Darauf hatte Madrid in der Vergangenheit stets direkt geantwortet. Doch alles, was die Männer im Wohnzimmer hören konnten, war ein schwaches Rauschen. Madrid antwortete nicht. Niemand war dort auf Empfang. ›Tar‹ Robertson und Tomás Harris blickten sich wortlos an.

»Versuchen Sie es weiter, Charles«, sagte Harris in bestimmtem Ton. Alle 15 Minuten sendete Haines die Kennung von London nach Madrid. Noch immer nichts. Im Äther herrschte Stille.

Was war geschehen? Hatte Kühlenthal Verdacht geschöpft? Hatte er es schlicht vergessen, sich für die angekündigte Nachricht bereitzuhalten, die ihm sein Agent ›Alaric Arabel‹ schicken wollte? Die Männer in der Crespigny Road waren fassungslos. Joan Pujol hatte auf einem Stuhl in der Nähe des Funkgeräts Platz genommen und schaute zu Boden. War der Plan gescheitert, bevor der Köder für Kühlenthal überhaupt ausgelegt werden konnte?

Die Luft in dem kleinen Wohnzimmer war stickig geworden. Tomás Harris verzog kurz das Gesicht. Wie so oft hatte er sich gerade die Finger an der Glut seiner schwarzen, filterlosen Zigarette verbrannt. Er drückte den Stummel aus und zündete sich gleich die nächste an. In den letzten Wochen hatten sich die Finger seiner rechten Hand durch das Nikotin fast kastanienbraun verfärbt.[202] Drei lange Stunden hielt Charles Haines vor dem Funkgerät aus, umringt von den Männern, die Pujol hier in diesem Haus kennengelernt hatte und die schon lange zu guten Freunden geworden waren.

Dann geschah etwas, womit keiner mehr gerechnet hatte: Am Morgen des 6. Juni um 6:08 Uhr bekam Haines endlich eine Verbindung. Madrid antwortete auf das Funksignal, und Haines setzte Pujols Meldung doch noch ab. Zu spät jedoch, um als Vorwarnung zu dienen.

Zur gleichen Zeit waren die ersten Soldaten in der Normandie gelandet, und die alliierten Truppen hatten damit begonnen, gegen die deutschen Befestigungsanlagen anzurennen. Die Amerikaner landeten an den westlichsten Stränden, im alliierten Plan ›Omaha‹ und ›Utah‹ genannt. Die Briten an ›Gold‹ und ›Sword‹, und die Kanadier zwischen den beiden Stränden der Briten im Bereich ›Juno‹. Bis zum Abend des 6. Juni gingen mehr als 170 000 Soldaten an Land; Eisenhower hatte mit 25 000 Toten gerechnet. Die Opferzahl blieb mit rund 10 000 weit darunter, fast ein Viertel davon fiel am ›Omaha‹-Strand.[203] Der erste Tag der Landung war erfolgreich. Für die nächsten Tage würde entscheidend sein, ob die Deutschen weitere Reserven in die Normandie schickten. Aus Sicht des Oberbefehlshabers West, Gerd von Rundstedt, und seines Stabs gab es aber keinen Grund anzunehmen, dass dies bereits die wirkliche Landung der Alliierten sei. In einer ersten Beurteilung der Lage durch seine Offiziere hieß es:

»Die angelsächsische Feindeslandung an der Normandie-Küste stellt zwar ein Großunternehmen dar. Der bisher erfolgte Kräfteeinsatz umfasst jedoch erst einen verhältnismäßig kleinen Teil der verfügbaren Verbände. Von den in Südengland befindlichen 60 großen Verbänden dürften an ihm einschließlich der Luftlandetruppen höchstens zehn bis zwölf Divisionen beteiligt sein.«[204]

Berchtesgaden, 6. Juni 1944

Hitler war nicht geweckt worden. Er hatte am Vorabend mit Eva Braun und Propagandaminister Goebbels noch über Filme diskutiert. Da die Landung in der Normandie zunächst nicht ernst genommen wurde, hatte man entschieden, den Führer nicht darüber zu informieren, und ließ ihn bis 10 Uhr am Morgen schlafen. Als er von der Landung erfuhr, war er guten Mutes, dass sie zurückgeschlagen werden würde.

»Die Nachrichten könnten gar nicht besser sein! Solange sie in England waren, konnten wir sie nicht fassen. Jetzt haben wir sie endlich dort, wo wir sie schlagen können.«[205]

Auch Alexis von Roenne von der Abteilung Fremde Heere West hob am selben Tag hervor, dass der Angriff in der Normandie keinesfalls die Hauptinvasion sei und keine Truppen aus dem Gebiet der deutschen 15. Armee abgezogen werden würden. Der Lagebericht West unterstreicht für diesen Tag:

»Die Landung der Feinde an der Küste der Normandie ist ein großer Angriff. Aber die Kräfte, die sich daran beteiligen, sind nur ein kleiner Teil der Gesamtzahl. (…) Die Schlussfolgerung ist, dass das feindliche Oberkommando eine weitere große Offensive an der Kanalküste plant.«[206] Um diesen Eindruck zu verstärken, bombardierten die Alliierten in den kommenden Stunden auch verstärkt die Region um Calais, warfen dort große Mengen an Waffen für die vermeintlichen Widerstandskämpfer ab und intensivierten den Funkverkehr. Alles sollte nach einer unmittelbar bevorstehenden zweiten großen Angriffswelle aussehen.

London, 7. Juni 1944

Die Tatsache, dass Madrid nicht für die Vorwarnung auf Empfang gewesen war, ließ Harris und Pujol noch eine Folgemeldung abschicken. Kühlenthal sollte merken, wie wütend sein Agent auf ihn und Friedrich Knappe-Rathey war, weil sie sich nicht an ihre Zusage gehalten hatten.

Am Morgen um 6:01 Uhr zeigte Pujol sein großes Missfallen und funkte:

»Ich bin zutiefst empört. In diesem Kampf um Leben und Tod kann ich keine Ausreden oder Fahrlässigkeit dulden. (...) Hätte ich nicht meine Ideale und meinen Glauben, würde ich diese Arbeit jetzt beenden, weil ich mich als Versager erwiesen habe. Ich schreibe diese Meldungen, um sie noch in dieser Nacht zu versenden, obwohl ich durch Überarbeitung müde, erschöpft und völlig am Ende bin.«[207]

Karl-Erich Kühlenthal antwortete auf die massive Kritik kleinlaut und schrieb:

»Es wäre schwierig, wenn nicht sogar unmöglich herauszufinden, wer daran Schuld ist, falls es wirklich einen Schuldigen gibt. (...) Ich möchte in aller Deutlichkeit betonen, dass deine Arbeit in den vergangenen Wochen dafür gesorgt hat, dass unsere Führung vollständig vorgewarnt und vorbereitet war und dass die Nachricht von Agent Nummer 4 nur wenig daran geändert hätte, wenn sie drei oder vier Stunden früher eingegangen wäre. Ich betone erneut unsere absolute Wertschätzung für deine perfekte und geschätzte Arbeit als verantwortlicher Leiter dieses Dienstes und für die deiner Mitarbeiter. Ich bitte euch, mit uns zusammen weiterzumachen in den wichtigsten und entscheidendsten Stunden des Kampfes um die Zukunft Europas.

Saludos.«[208]

Nichts war in diesen ersten Stunden nach der Landung in der Normandie falscher als diese Behauptung Kühlenthals. Der Angriff hatte die Deutschen völlig überraschend getroffen. Aber noch war keineswegs sicher, ob sich die Alliierten dauerhaft festsetzen konnten. Würden die Deutschen weiter glauben, dass die Attacke in der Normandie nicht der Hauptangriff sei? Viel hing von den nächsten Tagen ab und davon, ob die Wehrmacht starke Kräfte vom Pas de Calais in die Normandie verlegen würde. Rommel und Rundstedt könnten – trotz einiger Zeitverzögerung – relativ rasch die deutschen Panzerreserven in die Normandie entsenden. In den ersten Tagen nach der Landung schickten die Deutschen tatsächlich vier Panzer- und Panzergrenadierdivisionen, die als Reserve dienten, als Verstärkung in die Normandie.[209] Wenn aber auch Teile der kampfstarken und gut ausgerüsteten 15. Armee vom Pas de Calais in Richtung Normandie marschiert wären, so hätte dies unabsehbare Folgen für die Alliierten haben können.

»Haltet mir die 15. Armee während der ersten beiden Tage vom Hals«, hatte General Eisenhower den Planern der Täuschung eindringlich befohlen.[210] Er wusste genau, wie gefährlich die Situation werden könnte, sollten sich die starken Verbände der 15. Armee doch noch in Marsch setzen.

Generalfeldmarschall Erwin Rommel ging weiter davon aus, dass der Hauptangriff erst noch kommen werde, und zwar bei Calais. In Berlin hingegen wuchsen die Zweifel daran immer stärker. Am 8. Juni schlug das OKW vor, doch Teile der 15. Armee in die Normandie zu verlegen. Trotz Rommels Widerspruch begannen die 1. SS-Panzerdivision mit rund 25 000 Soldaten, das Panzerregiment Großdeutschland der 116. Panzerdivision und andere Einheiten damit, sich vom Pas de Calais in die Normandie zu bewegen.[211] Für die Alliierten war dies der Moment höchster Gefahr. Alles musste versucht werden, um das Bedrohungsszenario für den Pas de Calais aufrechtzuerhalten. Falscher Funkverkehr im Raum Calais mit den Widerstandsgruppen in der Region sollte die deutsche Aufmerksamkeit erregen. Die britischen Doppelagenten lieferten Meldungen, dass sich weitere Divisionen der Alliierten für kommende Angriffswellen bereithielten; gleichzeitig wurde der Pas de Calais immer stärker bombardiert.

Pujols Aufgabe war es, der deutschen Führung zu versichern, dass der Hauptangriff noch nicht erfolgt sei. Drei Tage nach der Landung war der Moment gekommen, in dem Joan Pujol nach den Worten von Tomás Harris »die wichtigste Meldung seiner Karriere« abschicken sollte.[212]

London, 9. Juni 1944

Tomás Harris setzte zum zweiten Schritt des Plans an. ›Garbo‹ sollte mit einer weiteren Meldung dafür sorgen, dass die Bedrohung für den Pas de Calais glaubhaft blieb. Um sieben Minuten nach Mitternacht begann Charles Haines mit einer Übertragung, die zwei Stunden und zwei Minuten dauern sollte. Kein echter Agent hätte sich im Feindesland getraut, so lange ununterbrochen zu funken, denn die Gefahr entdeckt zu werden, wäre viel zu groß gewesen. Doch für Tomás Harris war die Zeit versteckter Hinweise, die die deutsche Seite mühsam interpretieren sollte, endgültig vorbei. Er setzte alles auf eine Karte, um den Deutschen unmissverständlich klarzumachen, was sie bald im Pas de Calais zu erwarten hätten.

In seiner Nachricht berichtete Joan Pujol Madrid zunächst, dass er seine Agenten ›Donny‹, den walisischen Seemann aus Dover, ›Dick‹, den indischen Dichter aus Brighton, und ›Dorick‹, den Faschisten aus Harwich, nach London zusammengerufen habe, damit sie ihm von ihren Beobachtungen berichten und dann Madrid gemeinsam vor den Plänen der Alliierten warnen konnten. Dann beschrieb Pujol, was seine Mitagenten in den vergangenen Tagen angeblich beobachtet hatten, und meldete in den 122 Minuten seiner Übertragung alle realen und angeblich existierenden Truppenkonzentrationen im Südosten Englands. Er legte die gesamte vermeintliche Schlachtordnung der Alliierten offen, berichtete, welche nächsten Schritte die 1. US-Armeegruppe unter Patton plane, und belehrte Kühlenthal zum Schluss noch, wie er die Beobachtungen seiner Unteragenten zu verstehen habe.

181

Berlin/Berchtesgaden, 9. Juni 1944

Es vergingen mehrere Stunden, bis diese Informationen Pujols von Madrid aus endlich nach Berlin weitergefunkt wurden. Erst um die Mittagszeit erreichte ›Alarics‹ zweistündiger Bericht das OKW. Der aus deutscher Sicht zuverlässigste Agent in Großbritannien schien zu bestätigen, was die deutsche Führung bereits zu wissen glaubte:

»V ALARIC ARABEL meldet 9. Juni aus GOLFPLATZ [Bezeichnung der Abwehr für Großbritannien, Anm. d. Verf.] über FELIPE [Deckname von Karl-Erich Kühlenthal, Anm. d. Verf.]. Nach persönlicher Rücksprache am 8. Juni in LONDON mit meinen Agenten DONNY, DICK und DORICK, deren Meldungen heute übermittelt, bin ich auf Grund der starken Truppenbereitstellungen in Südost- und Ostengland, die an augenblicklichen Operationen nicht beteiligt sind, der Ansicht, dass diese Operationen Ablenkungsmanöver sind, mit Zweck feindliche Reserven auf sich zu ziehen, um dann entscheidenden Stoß an anderer Stelle zu führen. Dieses könnte unter Berücksichtigung der dort gesetzten Luftangriffe und der hierfür strategisch günstigen Lage des erwähnten Bereitstellungsraums sehr wohl in der Gegend PAS DE CALAIS erfolgen, insbesondere da bei einem solchen Angriff die näher gelegenen Luftstützpunkte fortgesetzte stärkste Unterstützung durch Luftstreitkräfte ein solches Unternehmen erleichtern würden. Wie ich gestern von meiner Verbindung V AMY [einer von Joan Pujols fiktiven Kontaktleuten, Anm. d. Verf] (...) hörte, befanden sich vor Beginn FRANKREICH Operation 75 Divisionen in ENGLAND.« [213]

Deutlicher hätte Joan Pujol die deutsche Seite nicht vor einem Hauptangriff bei Calais warnen können. Der Mann, der in Berlin als Erster über den Wert von ›Alarics‹ Meldung zu entscheiden hatte, stand an diesem Tag unter unglaublichem Druck. Oberst Friedrich-Adolf Krummacher, der Leiter der Aufklärungsabteilung des Oberkommandos der Wehrmacht, hielt Pujols Nachricht in den Händen und atmete hörbar tief aus. Er beugte sich über seinen Schreibtisch und rieb sich kurz mit dem Zeigefinger die Stirn. Er wusste, dass er sich in diesen entscheidenden Stunden mit seiner Analyse nicht allzu lange Zeit lassen durfte.

Krummacher hielt sich das Papier noch näher vor seine Augen, las mit großer Anspannung und zückte seinen roten Stift. Dann unterstrich er eine Passage aus Pujols Meldung:

»... dass diese Operationen Ablenkungsmanöver sind, mit Zweck feindliche Reserven auf sich zu ziehen, um dann entscheidenden Stoß an anderer Stelle zu führen.«

Schließlich schrieb er in wenigen Worten seine Einschätzung auf die Meldung aus Madrid:

»Bestätigt unsere bereits bestehende Meinung, dass an anderer Stelle ein weiterer Angriff zu erwarten ist (Belgien?).«

Für Krummacher war die Sache damit entschieden. Er leitete die Nachricht sofort an General Alfred Jodl nach Berchtesgaden weiter. Jodl, der Leiter des Wehrmachtsführungsstabes im Oberkommando der Wehrmacht, unterstrich zusätzlich die Wörter »... IN SÜDOST- UND OSTENGLAND« und schrieb in Grün seine Initialen auf die Meldung, was zeigte, dass er diese Meldung für wichtig genug erachtete, um sie Hitler zu zeigen. Kurze Zeit später schrieb Jodl die Buchstaben ›erl‹, für ›erledigt‹ auf Pujols Meldung – das übliche Zeichen, dass Hitler diese Nachricht direkt gesehen hatte.[214]

Pujols Meldung war an diesem Tag nicht die einzige, die die deutsche Führung vor einem Hauptangriff im Pas de Calais warnte. Zuvor hatte Oberst Krummacher bereits ähnliche Berichte erhalten, die die hohe Wahrscheinlichkeit eines Hauptangriffs bei Calais zu beweisen schienen. Zwei von ihnen waren über die BBC ausgestrahlte geheime Botschaften, die von London aus an den belgischen Widerstand gesendet und abgefangen worden waren. Beide meldeten einen unmittelbar bevorstehenden Angriff im Raum Calais.

Wenig später hatte sich bei Krummacher auch noch ›Josephine‹ aus Schweden gemeldet. Hinter diesem Decknamen verbarg sich Karl-Heinz Krämer, ein Spion, der in Stockholm lebte und für die Abwehr arbeitete. Krämer nutzte in Schweden viele Quellen, unter ihnen Journalisten und Offiziere. An diesem Tag war er auf eine Falschinformation hereingefallen und übermittelte Material eines frei erfundenen britischen Luftwaffenoffiziers namens ›Harrison‹. Krämer berichtete, dass dem britischen Offizier zufolge »ein zweiter großer Angriff im Pas de Calais zu erwarten sei«. Krummacher hatte auch diese Nachricht für glaubhaft befunden, mit der Hand »sofort« auf die Meldung von ›Josephine‹ geschrieben und sie ebenfalls an Jodl weitergeleitet. Auch diese Nachricht hatte Jodl Hitler vorgelegt.[215]

Als schließlich Pujols Mitteilung eintraf, war Krummacher durch die vorhergehenden Meldungen bereits in die falsche Richtung gelockt worden. Er war mehr als bereit, ›Alaric Arabel‹ zu glauben. Alles schien also darauf hinzudeuten, dass der Angriff in der Normandie ein Ablenkungsmanöver war. Auch die Abteilung Fremde Heere West unter Oberst Alexis von Roenne warnte eindringlich davor, darauf hereinzufallen und weitere Truppen in die Normandie zu verlegen:

»Es ist selbstmörderischer Wahnsinn, ausgerechnet in diesem Augenblick unsere Infanterie und die Panzer aus dem Raum Pas de Calais in Marsch zu setzen, um die Front in der Normandie zu verstärken.«[216]

Berlin, 10. Juni 1944

Diese Überzeugung hatte weitreichende Folgen. Die Deutschen erwarteten den Großangriff bei Calais, und die bereits als Verstärkung in Richtung Normandie marschierenden Panzerverbände mussten wieder umkehren. Am Morgen traf die deutsche Führung eine folgenschwere Entscheidung, als nämlich Generalfeldmarschall Wilhelm Keitel, der Leiter des Oberkommandos der Wehrmacht, den Oberbefehlshaber West, Generalfeldmarschall Gerd von Rundstedt anrief. Daraufhin gab Rundstedt um 7:30 Uhr, also nur wenige Stunden, nachdem Joan Pujols Nachricht Adolf Hitler erreicht hatte, einen überraschenden Befehl aus:

»Als Folge gewisser Informationen hat der Oberbefehlshaber West einen Alarm der Stufe 2 für die 15. Armee in Belgien und Nordfrankreich ausgerufen. Das Vordringen der Ersten SS-Panzerdivision wird deshalb gestoppt.«[217]

Pujols Meldung und die vorher eingegangenen anderen Meldungen hatten den von den Alliierten erhofften Effekt erzielt. Neben der 1. SS-Panzerdivision stoppte auch die 116. Panzerdivision ihren Weg in die Normandie. Beide drehten um und kehrten zurück in den Pas de Calais. Für die Alliierten war aber am wichtigsten, dass sich die 15. Armee nicht bewegte und die Deutschen die Bedrohung für den Pas de Calais weiter ernst nahmen. Den Alliierten blieb trotz erbitterter Kämpfe genügend Zeit, die in vollem Umfang laufende Landung in der Normandie zu sichern.

Es bleibt Spekulation, ob die 1. SS-Panzerdivision und die 116. Panzerdivision in diesen ersten Tagen der Landung eine entscheidende Veränderung hätten bewirken können. Möglicherweise wären sie durch massive Bombardierungen der Alliierten gar nicht erst bis in die Normandie vorgedrungen. Ebenso unsicher ist, welche der Meldungen, die Oberst Krummacher vorlagen, schließlich den Befehl zum Umkehren ausgelöst hatte. Aber es gibt einen sehr klaren Hinweis darauf, dass es Joan Pujols Nachricht war, die letztendlich den entscheidenden Ausschlag gegeben hatte.

Als ihm Pujols Meldung 1945 bei einem Verhör während der Kriegsverbrecherprozesse in Nürnberg nochmals vorgelegt wurde, war sich Generalfeldmarschall Wilhelm Keitel sicher, dass es die Botschaft ihres Agenten ›Alaric Arabel‹ gewesen war, die die Deutschen zum Strategiewechsel getrieben hatte:

»Wenn ich die Geschichte aufschreiben müsste, dann würde ich mit 99-prozentiger Sicherheit sagen, dass diese Nachricht der Grund war, den Plan zu ändern.«[218]

Pujol hatte einen großen Beitrag zum Erfolg des D-Days geleistet. Zusammen mit den anderen britischen Doppelagenten, die das Bedrohungsszenario aufrechterhielten, hatte er dafür gesorgt, dass die Deutschen keine Verstärkung in die Normandie schickten und somit die Zahl der Toten auf beiden Seiten nicht noch weiter stieg. Die Bedrohung durch die 1. US-Armeegruppe blieb noch immer glaubhaft.

Für das Gelingen der Landung gab es viele Gründe. Neben der Arbeit der Doppelagenten waren es die falschen Funksprüche, denen die deutsche Führung glaubte, die drückende Luftüberlegenheit der Alliierten und die schwache deutsche Gegenwehr. All dies sorgte dafür, dass die Kämpfe in der Normandie rascher entschieden wurden als gedacht und der Krieg um etliche Monate verkürzt werden konnte. Die Alliierten hatten eine erste Etappe gewonnen – auch dank Joan Pujol.

Auf der anderen Seite waren die Deutschen mit ihrem Agenten ›Alaric Arabel‹ mehr als zufrieden. Noch immer herrschten keine Zweifel an seinen Berichten. In Madrid erhielt Karl-Erich Kühlenthal zahlreiche Glückwünsche zur Arbeit seines besten Agenten. Bletchley Park fing eine Meldung von Alexis von Roennes FHW vom 9. Juni ab, in der es an Madrid adressiert hieß:

»Im Namen von Fremde Heere West drücke ich meine Anerkennung für vorangegangene Arbeit in England aus.«[219]

Am 11. 6., fünf Tage nach der Landung, übermittelte Berlin an die Abwehr in Madrid weiteres Lob für das ›Arabel‹-Netzwerk:

»Die Berichte, die wir in der letzten Woche vom Unternehmen ›Arabel‹ erhalten haben, wurden ohne Ausnahme bestätigt und müssen als besonders wertvoll bezeichnet werden.«[220]

In Italien gelang es britischen Soldaten zur gleichen Zeit, eine deutsche Militärkarte zu erbeuten, auf der die feindlichen Divisionen zum Stand des 15. Juni verzeichnet waren. Die Karte war anhand der Daten von Fremde Heere West zusammengestellt worden und zeigte nach wie vor große alliierte Verbände im Südosten Englands. Die alliierten Planer konnten damit weiter sicher sein, dass die Bedrohung durch Pattons Geisterarmee, die 1. US-Armeegruppe, noch immer glaubhaft blieb: Was man auf der Karte eingezeichnet fand, war fast identisch mit den Angaben, die Pujol in der ›Operation Fortitude‹ an die deutsche Führung geschickt hatte.[221]

Noch eines überraschte die alliierten Planer der London Controlling Section. Sie hatten erwartet, dass die angebliche Bedrohung für den Pas de Calais höchstens noch weitere zehn Tage nach der Landung glaubhaft bleiben würde. Mit dieser Analyse lagen sie völlig falsch. Noch vier Wochen nach dem D-Day hielten die Deutschen 22 Divisionen im Pas de Calais und warteten auf den Angriff der fiktiven 1. US-Armeegruppe.[222] Er kam nicht mehr, und die Alliierten rückten währenddessen von der Normandie aus immer weiter ins Landesinnere vor.

Berlin, Ende Juni 1944

Joan Pujol und Tomás Harris hatten ihren Plan erfolgreich ausgeführt. Der Mann, der alles noch hätte zunichtemachen können, der über Pujols Arbeit als Doppelagent Bescheid wusste und der ihn kurz vor dem D-Day hätte enttarnen können, hatte geschwiegen. Nach seiner Entführung aus Lissabon nach Biarritz war ›Johnny‹ Jebsen alias ›Artist‹ in ein Flugzeug gezerrt worden und wenige Stunden später in Berlin gelandet.

Er blieb mehrere Wochen im Gestapo-Gefängnis in der Prinz-Albrecht-Straße eingesperrt und erlitt dort schwere Misshandlungen. Dem Druck und der Folter gab er nicht nach. Auf Umwegen erhielt der MI5 einen Bericht, in dem ein Zellennachbar Jebsens berichtete, wie grausam ›Johnny‹ gequält worden war, dann von den Wärtern in seine Zelle zurückgeschleppt wurde und blutüberströmt mit letzter Kraft herausbrachte: »Ich vertraue darauf, dass ich ein sauberes Hemd bekomme.«[223]

Später war Jebsen in das Konzentrationslager Sachsenhausen gebracht worden. Im September 1944 lag er einer Mitgefangenen zufolge mehrere Wochen lang bewegungsunfähig auf einer Pritsche, nachdem ihm die Rippen gebrochen worden waren. Es war das letzte Mal, dass er lebend gesehen wurde. Kurz darauf verliert sich seine Spur. ›Artist‹ hatte das Geheimnis um ›Garbo‹ nicht verraten.

Kapitel 11

Stichling

London, 13. Juni 1944

Ein lautes, knatterndes Geräusch riss die Bewohner des Londoner Stadtteils Hackney am frühen Morgen aus dem Schlaf. Einige beschrieben es später so, als ob ein Motorrad ohne Schalldämpfer über ihre Köpfe hinweggerast sei. Andere sagten, es habe so geklungen, als ob eine alte Dampflokomotive mit aller Kraft mühsam versucht habe, einen steilen Berg hochzufahren. Später versicherten Zeugen der Polizei glaubhaft, sie hätten einen brennenden Flugkörper vorbeirasen sehen, der einen langen Flammenschweif hinter sich herzog.

Um 04:25 Uhr stürzte das Objekt ab und schlug in eine Eisenbahnbrücke ein, die über die Grove Street im Osten Londons führte. Es folgte eine gewaltige Explosion. Sechs Menschen kamen ums Leben, einige Häuser wurden zerstört.[224] Was hier wirklich passiert war, blieb den Londonern noch einige Zeit verborgen. Dem britischen Inlandsgeheimdienst MI5 war hingegen schnell klar, dass das erste Exemplar der deutschen ›Vergeltungswaffe‹, der V1, auf britischem Boden eingeschlagen war. Damit hatte die Regierung schon seit Längerem gerechnet. Immer wieder hatte Joan Pujol in den letzten Monaten Karl-Erich Kühlenthal indirekt gefragt, was an den Gerüchten über eine riesige deutsche »Flügelbombe« dran sei. Bisher hatte er darauf nie eine Antwort erhalten, Kühlenthal hatte ihn stets beschwichtigt und ihm mitgeteilt, dass »es keinen Grund zur Beunruhigung« gäbe.

Es war nun sechs Tage her, seit die Landung in der Normandie begonnen hatte. Jetzt sann Hitler auf Vergeltung und ließ innerhalb der kommenden zwei Wochen mehr als tausend der angeblichen »Wunderwaffen« auf Großbritannien abfeuern. Angesichts der immer schwieriger werdenden Lage in der Normandie hatten seine Generalfeldmarschälle Erwin Rommel und Gerd von Rundstedt gefordert, die Raketen nicht auf London, sondern auf die Landeplätze der Alliierten zu richten. Hitler lehnte das strikt ab, er wollte lieber die britische Hauptstadt empfindlich treffen. Die meisten V1 wurden von Nordfrankreich aus nach London geschossen, aber auch aus der Luft wurden sie abgeworfen, um weiter entfernte Ziele zu bombardieren.

Unter der Londoner Bevölkerung machte sich rasende Angst breit. Die Gerüchte über die neue deutsche Waffe wurden immer wilder. Hitler habe Zehntausende davon herstellen lassen, hieß es. Überall und jederzeit könnte der nächste Einschlag passieren. Die Angst vor den, wie es hieß, deutschen »Angriffsrobotern« wurde immer größer. Das Dröhnen der Triebwerke kurz vor dem Einschlag besaß eine besonders furchteinflößende Wirkung auf die Menschen. Zwar schürte die neue Waffe die Angst, aber ihre militärische Wirkung war schwach, denn die Treffer blieben ungenau und wahllos. In den folgenden Wochen starben zwar mehr als 6000 Menschen durch die V1-Einschläge. Doch die Gesamtzahl der Opfer, die bei den V1-Angriffen ums Leben kamen, entsprach einem einzigen Luftangriff der Alliierten auf eine deutsche Stadt.

Die vermeintliche »Wunderwaffe« funktionierte mit eher primitiver Technik, die längst noch nicht ausgereift war. Die V1 war billig zu produzieren und nichts weiter als eine Stahlblechröhre, in die eine Tonne Sprengstoff gestopft worden war. Gesteuert wurde die Rakete von einem Kreiselkompass, ihr Triebwerk verbrauchte normales Flugzeugbenzin. Hitler hatte seine Konstrukteure zur Eile gemahnt. Von der Planung bis zum Erstflug waren nur sechs Monate vergangen, die Tests waren viel zu kurz gewesen. Jede fünfte »Wunderwaffe« wurde zum Blindgänger. Auf deutscher Seite wusste niemand, ob die neuen Waffen wirklich ihr programmiertes Ziel London erreichten. Was lag näher, als den besten und zuverlässigsten deutschen Informanten in der britischen Hauptstadt danach zu fragen – Agent ›Alaric Arabel‹?

London, 16. Juni 1944

Die Abwehrmeldung war am frühen Morgen gegen 8 Uhr nach Madrid gesendet und von den Abhörspezialisten in Bletchley Park abgefangen worden. Knapp hieß es:

»Stichling beginnt.«[225]

Zwei Stunden später wurde ebenfalls mit dem Kürzel ›STICHLING‹ ein längerer Fragebogen über die »neue Waffe« per Funk übertragen, der abends Joan Pujol erreichte. Madrid bat seinen Agenten, Informationen über die Treffgenauigkeit der V1 zu melden. Aus dem abgehörten Funkverkehr der Deutschen wusste Bletchley Park, dass es sich um ein hochgeheimes Vorhaben handelte. So geheim, dass Madrid Pujols Nachrichten nicht wie üblich dechiffrieren sollte, sondern verschlüsselt nach Berlin zu schicken hatte.

Karl-Erich Kühlenthal und Friedrich Knappe-Rathey forderten Pujol auf, in einen Stadtplan von London die genauen Treffer und die Uhrzeit der Einschläge der V1-Raketen einzutragen. Würde Pujol das liefern, dann könnten die Deutschen den Raketenantrieb und den Neigungswinkel besser auf das Zentrum Londons justieren und so die Zahl ihrer Treffer erhöhen. Als Grundlage sollte Pujol einen Londoner Stadtplan des deutschen Pharus-Verlags benutzen. Sie gingen davon aus, dass er im Besitz dieses Plans sei, ließen die beiden deutschen Abwehrleute lapidar mitteilen.

Verzweifelt versuchten die Mitarbeiter des MI5, einen Stadtplan des Pharus-Verlags aufzutreiben. Dabei gab es zwei Entdeckungen: Die deutsche Karte war bereits seit 1908 in Großbritannien vergriffen. Mit größter Mühe konnte der MI5 noch ein letztes Exemplar in der Bibliothek des Britischen Museums auftreiben. Dann gab es noch eine Überraschung: Aus früheren Fragebögen an Pujol konnten die britischen Experten schließen, dass die völlig veraltete Pharus-Karte vom deutschen Geheimdienst als Grundlage für alle militärischen Planungen der Wehrmacht benutzt wurde. Um weiter Zeit zu gewinnen und nicht über mögliche Treffer berichten zu müssen, meldete Pujol seinen deutschen Führungsoffizieren, wie schwierig es für ihn sei, die Pharus-Karte zu bekommen, und schlug vor, eine andere Karte zu verwenden. Nach längeren Diskussionen einigten sie sich darauf, die Karten aus dem Baedeker-Touristenführer für London zu benutzen.[226]

Trotz allen Hinhaltens: Das Dilemma auf britischer Seite wuchs beständig. Wie konnten sich die Doppelagenten den Befehlen der Abwehr glaubhaft widersetzen? Nicht nur Pujol war jetzt akut gefährdet, auch einige andere Doppelagenten waren von deutscher Seite aufgefordert worden, Berichte über V1-Treffer zu liefern, darunter der Däne Wulf Schmidt alias ›Tate‹, der britische Safeknacker Eddie Chapman, der den Agentennamen ›Zigzag‹ trug und auch Roman Garby-Czerniawski alias ›Brutus‹.

Madrid, 17. Juni 1944

Als die ersten V1 einschlugen, beklagte sich Pujol bitter bei seinen deutschen Agentenführern, dass sie ihn nicht vorgewarnt hatten. Kühlenthal antwortete, dass auch er selbst

vom Beginn der V1-Angriffe keine Ahnung gehabt habe,
denn es gelte dafür die höchste Geheimhaltungsstufe. Hatte
Kühlenthal Gewissensbisse bekommen, weil sein Agent nun
in Lebensgefahr geriet? Wollte er Pujol moralisch aufrich-
ten? Noch am selben Tag schickte er eine dringende Emp-
fehlung an den Nachfolger von Admiral Canaris in Berlin,
SS-Brigadeführer Walter Schellenberg:

»Sofortige Verleihung des Eisernen Kreuzes,
2. Klasse an spanischen Staatsbürger V-Mann 319
Alaric, Leiter Arabel, der als Leiter Golfplatz [Be-
zeichnung für Großbritannien im deutschen Funkverkehr, Anm. d. Verf.] in den vergangenen zwei Jahren wichtige Dienste geleistet hat, unter dauerndem
Einsatz seines Lebens. Wir halten sofortige Verleihung für nötig, um Moral aufrechtzuerhalten, weil
er unter momentanen Bedingungen durch unseren
eigenen Beschuss noch stärker gefährdet wird.«[227]

London, 18. Juni 1944

Das XX-Komitee hatte Tomás Harris befohlen, Pujols Antworten auf die Fragen aus Madrid so lange wie möglich her-
auszuzögern. Doch die Nachfragen aus Madrid und Berlin
wurden immer bohrender. Irgendwann musste Pujol antworten und die geforderten Koordinaten liefern – es wäre
mehr als verwunderlich gewesen, hätte er nichts von den
Einschlägen in London mitbekommen. Tomás Harris versuchte es mit einer bewährten Taktik. Er ließ Pujol eine
besonders lange Meldung funken, aus der die deutsche Führung schließen sollte, dass die V1 bisher völlig ineffektiv und
ihre Reichweite nicht zu kontrollieren sei und sowohl Berichte in der britischen Presse als auch Meldungen aus neutralen Ländern über große Schäden völlig unzutreffend
seien.

Pujol wandte sich in kämpferischen Tönen an Kühlenthal: »Ich bin stolz, dass ihr jetzt die fantastische Vergeltungswaffe erproben konntet, die Schöpfung eines deutschen Genies. Ich persönlich habe den Apparat nicht im Flug beobachtet. Aber von dem, was ich gehört habe, ist er ein Wunderwerk. Wenn die jetzigen Versuche beendet sind und mehr davon benutzt werden, dann bin ich sicher, dass ihr es schaffen werdet, dieses sehr verzagte Volk in Schrecken zu versetzen, das niemals zugeben wird, dass es geschlagen werden wird. Ich bin auch stolz, dass meine Dienste bei diesem Ziel von Nutzen sein können. (...)

Die Arbeit wird jedoch schwer sein. Denn Gerüchten aus dem Propagandaministerium zufolge umschließt das getroffene Gebiet einen Halbkreis von Harwich bis Portsmouth, umringt London also von Norden und Westen. Trotzdem, das wiederhole ich, werden wir alles in unserer Macht Stehende für diesen Auftrag leisten, den meine Agenten wie auch ich mit Freude ausführen werden.«[228]

Diese Nachricht sollte die Deutschen desillusionieren. Durch die von Pujol erwähnten Orte Harwich und Portsmouth, die jeweils über 130 Kilometer von London entfernt waren, sollte der feindlichen Seite klar werden, dass die programmierte Flugzeit der V1 viel zu lang war. In Wirklichkeit war sie deutlich zu gering eingestellt worden, und die meisten Raketen schlugen weit vor London ein. Könnte Pujol die Deutschen mit seinen Lügen dazu bringen, die Flugzeit noch weiter zu verkürzen, dann würden die meisten Raketen direkt in den Ärmelkanal stürzen. In jedem Fall musste verhindert werden, dass die deutsche Seite die Flugzeit der V1 verlängerte, denn dann wäre das Londoner Stadtzentrum in höchste Gefahr geraten. Die Doppelagenten meldeten deshalb nur die Treffer von Raketen, die über die Innen-

stadt hinaus-, also eigentlich zu weit geflogen waren. Als
Zeit des Einschlags gaben sie aber diejenigen Treffer der V1
an, die zu kurz geflogen waren. Das Ergebnis war, dass die
Deutschen die Flugzeit der Raketen noch mehr verkürzten
und die meisten Flugkörper im Süden und Osten Englands
niedergingen, jeweils weit vor der britischen Hauptstadt,
was die Zahl der Todesopfer so gering wie möglich hielt.

In den folgenden Tagen berichteten Pujol und die anderen Doppelagenten nur über vereinzelte Einschläge im Londoner Westend, ohne die exakten Zeiten anzugeben. So auch
über den schweren Treffer der Guards Chapel, einer Kirche,
die nur wenige Hundert Meter vom Buckingham-Palast
entfernt lag und in die während des Gottesdienstes am Vor-
mittag des 18. Juni eine V1 einschlug. Dabei kamen 120 Soldaten und Zivilisten ums Leben, 140 Menschen wurden ver-
letzt. Als Einziger blieb der Bischof von Maidstone, der die
Messe hielt, unversehrt.

Das XX-Komitee musste natürlich annehmen, dass auch
neutrale Diplomaten, die jetzt wieder zwischen London
und ihren Hauptstädten reisen konnten, über bestimmte
V1-Treffer berichten würden. Deshalb blieb gar keine andere
Wahl, als dass auch die Doppelagenten über solche Treffer
detaillierte Meldungen lieferten. Sie wären sonst unglaub-
würdig geworden. Tomás Harris legte weiter nach. In einem
extrem langen Brief, der direkt an Kühlenthal adressiert war,
schrieb Pujol, wie groß inzwischen seine Zweifel an der
»Wunderwaffe« waren:

»Streng persönlich für ›Carlos‹.

Mein lieber Freund und Kamerad, (...)

da wir beide mit Stolz dem deutschen Geheimdienst
angehören, brauchen wir keine Propaganda oder leeren Worte, um unsere Moral zu behalten. (...) denke
immer an das Sprichwort: Wer zuletzt lacht, lacht am
besten. Ich weiß nicht, warum ich das Gefühl habe,
dass du in diesem Fall meiner Meinung bist. Deshalb

habe ich diesen Brief mit streng persönlichem Inhalt an dich adressiert, damit niemand im Madrider Büro ihn lesen oder den Inhalt falsch interpretieren kann. (...)

Jetzt, nachdem sie ein paar Tage eingesetzt worden ist, frage ich mich: Was ist der Nutzen dieser neuen Waffe? Hat sie ein militärisches Ziel? Nein! ihr Effekt ist gleich null. Dient sie Propagandazwecken? Möglicherweise ja!

Obwohl die Menschen den Luftalarm hören, gehen sie nicht in die Schutzräume und unterbrechen ihre Arbeit nicht mehr. Der Verkehr auf den Straßen fließt normal weiter. (...)

Bald habe ich das dritte Jahr meines Aufenthaltes beendet. Mehr als je zuvor bin ich stolz auf meine Arbeit und fühle das Verlangen, mich all der Freund-schaftsbeweise, die du mir gegenüber ausgedrückt hast, würdig zu erweisen. Mehr als je zuvor empfinde ich Hass, stärker als der Tod, für unseren Feind und einen immer stärker wachsenden undwiderstehli-chen Drang, sein gesamtes Dasein zu zerstören. Die Arroganz dieses Gesindels kann nur nachvollzogen werden, wenn du unter ihm lebst.

Eine herzliche Umarmung von deinem Kameraden und Diener,

Joan.«[229]

Pujol wand sich, um seinen Führungsoffizieren in Madrid keine weiteren Informationen schicken zu müssen. Doch die Schlinge zog sich zu. Wenn er nicht bald mehr Details liefern würde, dann wäre es nur eine Frage der Zeit, bis Kühlenthal und Knappe-Rathey Verdacht schöpfen würden. Es schien, als würde ›Alaric Arabel‹ aus dieser Sackgasse nicht mehr entfliehen können.

London, 3. Juli 1944

Dann kam urplötzlich der Moment, in dem Joan Pujol spurlos verschwand. Das war die Nachricht, die ›Alarics‹ »Stellvertreter«, Agent Nummer 3, voller Sorge nach Madrid schickte. Agent Nummer 3, der Venezolaner, der in Glasgow für Pujol spionierte und den Codenamen ›Benedict‹ trug, berichtete, dass sein Chef überraschend nicht zu einem verabredeten Treffen mit ihm erschienen sei. Auch Pujols Frau Araceli sei inzwischen außer sich vor Sorge um ihren Ehemann und drohe, zur Polizei zu gehen, um ihn als vermisst zu melden. Ein Schritt, den Agent Nummer 3 als äußerst gefährlich ansah. Alle Zeichen, so meldete er Kühlenthal, deuteten darauf hin, dass ›Alaric‹ überraschend festgenommen worden sei.

Doch schon einige Tage später tauchte Joan Pujol wieder auf, meldete sich direkt per Funk in Madrid und erzählte eine abenteuerliche Geschichte. Er sei in den Stadtteil Bethnal Green nördlich der Themse gefahren, um nach dem Einschlag einer V1 Informationen zu sammeln. Als er sich am Ort des Einschlags Notizen gemacht habe, sei er einem Polizisten in Zivil aufgefallen und sofort verhaftet worden. Scheinbar aufgebracht meldete Pujol nach Madrid:

»Der Polizist begann mich zu beleidigen und sagte, dass alle Spanier Hunde seien, dem größten Schlächter der Weltgeschichte folgen würden und dass wir als Feinde behandelt werden sollten.«[230]

Die Geschichte wurde noch bizarrer. Pujol berichtete Kühlenthal, dass er, bevor er ins örtliche Polizeirevier geschleift worden sei, den Zettel mit seinen handschriftlichen Notizen aufgegessen habe. Nur seine Kontakte zum britischen Informationsministerium hätten letztlich dafür gesorgt, dass er wieder freigelassen worden sei. Schließlich habe sich der britische Innenminister persönlich in einem Brief bei Pujol für den Vorfall entschuldigt. Als Beweis

197

schickte Pujol sowohl das Schreiben als auch den Haftbefehl sofort nach Madrid.

Beide Papiere waren vom MI5 gefälscht worden, und die gesamte Geschichte von Pujols Verhaftung war frei erfunden. Sowohl das XX-Komitee als auch die B1a hatten keinen anderen Ausweg gesehen. Sie wollten erreichen, dass Joan Pujol künftig nicht mehr über die Folgen der V1-Angriffe berichten musste. So abenteuerlich seine Geschichte auch klang, sie verfehlte ihr Ziel nicht.

Madrid, 29. Juli 1944

Karl-Erich Kühlenthal wurde in den Tagen seit Pujols Verhaftung zunehmend nervös. Jetzt, nachdem er Pujols letzte Meldung erhalten hatte, machte sich bei ihm Erleichterung breit. Sein bester Agent konnte weiter in seinem Auftrag hochbrisante Informationen sammeln, und er selbst konnte weiter vom Ruhm seines Agenten profitieren. Kühlenthal gratulierte ›Alaric‹ überschwänglich zu seiner Freilassung, und er hatte noch weitere gute Nachrichten, die er Pujol unbedingt mitteilen wollte. Es war, wie sich noch zeigen sollte, extrem voreilig von ihm, als er schrieb:

»Mit großer Freude und Genugtuung kann ich dir heute berichten, dass der Führer dir für deine ausserordentlichen Verdienste das Eiserne Kreuz verliehen hat. Eine Auszeichnung, die sonst ohne Ausnahme nur an Front-Kämpfer verliehen wird. Aus diesem Grund senden wir alle dir unsere aufrichtigen und herzlichen Glückwünsche.«[231]

Joan Pujol schien sein Glück kaum fassen zu können. Mit einer Mischung aus gespieltem Stolz und unterwürfiger Treue antwortete er:

»Ich kann in diesem Moment, in dem mich meine Gefühle überwältigen, meine Dankbarkeit nicht in

Worte fassen für die Auszeichnung, die unser Führer
bewilligt hat und dem ich in aller Demut und mit
allem Respekt meine Dankbarkeit ausdrücken möchte
für die hohe Auszeichnung, die er mir verliehen hat
und derer ich mich unwürdig fühle, da ich nie mehr
getan habe als das, wovon ich dachte, dass es meine
Pflicht sei. (...) Mein Wunsch ist es, mit Feuereifer
zu kämpfen, um dieses Ordens würdig zu sein, der nur
den Helden verliehen wird, meinen Kameraden in
Ehren, die an der Front kämpfen.«[232]

Sein Versprechen hatte Karl-Erich Kühlenthal in Zugzwang gebracht. Die bürokratischen Probleme bei dem Versuch, für seinen Agenten das Eiserne Kreuz zu erhalten,
waren offenbar doch größer, als er sich das hatte vorstellen
können. Verzweifelt versuchte er, sein Versprechen an Pujol
noch einzulösen. Doch es gab Schwierigkeiten, einem Aus-
länder diesen deutschen Orden zu verleihen. Immer wieder
kam es zu einem ausgedehnten Meinungsaustausch zwischen Madrid und Berlin, ob in Pujols Sache nicht doch
noch eine Lösung oder wenigstens ein Ersatz zu finden sei.
In den kommenden Monaten versuchte Madrid weiter, das
Eiserne Kreuz für Pujol zu bekommen. Bletchley Park hörte
amüsiert mit, und Tomás Harris und Joan Pujol bohrten stetig nach, wann der hohe deutsche Orden denn nun endlich
in London eintreffe. Sie wollten ihren Gegenspieler peini-
gen, und das machte ihnen sichtlich Freude. Pujol gab sich
immer ungeduldiger und fordernder, und er schrieb an
Kühlenthal:

»Ich möchte nochmals meine Nachricht wegen des
Eisernen Kreuzes verstärken, das mir verliehen
worden ist. Seit ich davon erfahren habe, habe ich
die Folge von Rückschlägen, die ich erleiden musste,
ergebener hingenommen und – ich kann es jetzt sagen
– mit mehr Mut als vorher getragen. Mein brennendes
Verlangen ist es, es zu besitzen und es in meinen

Händen zu halten. Ich weiß, dass dieses Verlangen schwierig umzusetzen ist, da ich mich damit nicht schmücken darf, wenn ich es besitze. Aber zu meiner persönlichen Befriedigung möchte ich es gerne bei mir haben, auch wenn ich es verstecken muss, bis ich es eines Tages an meiner Brust tragen darf, an dem Tag, an dem diese Pest, die uns hier umgibt, vom Angesicht der Erde hinweggefegt worden ist. Könntest du es vielleicht auf geheimem Weg senden, per Kurier?«[233]

Kühlenthal suchte nach immer neuen Ausflüchten. Doch bis zum Kriegsende gelang ihm mit Berlin darüber keine Einigung mehr.

Nach seiner angeblichen Verhaftung fragte die Abwehr Pujol nie wieder nach Informationen über die Wirkung der V1-Waffen. Ihr bester Agent in Großbritannien sollte auf keinen Fall noch einmal unnötig in Gefahr geraten und künftig nur noch über andere militärische Vorgänge berichten. Berlin hatte nochmals unterstrichen, wie wichtig Pujols Informationen für die Wehrmachtsführung seien, und befahl, dass Pujol »alle Untersuchungen zu den neuen Waffen einstellen sollte«.[234]

Berlin, Ende Juli 1944

In der deutschen Hauptstadt nahm Adolf Hitler derweil grausame Rache. Nach dem gescheiterten Bombenattentat von Oberst Claus Schenk Graf von Stauffenberg am 20. Juli im Führerhauptquartier »Wolfsschanze« kam es überall in Deutschland zu Verhaftungswellen. Der ehemalige Leiter der Abwehr, Admiral Wilhelm Canaris, den Hitler Anfang Februar seines Amtes enthoben hatte, war nicht direkt beteiligt gewesen, wurde aber schnell verdächtigt und kam in Haft. Später fand die Gestapo sein Tagebuch und stieß darin auf zahlreiche Belege, dass Canaris enge Kontakte mit

Widerständlern gepflegt hatte und an Umsturzplänen beteiligt gewesen war. Anfang April 1945 wurde Canaris von einem SS-Standgericht im Konzentrationslager Flossenbürg zum Tode verurteilt und gehängt.

Das Regime nahm das Attentat zum Anlass, sich aller Gegner zu entledigen. Derjenigen, die am Umsturzversuch beteiligt waren; solcher, die als Widersacher des Regimes bekannt waren; und selbst derer, von denen die NS-Führung nur vermutete, dass sie es gewesen seien, oder die ganz einfach unbequem waren. Schnell fiel der Verdacht auch auf den Leiter von Fremde Heere West, Oberst Alexis von Roenne. Roenne kannte Stauffenberg gut, beide schätzten einander. Auch mit einer weiteren zentralen Figur der Attentatspläne, Generalmajor Henning von Tresckow, war Roenne im Kontakt gewesen. Von dem geplanten Attentat hatte der FHW-Chef gut drei Wochen zuvor durch Oberst Georg Alexander Hansen erfahren; spätestens seit Anfang Juli wusste er davon.[235] Hansen war Abteilungsleiter in der Abwehr und nach Canaris' Entlassung dessen Nachfolger als Chef der militärischen Abwehr geworden. Seit Mai waren Hansen und der größte Teil seines Amtes dem Reichssicherheitshauptamt unterstellt. Roenne hatte gehofft, dass die Männer und Frauen des 20. Juli Erfolg haben würden, lehnte den Anschlag auf Hitler aber aus ethischen und religiösen Gründen ab.

Er machte sich längst keine Illusionen mehr. »Mit dieser falschen Führung ist der Krieg nicht zu gewinnen. Der Führer muss weg«, hatte er gut vier Wochen vor dem Attentat zu einem Adjutanten des Generalstabs gesagt.[236] Einem seiner FHW-Mitarbeiter gegenüber bekannte er im Juni offen, dass für ihn in diesem Krieg »Hitler der Hauptverbrecher« sei.[237]

Sein Wissen über Stauffenbergs Pläne hatte er nicht weitergegeben, weil ihm klar war, dass jeder zusätzliche Mitwisser die Möglichkeit eines Verrats erhöhen könnte und die Pläne dadurch hätten vereitelt werden können. Da seine

Vorbehalte gegen das Regime bekannt waren, er fast alle Beteiligten des Attentats kannte und er sich zudem am 20. Juli selbst im Bendler-Block, dem Zentrum der Widerstandsgruppe um Stauffenberg, aufgehalten hatte, wurde Roenne direkt nach dem Attentat verhaftet. Bereits nach einigen Tagen kam er wieder frei, zum einen wohl, weil die Beweise gegen ihn nicht ausreichten, zum anderen, weil die nationalsozialistische Führung hoffte, wenn sie ihn durch die Gestapo überwachen ließe, könne sie vielleicht noch weitere Mitglieder des Widerstands aufspüren.[238]

Direkt nach seiner Freilassung trat Roenne eine bereits geplante Dienstreise an. Er begab sich in die Normandie, um die deutschen Verteidigungslinien zu inspizieren. Dabei geriet sein Auto in einen Militärkonvoi der Alliierten, und es wäre ihm ein Leichtes gewesen, sich zu ergeben, in Gefangenschaft zu gehen und so sein Leben zu retten. Die Sorge um seine Familie war jedoch stärker, und er verzichtete auf diese Möglichkeit, denn er vermutete, wenn er sich nun den Fängen der Gestapo entziehe, würde diese sich – wie in anderen Fällen – an seiner Familie rächen. Vielleicht wollte er auch denen, die ihn auf diese Dienstreise begleitet hatten, die Gefangennahme ersparen.

Als er nach seiner letzten Inspektion im Pariser Hotel George V. Ende Juli einen alten Freund aus Kindheitstagen traf, Theodor Baron von der Osten-Sacken, zeigte sich, was Roenne wirklich dachte.

»Wie kommt es, dass den Alliierten die Landung auf Anhieb gelungen ist, obwohl Adolf Hitler gesagt hat: ›Wo die Alliierten auch landen, wir werden sie ins Meer zurückwerfen‹?«, fragte ihn sein Freund.

Roenne machte lediglich eine abwertende Handbewegung.

»Wir haben vor einiger Zeit dem Hauptquartier ein Gutachten vorgelegt, in dem nachgewiesen wurde, dass, wo die Alliierten eine Landung auch versuchen würden, diese

gelingen würde. Aber was willst du machen? Was Adolf
Hitler nicht passt, wird weggeworfen.«[239]

Madrid/London, Ende August 1944

Auch in den letzten Augusttagen – mehr als sieben Wochen
nach der Landung in der Normandie – warteten die Deutschen noch immer auf einen möglichen Angriff im Pas de
Calais. Pujol berichtete nach Madrid, dass ihm einer seiner
Agenten, Agent Nummer 4(3), ein Unteroffizier der US-
Armee, die »wahre« Geschichte erzählt habe, weshalb die
1. US-Armeegruppe (FUSAG) nicht mehr bei Calais angreifen werde. Pujol meldete, dass es ein Kompetenzgerangel
zwischen Briten und Amerikanern gegeben habe. Ursprünglich habe die 1. US-Armeegruppe unter General Patton
rund 40 Tage nach der Landung in der Normandie bei Calais
angreifen wollen. Doch dann sei die Landung in der Normandie so erfolgreich verlaufen, dass die FUSAG-Truppen
sich neu formiert hätten und über den Brückenkopf in der
Normandie gelandet seien.

Per Funk meldete Pujol am 30. August, dass die ›Operation Fortitude‹, der Angriff bei Calais, nun endgültig abge-
sagt worden sei. Erst Jahrzehnte später wurde das Geheimnis gelüftet, dass die FUSAG nie existiert hatte.[240]

Innerhalb des MI5 wuchs die Sorge, ob Joan Pujols Arbeit
als Doppelagent noch länger geheim gehalten werden könne.
Die Zahl ehemaliger Abwehrmitarbeiter, die überliefen oder
sich ins neutrale Ausland absetzten, stieg unaufhaltsam.
Viele von ihnen waren bereit, den Alliierten wichtige Informationen preiszugeben, und erhofften sich dadurch eine
mildere Behandlung. In Lissabon und Madrid hatten bereits
einige Informanten und Mitarbeiter der Abwehr dem MI6
von der Existenz des ›Garbo‹-Netzwerkes berichtet. Niemand aber hatte so viele Details preisgegeben, dass die briti-

schen Dienste Joan Pujol oder die angeblichen Mitglieder seines Agentenrings hätten verhaften können. Doch der Druck stieg unaufhaltsam. Als dann auch noch ein spanischer Informant, Roberto Buenaga, dem MI6 andeutete, dass er über die Existenz des ›Garbo‹-Netzwerks Bescheid wisse, wurden die Schwierigkeiten für Pujol und Harris immer größer. Ein MI6-Mitarbeiter befragte Buenaga in Madrid, und schnell war klar, dass er genug über Pujol wusste, um seine Tarnung auffliegen zu lassen. Der MI6 überlegte kurz, Buenaga ermorden zu lassen, doch dadurch wäre Pujols Netzwerk bestimmt unter starken Verdacht geraten und das Misstrauen auf deutscher Seite erst recht geschürt worden.[241] Es blieb keine andere Wahl, und das XX-Komitee zögerte nicht länger: ›Garbos‹ Zeit war abgelaufen. Der wichtigste britische Agent wurde, nachdem er in den vergangenen drei Jahren gut 2000 Nachrichten an die deutsche Seite geschickt hatte, aus dem Spiel genommen.

Um Buenagas Glaubwürdigkeit zu beschädigen, kam ›Alaric Arabel‹ ihm deshalb zuvor und übernahm es selbst, den Informanten bei der Abwehr anzuschwärzen. Er berichtete, dass Buenaga angeblich für ihn und sein Netzwerk gearbeitet und ihn jetzt verraten habe. Dann kündigte er schließlich ohne Umschweife seinen eigenen Abgang an:

»Ich habe heute erfahren, dass ein gewisser Buenaga, der für uns ein paar Dienste leistete, uns betrogen hat, nachdem er von unserer Arbeit erfahren hat. Ich werde mich deshalb verstecken, denn so kann ich den Rest des Netzwerks retten. (...) Stoppe alle Korrespondenz und sende kein Geld mehr an die Bank nach dem 15. dieses Monats.«[242]

›Alaric Arabel‹ ließ Kühlenthal noch wissen, dass sein »Stellvertreter«, Agent Nummer 3, ab sofort das Netzwerk führen werde. Er selbst wolle sich in einem Cottage in Wales verstecken, »das von einem alten Waliser Ehepaar, einem belgischen Deserteur und einem schwachsinnigen Verwandten der Besitzer bewohnt werde, keine Toilette und keinen Strom besitze und meilenweit vom nächsten Dorf entfernt liege«.[243] Ab und zu, so schien es in letzter Zeit, ging die Phantasie mit Tomás Harris beim Erfinden der Nachrichten an Madrid durch. Zum Schluss versicherte Pujol in seiner Nachricht, dass er trotz aller Härten in seinem Versteck auch künftige Operationen von Wales aus lenken werde.

Ganz plötzlich war die Karriere des wichtigsten britischen Doppelagenten des Zweiten Weltkriegs zu Ende gegangen. ›Garbos‹ Abgang war abrupt, aber clever. Sein »Stellvertreter«, Agent Nummer 3, konnte nicht auffliegen, er hatte ja nie existiert, und auch für die nächsten sechs Monate, also bis zum Kriegsende, sendete das ›Unternehmen Arabel‹ weiter Meldungen an die Abwehr. Joan Pujol war von der Bühne verschwunden. Zunächst.

Zossen/Wünsdorf, Ende September 1944

Oberst Alexis von Roenne machte eine Pause im Offizierskasino der riesigen Bunkeranlage, als ein unbekannter Mann den Raum betrat und sich nach allen Richtungen umsah. Wenig später ging der Mann zu Roenne; einige Mitarbeiter der Gestapo hatten ihn begleitet und warteten im Hintergrund. Dann fragte der Mann: »Sind Sie Oberst von Roenne?« Roenne wurde blass und stand wortlos auf. Der Unbekannte war ein Kriegsgerichtsrat, der den Auftrag bekommen hatte, ihn zu verhaften. Roenne ging mit dem Juristen und den Gestapoleuten hinaus. Es war sein letzter Tag als Leiter der FHW.[244]

Roenne wusste viel über das Attentat des 20. Juli. Da mittlerweile bekannt geworden war, dass er von den Attentatsplänen nicht nur durch Georg Alexander Hansen, sondern auch durch einen weiteren Mitverschwörer erfahren hatte, konnte ihm eine Mitwisserschaft nachgewiesen werden. Der Prozess vor dem Volksgerichtshof – zunächst unter dem Richter und Senatspräsidenten des 4. Senats, Günther Nebelung – lief zunächst so an, dass noch Hoffnung aufkam, er könne mit dem Leben davonkommen. Dies änderte sich, als in einer zweiten Verhandlung gegen Roenne der Präsident des Volksgerichtshofs, Roland Freisler, selbst den Vorsitz übernahm. Freisler, der für seinen Jähzorn berüchtigt war, die vor ihm stehenden Angeklagten meist zutiefst demütigte und zusammenschrie, traf eine schnelle Entscheidung. Roenne wurde am 5. Oktober zum Tode verurteilt – allein für sein Wissen über das geplante Attentat.

Den Umsturz hatte er befürwortet, selbst daran beteiligt gewesen war er nicht. Aus dem Gefängnis heraus schmuggelten sein Anwalt, der ihn vor dem Volksgerichtshof verteidigt hatte, und ein Wärter, der ein ehemaliger Schulkamerad Roennes war, Nachrichten an seine Frau. In diesen Kassibern verteidigte Roenne nochmals die Pläne der Attentäter: »Ihre Ziele sind rein gewesen, wie ihr Idealismus. (…) Mein eigener Anteil war klein genug: ich habe drei Wochen zuvor etwas erfahren und geschwiegen, weil auch (ich) darin die einzige Rettung Deutschlands und meiner Kinder sah. So falle ich stolz und reinen Gewissens für diese!«[245]

Am 11. Oktober abends schrieb er einen letzten Brief an seine Mutter.

»Meine geliebte Mama!

Ich selbst erwarte nun seit einer Woche von Tag zu Tag den Tod, jetzt zum Beispiel morgen, und der Heiland hat in seiner grenzenlosen Gnade mich vollkommen von allem Grauen frei gemacht. Ich bete und denke tagsüber ganz ruhig und fest ausschließlich an Ihn und dabei natürlich an meine Liebsten, esse mit Appetit, freue mich am Sonnenschein und habe mich nur insofern aus der Welt zu lösen versucht, als ich nichts mehr lese und mich völlig von allen militärischen und politischen Gedanken frei und nur für den Heiland verfügbar halte. Ich gehe früh und betend zu Bett, schlafe ganz ruhig und fest die ganze Nacht wie ein Kind und wende mich erwachend gleich Ihm zu, und bin dabei innerlich völlig frei und dazu, abgesehen von meinen Gedanken an meine kleine Schar, ein vollkommen glücklicher Mensch(…). (…)

Dein A.«[246]

Am folgenden Tag wurde Alexis von Roenne in Berlin-Plötzensee gehängt. Er hatte das Regime auf seine Weise bekämpft – indem er keinerlei Hehl aus seinen Einstellungen machte, auf Verbrechen der Nationalsozialisten hinwies und so seine Kameraden und Mitarbeiter zu einer kritischen Haltung oder widerständigem Verhalten ermutigen wollte. Das war seine Art, einen möglichen Umsturz vorzubereiten.

Warum aber war der extrem erfahrene und intelligente Roenne den falschen Zahlen der Alliierten aufgesessen? Fest steht, dass er nicht mit Absicht oder aus Opposition zu Hitler die Zahlen viel zu hoch eingeschätzt oder gar gefälscht hatte.[247] Wenn er und sein Mitarbeiter Roger Michael dies bewusst getan hätten, wäre dies nicht nur innerhalb der Großbritannien-Gruppe der FHW aufgefallen. Auch die Offiziere in der Heeresgruppe B und beim Oberbefehlshaber West analysierten ja parallel alle verfügbaren Daten über die feindlichen Armeen. Sie hätten übertriebene oder falsche Zahlen der FHW sofort beanstandet. Alle an der Analyse beteiligten deutschen Stellen waren sehr empfänglich für jedwede Meldung über die Stärke der Divisionen im Südosten Englands, weil alle befürchteten, dass die im Westen verbliebenen deutschen Kräfte nicht ausreichen würden, um die Landung zu verhindern. Dass die FHW vorsätzlich gefälscht hat, ist auszuschließen. Sie wäre aufgeflogen, zumal überall mit Spitzeln des Reichssicherheitshauptamtes gerechnet werden musste, auch in Roennes eigener Abteilung Fremde Heere West.[248]

Roger Michael blieb nach der Hinrichtung seines Chefs nicht mehr lange bei FHW, sondern erlebte das Kriegsende als Mitarbeiter von Generalfeldmarschall Walter Model. Michael wurde Zeuge, wie sich Model im April 1945 mit einem Pistolenschuss in die rechte Schläfe selbst tötete. Nach der Kapitulation geriet Michael in britische Gefangenschaft, aus der er unter Mithilfe einer Frau schnell entkommen konnte. Kurze Zeit später wurde er von ehemaligen Wehrmachtskameraden in amerikanischer Uniform gesehen. Dann verlor sich seine Spur hinter dem Eisernen Vorhang, wohin er sich wohl in amerikanischem Geheimauftrag begeben hatte. Vollkommen unklar bleibt bis heute, warum er in britischer Gefangenschaft erklärte, er habe mit Roenne damals unzählige Divisionen der FUSAG frei erfunden. Alle vorhandenen Zeugenaussagen seiner damaligen Kameraden bestätigen, dass dies nicht möglich gewesen wäre, ohne dass es die FHW-Mitarbeiter bemerkt hätten. Denn alle Lageeinschätzungen wurden in den einzelnen FHW-Gruppen erarbeitet und gemeinsam besprochen.

London, 21. Dezember 1944

Das vorletzte Kriegsjahr ging zu Ende. In einer seiner letzten Meldungen des Jahres bat Pujol Karl-Erich Kühlenthal großherzig darum, von seinem Agentenlohn einen Teil für das Winterhilfswerk des Deutschen Volkes einzubehalten, mit dem die Nationalsozialisten die materielle Not der Bevölkerung zu lindern versuchten und für das sie Spenden aller Art forderten. Pujol schrieb mit scheinbar unerschütterlicher Überzeugung:

»Ich wünsche euch allen frohe Weihnachten und ein gutes neues Jahr. Ich hoffe, 1945 wird uns – wenn nicht den totalen Sieg – dann wenigstens ein paar

Schritte näher bringen, um unseren Feind so schnell
wie möglich zu vernichten.

Herzliche Grüße von Joan«[249]

In London wuchsen, wenige Tage vor dem Weihnachts-
fest, die Hoffnungen auf ein schnelles Ende der Kämpfe in
Europa. Als Doppelagent war Joan Pujol außer Dienst gestellt. Für das, was er in seinen dreieinhalb Agentenjahren
geleistet hatte, waren ihm die Alliierten zutiefst dankbar. Die
britische Regierung ernannte ihn zum Mitglied des Ordens
vom Britischen Empire. Eine formelle Ordensverleihung im
Buckingham-Palast kam aus Sicherheitsgründen nicht infrage. Dem Buckingham-Palast schien es auch unpassend,
den König auf einen Doppelagenten treffen zu lassen. Und
deshalb wurde Pujol in einer sehr kurzen und bescheidenen
Zeremonie im Hauptquartier des MI5 zum Mitglied des
Ordens ernannt, doch den eigentlichen Orden samt silbernem Kreuz und der Aufschrift »Für Gott und das Empire«
sollte er erst sehr viel später erhalten. Der Generaldirektor,
Sir David Petrie, verlieh ihm die Auszeichnung um genau
12 Uhr mittags. Pujol war der erste britische Doppelagent,
der mit diesem Orden ausgezeichnet wurde. Tomás Harris,
›Tar‹ Robertson, Guy Liddell und John C. Masterman
umringten bei der Zeremonie ihren Agenten. Später feierten
sie ihn im Speisesaal des Londoner Savoy-Hotels. Pujol
stand für einen kurzen Toast auf und blickte zufrieden auf
die Reihe seiner Gäste. »Ich danke euch allen!«, sagte er und
hielt dann in seinem nicht ganz flüssigen Englisch eine kurze
Ansprache. Die Männer am Tisch klopften zum Zeichen
ihrer Anerkennung mit ihren Fingerknöcheln auf den Tisch.
Pujol sah sehr zufrieden aus. »Es war«, so erinnerte er sich
an diesen Tag, »ein sehr bewegender Moment für mich.«[250]
In den kommenden Monaten bis zum Ende des Kriegs
meldeten sich Joan Pujol oder sein »Stellvertreter«, Agent
Nummer 3, nur noch sporadisch bei der Abwehr in Madrid,
die in den Wirren der letzten Kriegsmonate immer mehr

mit sich selbst beschäftigt und in Auflösung begriffen war. Schon lange war allen Seiten klar, dass die endgültige Kapitulation Deutschlands nur noch eine Frage der Zeit sein konnte.

Kapitel 12

Der letzte Auftrag

London, 8. Mai 1945

In Downing Street 10 bereitete sich Winston Churchill im Bett auf den großen Tag vor. Am Morgen feilte der britische Premierminister im Pyjama an seiner Rede zum Sieg über Deutschland. Zuvor hatten ihm das Ernährungsministerium und auch Scotland Yard bestätigt, dass das Bier an diesem Tag nicht ausgehen werde, auch wenn die Briten »hier und da in dem einen oder anderen Pub auf dem Trockenen sitzen könnten«.[251] Am Nachmittag um 15 Uhr hielt er dann seine berühmte Ansprache im Hörfunk der BBC und gab die bedingungslose Kapitulation aller deutschen Streitkräfte bekannt.

»London explodierte vor Freude. Die Menschen strömten von der Regent Street zum Picadilly Circus und dem Trafalgar Square, und der Verkehr kam zum Stillstand. Die Menschen tranken Bier, sangen und tanzten, um die Ankunft des Friedens zu feiern«, erinnerte sich Pujol.[252]

Vom Büro in der Jermyn Street, das er sich die Jahre über mit Tomás Harris geteilt hatte, konnte er den Trubel direkt miterleben. ›Garbos‹ Auftrag war erfüllt, und das gesamte Team hinter dem erfolgreichsten Doppelagenten des Zweiten Weltkriegs ging schon bald getrennte Wege. 315 Briefe hatte er im Lauf der Jahre an die Abwehr geschickt und zudem insgesamt 1200 Funksprüche.[253] Jetzt hatte Pujol noch eine einzige Aufgabe für den MI5 zu erfüllen, und deshalb ließ ihn Tomás Harris am Tag der deutschen Kapitulation eine letzte Nachricht nach Madrid funken.

Darin teilte Pujol seinen deutschen Führungsoffizieren mit, dass er so schnell wie möglich nach Spanien zurückkehren wolle, um von dort aus möglicherweise einen neuen Agentenring aufzubauen, der gegen die Sowjetunion arbeiten sollte. Auch versuchte er der deutschen Seite trotz der Niederlage Mut zu machen und beendete seine Schlussmeldung mit einer Lobrede auf Adolf Hitler, der am 30. April Selbstmord begangen hatte:

»Ich habe Verständnis für die momentane Situation und dafür, dass wegen des unerwarteten Endes des militärischen Kampfes keine Anweisungen mehr erfolgen. Die Nachricht vom Tod unseres geliebten Führers erschüttert unseren festen Glauben an das Geschick, das unser armes Europa erwartet. Aber seine Taten und die Geschichte seiner Opfer, um die Welt vor der Gefahr der Anarchie zu retten, die uns bedroht, werden in den Herzen all der guten Männer, die guten Willens sind, für immer fortbestehen. (...) Heute, mehr als je zuvor, bekräftige ich meine Überzeugung und bin sicher, dass in nicht allzu ferner Zukunft der Tag kommen wird, an dem der edle Kampf fortgeführt werden wird, der von ihm begonnen worden war, um uns vor einer Zeit der chaotischen Barbarei zu bewahren, die jetzt naht.«[254]

Madrid antwortete noch am selben Tag. Im letzten Funkspruch an › Alaric Arabel‹ hieß es:

»Wir stimmen deinem Plan zu, nach Spanien zurückzukehren. Wenn du angekommen bist, kann der Plan für eine neue Organisation, die sich gegen den Osten richtet, angegangen werden. (...) Wir bitten dich, ab dem 4. Juni jeden Montag zwischen 20:00 und 20:30 in die Café Bar la Moderna, Calle de Ayala, 141 zu kommen. Setze dich in den hinteren Bereich des Cafés und halte eine Ausgabe der ›London News‹ in der Hand. An einem der Montage wird dich dann jemand treffen und dir sagen, dass er im Auftrag von ›Fernando Gomez‹ gekommen ist. Aus Sicherheitsgründen wird die Person von dieser Sache keine Ahnung haben, und wir fordern dich deshalb auf, ihm keine Fragen zu stellen, sondern ihm einen an ›Don Fernando‹ adressierten Brief mit deiner Adresse zu übergeben.«[255]

Wäre es nach dem MI5 gegangen, hätte Pujol noch längere Zeit in britischen Diensten bleiben sollen, denn die Briten überlegten, ob er künftig bei der Spionage gegen die Sowjetunion eingesetzt werden könnte. Guy Liddell und Tomás Harris hatten bereits eine erste Idee entwickelt, wie dieser Seitenwechsel Pujols erklärt werden könne. Liddell notierte in seinem Tagebuch über ›Garbo‹ und sein Netzwerk:

»Wir sprachen ernsthaft darüber, wie wir seine eigene Organisation an die Russen verkaufen könnten. Tommys Plan ist es, ihn anonym an den sowjetischen Militärattaché in London schreiben zu lassen, bevor er nach Spanien aufbricht. Er würde ihm dann seine ganze Geschichte erzählen und ihm auch seine Codes verraten. Er würde ihnen sagen, dass er für die Engländer gegen Franco gearbeitet hatte und dass sie die Kommunikation zwischen uns und den Deutschen mithören könnten, um alle Informationen zu erhalten, die sie möchten, und sich so von seinen guten Absichten überzeugen könnten.«[256]

Doch dieser Plan wurde schnell wieder fallen gelassen. Auch weil Kim Philby vom MI6 strikt dagegen war. Er hatte sich mit dem Fall ›Garbo‹ seit Beginn seiner Agentenkarriere in Großbritannien beschäftigt. Erst Jahre später wurden die wahren Motive klar, weshalb Philby sein Veto gegen diesen Plan eingelegt hatte: Er war selbst jahrelang Doppelagent und für die Sowjetunion im Einsatz.

Die Briten versuchten, Pujol weiter dazu zu überreden, auf der Insel zu bleiben, und boten ihm als Anreiz noch einen Führungsposten bei der Eagle Star Versicherungsgruppe an. Aber er hatte sich bereits endgültig entschieden. »Ich wollte in Vergessenheit geraten, unerkannt bleiben und unauffindbar sein«, schrieb er.[257] Sein Ziel war Südamerika.

Wenige Wochen nach der deutschen Kapitulation würdigte der britische König George VI. auch die Verdienste von Tomás Harris bei der Operation ›Garbo‹. Für seine Arbeit mit Joan Pujol verlieh er ihm Ende Mai einen hohen Verdienstorden und zeichnete ihn als Offizier des Ordens vom britischen Empire (OBE) aus. Nach der Verleihungszeremonie folgte ein Treffen mit dem Oberbefehlshaber der alliierten Streitkräfte, General Dwight D. Eisenhower, der von Harris' Arbeit tief beeindruckt war und ihn in seinem breiten texanischen Akzent seiner Anerkennung versicherte.

»Wissen Sie, Mr. Harris, Ihre Arbeit mit Mr. Pujol entspricht wahrscheinlich dem, was eine ganze Armeedivision leisten konnte. Sie haben viele Menschenleben gerettet.« Eisenhower stand auf, nahm seine Hand und sagte: »Ich danke Ihnen, Mr. Harris. Ich danke Ihnen vielmals.«[258]

Pujols Zeit in England neigte sich dem Ende zu. Araceli und die beiden Kinder Joan junior und Jorge waren bereits am 1. Mai nach Spanien zurückgeflogen worden. Zuvor hatte sich wegen ihrer Rückkehr nach Spanien ein wochenlanger Konflikt, der einer Zerreißprobe glich, zwischen Araceli und dem MI5 abgespielt. Nochmals hatten die Geheimdienstler einen ihrer gefürchteten Temperamentsausbrüche ertragen müssen. 1943 hatte sich Araceli noch fast danach verzehrt, nach Spanien zurückzukehren. Sie war sogar bereit gewesen, ihren Mann Joan dafür zu verraten, nachdem sie erfahren hatte, dass ihr Liebhaber, ein britischer Marineoffizier, in deutsche Gefangenschaft geraten sei und wohl nicht mehr nach England zurückkommen werde. Jetzt war auf einmal alles anders.

Der MI5 hatte bereits im April 1945 alles vorbereitet, damit sie und die Kinder schnell nach Spanien zurückkehren könnten. Doch ganz plötzlich hatte sie ihre Meinung geändert und behauptete auf einmal steif und fest, dass sie in England so glücklich wie nirgends sonst auf der Welt sei und möglichst für immer auf der Insel bleiben wolle. Dass Araceli von der einen auf die andere Sekunde ihre Meinung ändern konnte, was sich dann auch auf ihre Gemütslage auswirkte, daran waren die Beamten, die mit ihr zu tun hatten, längst gewöhnt. Sie war keine sonderlich gute Schauspielerin, und auch dieses Mal fiel es ihnen nicht schwer, ihre wahren Motive zu erkennen. Guy Liddell vom MI5 notierte in seinem Tagebuch ihre wahren Gründe:

»Leider hat sie davon erfahren, dass der Marineoffizier, mit dem sie vor einiger Zeit ein Verhältnis hatte und der danach in Kriegsgefangenschaft geriet, freigelassen worden ist und in naher Zukunft zurückkehren wird. Wir erzählen ihr, dass es jetzt zu spät für sie ist, ihre Meinung zu ändern, und hoffen, dass sie diesen Standpunkt akzeptieren wird.«[259]

Der Druck auf Araceli nahm erbarmungslos zu. Der MI5 machte ihr mit aller Härte und unmissverständlich klar, dass sie in London keine Zukunft haben werde, und ließ ihr zum Schluss keine Wahl mehr. Ihren britischen Liebhaber sah sie nie wieder.

Auch für ihren Ehemann ging wenig später seine Zeit in Großbritannien zu Ende. Joan Pujol verließ Großbritannien so, wie er vor gut drei Jahren gekommen war. Es war ein sonniger Junitag, als er in Southampton eines der großen Sunderland-Flugboote bestieg. Direkt hinter ihm verschwand Tomás Harris im mächtigen Bauch der Maschine und nahm neben ihm Platz. Das viermotorige Flugboot hinterließ auf der glatten See eine lange, weiße Gischtlinie, als es in westlicher Richtung abhob. Nach 24 Stunden landeten die beiden in Baltimore, im US-Bundesstaat Maryland. Von dort ging die Reise weiter nach Washington, DC. Auch in den USA war in den vergangenen Monaten aufmerksam registriert worden, welche Rolle ›Garbo‹ beim Erfolg des D-Days gespielt hatte, und die Amerikaner bewunderten den Doppelagenten aus Katalonien. Ein Mitarbeiter von FBI-Direktor J. Edgar Hoover hatte vorab ein Telegramm nach London geschickt und die britischen Kollegen darum gebeten, »›Garbo‹ jegliche Unterstützung zu gewähren«.[260] FBI-Chef Hoover wollte Pujol unbedingt persönlich empfangen, und lud ihn und Harris nach ihrer Ankunft in sein Haus ein, wo die drei in einem unterirdischen Raum zu Abend aßen. »Hoover war die ganze Zeit sehr freundlich und sehr interessiert an meiner Rolle als Doppelagent. Aber er bat mich nie, für ihn zu arbeiten«, so Pujol.[261]

Harris und er verbrachten noch einige Tage in New York. Dann reisten sie weiter nach Kuba und Mexiko und später quer durch Südamerika, auch um für Pujol einen neuen Wohnort zu finden. Nach einiger Zeit ließ Harris Pujol allein weiterziehen, kehrte selbst erst nach London zurück und reiste später nach Madrid. Denn hier wartete bald noch Arbeit auf ihn und Pujol. Die Briten hatten zunehmend den Verdacht, dass sich die Abwehr trotz der Kapitulation neu organisieren könnte. Pujol sollte sich deshalb noch ein letztes Mal mit seinen deutschen Agentenführern treffen, um Genaueres herauszufinden.

Nun kam also die Zeit, in der er seinen letzten Auftrag erfüllen musste. Noch einmal reiste er nach Europa. In Venezuela bestieg er ein Schiff, es trug den Namen »Kap der guten Hoffnung«. Sein Ziel war der Hafen von Barcelona, den er nach vielen Zwischenstopps erreichte. Von dort ging es weiter nach Madrid, wo er Tomás Harris wieder traf und auch Desmond Bristow vom MI6, der ihn in seiner Anfangszeit in London in der Crespigny Road mit verhört und ausdauernd getestet hatte. Die drei Männer legten in den kommenden Tagen ihre Strategie fest. Es ging darum, wie Joan Pujol am besten herausfinden könne, ob die ehemaligen

Abwehrmitarbeiter Karl-Erich Kühlenthal und Friedrich
Knappe-Rathey neue Pläne hätten.

Madrid, 20. August 1945

So wie es ihm die Abwehr in ihrer letzten Nachricht aufgetragen hatte, machte sich Joan Pujol an diesem Montag-
abend auf zur Café Bar La Moderna. Er saß wie verabredet
im hinteren Teil des Lokals, eine Ausgabe der *London News*
in der Hand, doch er wartete vergebens. Niemand ließ sich
blicken. Deshalb nutzte er die kommenden Tage in Madrid,
um bei einigen Tarnadressen, die ihm die Deutschen in den
vergangenen Jahren gegeben hatten, vorbeizugehen, in der
Hoffnung, irgendetwas über Knappe-Rathey oder Kühlenthal herauszubekommen. Stundenlang lief er durch die
Straßen Madrids – immer wieder hatte er an den Türen
geklingelt, manchmal wurde ihm geöffnet, doch auf seine
indirekten Fragen nach den beiden Abwehroffizieren hatte
er bislang immer nur ein Kopfschütteln oder Schulterzucken
erhalten. Die Abwehr existierte offiziell nicht mehr, und wer
etwas wusste, schien das lieber für sich zu behalten.

Dann besann er sich auf die naheliegendste und letzte
Möglichkeit und ging zur Wohnung von ›Federico‹ in der
Calle Viriato 73. Vor dem Haus standen mächtige Götter-
bäume, die mit ihren Blättern das vierstöckige Haus in
Schatten tauchten. Ein Portier öffnete die Tür, und Pujol
begann mit dem Mann zu plaudern. Große Hoffnungen
machte er sich nicht mehr.

»Señor, haben Sie eine Ahnung, wo Friedrich Knappe stecken könnte? Ich habe dringende Nachrichten für ihn«,
wagte Pujol noch einen letzten Versuch. Auf die Frage schüttelte auch der Portier nur den Kopf. Doch er schien weiter zu
überlegen.

»Keine Ahnung«, sagte er nach einer sehr langen Pause

und zuckte unentschlossen mit den Schultern. »Aber vielleicht weiß seine Schwester mehr«, sagte der alte Mann. »Sie ist oben in der Wohnung.« Dann bat er Pujol herein.

›Federicos Schwester war mehr als hilfsbereit. Ihr Bruder, so erzählte sie Pujol, sei vor einiger Zeit in einen Ort namens Caldes de Malavella gezogen, ein Thermalbad nordwestlich von Barcelona, nahe der Costa Brava. Dort stünden er und zahlreiche andere deutsche Offiziere unter Arrest.[262] Das war zumindest eine Spur, und Pujol verabschiedete sich rasch von ihr. Er hatte keine Zeit mehr zu verlieren und machte sich auf den Weg Richtung Costa Brava.

Caldes de Malavella, 29. August 1945

In dem kleinen Dorf musste Pujol nicht lange suchen, bis er seinen ehemaligen deutschen Führungsoffizier gefunden hatte. Er ging in eine der Bars an der Hauptstraße; schnell kam er mit einigen Dorfbewohnern ins Gespräch und war sich rasch sicher, wo ›Federico‹ zu finden sei. Der ehemalige deutsche Abwehrmitarbeiter wohnte in einem gediegenen Haus direkt an der Promenade. Pujol klopfte an seine Tür, niemand öffnete ihm. Noch ein Versuch, wieder nichts. Pujol fiel nichts Besseres ein, als sich auf die Schwelle zu setzen und erst einmal nachzudenken. Wie würde ›Federico‹ reagieren, wenn er hier überraschend auftauchte? Würde er sich selbst dadurch in große Gefahr begeben?

Sehr lange passierte in der Mittagshitze gar nichts, dann geschah das Unerwartete. Joan Pujol schaute nach oben in die grelle Sonne und hielt sich die Hand vor die Stirn. Über ihm stand plötzlich ein Mann vor der Tür. Es war tatsächlich ›Federico‹, der nach Hause gekommen war. Er konnte nicht verbergen, wie überrascht er vom plötzlichen Auftauchen seines Agenten ›Alaric Arabel‹ war, und erst recht nicht, wie nervös ihn das machte.

»Hola, ›Federico‹! Wir haben uns lange nicht gesehen«, sagte Pujol und versuchte dabei möglichst harmlos auszusehen. »Willst du mich nicht hereinbitten?«

›Federico‹ zögerte, sein Blick war gehetzt, er schien sich in seiner Haut nicht wohlzufühlen. Spanien war für die ehemaligen Abwehrmitarbeiter und Wehrmachtssoldaten ein relativ sicherer Platz, obwohl viele jetzt interniert waren und ihren Wohnort nicht mehr frei wählen konnten. Die Gruppe um ›Federico‹ lebte hier aber mehr oder weniger ungestört, es war den Internierten lediglich verboten worden, den Ort zu verlassen, und sie wurden von der Polizei hin und wieder kontrolliert.

Aber viele deutsche Geheimdienstmitarbeiter schienen große Angst davor zu haben, dass sie von ihren alliierten Gegenspielern entführt oder umgebracht werden könnten. Immer wieder blickte Friedrich Knappe-Rathey in beiden Richtungen die Promenade entlang und schien prüfen zu wollen, ob irgendjemand Pujol gefolgt war.

»Ich bin in einer sehr schwierigen Lage. Ohne die Erlaubnis des Bezirkskommandanten der Polizei darf ich keinen Besuch empfangen«, sagte er mit stockender Stimme. Hinter ihm hatte die ganze Zeit in gehöriger Entfernung seine Frau Johanna gewartet, die es nicht gewagt hatte, näher zu kommen, und sich ebenfalls andauernd umsah.

»Folge mir und meiner Frau mit großem Abstand«, sagte ›Federico‹, drehte sich um und lief auf einmal los. Das Ehepaar Knappe-Rathey ging mit raschen Schritten die Straße entlang Richtung Ortsausgang. Pujol ließ ihnen mehrere Hundert Meter Vorsprung, verlor sie aber keinen Moment aus den Augen. Eine gefühlte Ewigkeit ging das so. Ein paar Kinder rasten auf ihren Fahrrädern lärmend durch die Gassen des Dorfes. Dann wurde es immer stiller, sie hatten den Ortsausgang erreicht. Welches Ziel hatte ›Federico‹? Die drei passierten die letzten Häuser des Dorfes, ein steiniger Feldweg schlängelte sich eine Anhöhe hinauf, die zu einem lichten Eichenwald führte. Als sie die ersten Bäume erreicht hatten, drehte sich ›Federico‹ plötzlich zu Pujol um.

»Wie ist es möglich, dass du mich gefunden hast?« fragte er. Pujol blieb dieses eine Mal ganz bei der Wahrheit.

»Ich habe deine Schwester gefragt.«

Seit Februar 1945, erzählte ›Federico‹, war er nun hier schon auf Druck der Alliierten zusammen mit anderen Deutschen interniert worden. »Die Alliierten werden mir und meiner Familie große Schwierigkeiten bereiten. Sie werden wohl versuchen, mich nach Großbritannien oder Deutschland ausliefern zu lassen, um mich dort in einem Lager festzuhalten. Aber das wird nicht passieren, vorher werde ich in Spanien untertauchen.« Mit allen Mitteln wollte Knappe-Rathey seine Abschiebung nach Deutschland verhindern. Ehemalige Kollegen aus der deutschen Botschaft in Madrid versuchten dies für ihn immer wieder hinauszuzögern.

Joan Pujol hörte aufmerksam zu und bot Knappe-Rathey großzügig seine Hilfe für die Zukunft an. Dann lenkte er das Gespräch auf ›Federicos‹ Kollegen, Karl-Erich Kühlenthal.

»Er lebt nicht hier. Du findest ihn in Ávila, im Parador del Rastro«, verriet ihm ›Federico‹ den Aufenthaltsort seines früheren Vorgesetzten Kühlenthal freimütig.

Pujol besaß damit die Informationen, an die er kommen wollte. ›Federico‹ verharrte bis zum Schluss des Gesprächs in heller Aufregung und schien unbändige Angst zu haben, gemeinsam mit Pujol gesehen zu werden.[263] ›Federico‹ fragte ihn noch nach dem Wohlergehen aller seiner Agenten innerhalb und außerhalb Großbritanniens, und Pujol gab seinem ehemaligen Führungsoffizier bereitwillig Auskunft. Das Gespräch dauerte weniger als eine Stunde. Dann verabschiedeten sich die beiden Männer, ohne ein weiteres Treffen zu vereinbaren.[264]

›Federico‹ hatte auf Pujol einen traurigen Eindruck gemacht. Er schien über seine persönliche Lage ebenso bestürzt zu sein wie über die deutsche Kapitulation. Die Sonne hatte ihren Zenit längst überschritten. Pujol ließ ›Federico‹ und seine Frau im Wald zurück und lief mit schnellen Schritten den Abhang hinunter – den ersten Teil seiner letzten Mission hatte er hinter sich.

Nur wenig später machte er sich erneut auf die Reise, um nach Karl-Erich Kühlenthal zu fahnden. Als er in Ávila eintraf, sah er vor sich die mächtige, alte Stadtmauer aus dem 11. Jahrhundert mit ihren 88 Türmen und durchschritt eines der Tore. Er lief direkt zum Parador del Rastro, wo sich sein ehemaliger deutscher Agentenführer aufhalten sollte. Durch seine guten Kontakte zu den spanischen Behörden hatte Kühlenthal die Erlaubnis erhalten, in Ávila wohnen zu dürfen, und war nicht interniert worden.

Zögernd klopfte Pujol an die Tür. Mehr als vier Jahre waren vergangen, seit Kühlenthal seinen Agenten ›Alaric Arabel‹ in Madrid verabschiedet und auf seine Reise nach Großbritannien geschickt hatte. In Pujol stieg ein Gefühl der Beklemmung auf. Hatte Kühlenthal ihn über die Jahre hinweg ebenso getäuscht wie er ihn und nur darauf gewartet, Pujol direkt treffen zu können? Hatte der ehemalige Abwehroffizier die Absicht, Pujol in Bedrängnis zu bringen? Er versuchte seine Gedanken zu kontrollieren. Dann klopfte er nochmals. Kühlenthals Frau Ellen kam zur Tür, er stellte sich knapp vor und bat darum, ihren Mann sprechen zu dürfen. Sie führte ihn in ein kleines Wohnzimmer mit nur wenigen Möbeln. Das Zimmer lag im Halbdunkel, die Gardinen waren zugezogen. Am Ende des Raumes sah Pujol ›Don Carlos‹ in einem Sessel sitzen. Im Vergleich zu ›Federico‹ schien er deutlich bescheidener zu residieren, dachte Pujol noch und ärgerte sich über diesen unnützen Gedanken, der ihm hier als Erstes in den Sinn kam. Noch etwas war anders: Der frühere Sonderführer der Abwehr schien sich sichtlich zu freuen, als plötzlich und unvermittelt sein Agent ›Alaric‹ vor ihm stand. Kühlenthal erhob sich, bot Pujol zuvorkom-

221

mend einen Platz an, und begann, ohne dass Pujol ihm eine Frage gestellt hatte, über seine eigene Zukunft zu sprechen.

»Ich habe das Unheil schon seit Langem kommen sehen. Es wird nicht mehr möglich sein, Deutschland wieder aufzubauen, und du wirst verstehen, dass ich der Zukunft nicht mit Freude entgegensehe. Ich habe schon zwei Mal ganz von vorn anfangen müssen. Einmal, als ich von Deutschland nach Spanien kam, und das zweite Mal während des Spanischen Bürgerkriegs, in dem ich alles verloren habe, auch meine Wohnung. Jetzt muss ich wieder neu beginnen.«

Kühlenthal erzählte Pujol auch, wie sehr er unter der Ideologie der Nationalsozialisten gelitten habe. Er habe sich jedoch immer verpflichtet gefühlt, als Deutscher sein Land zu verteidigen.[265]

Dann sprachen die beiden Männer über das ›Alaric‹-Netzwerk. Pujol berichtete seinem ehemaligen Führungsoffizier detailliert, wie es all seinen Mitagenten gehe. Kühlenthal schien noch immer von den Führungsqualitäten seines Agenten ›Alaric‹ angetan zu sein. Besonders interessierte ihn, wie Pujol es geschafft hatte, nicht vom britischen Geheimdienst enttarnt zu werden.

»Niemand außer dir hätte diese großartige Arbeit, die du jetzt beendet hast, so leisten können. Niemand war dafür besser geeignet als du«, schmeichelte Kühlenthal ihm. Pujol musste kurz lächeln, seine wahren Gedanken behielt er lieber für sich.

»Hast du nie geglaubt, dass ich ein bisschen verrückt bin, weil ich dir so viele, lange Briefe geschrieben habe?« Kühlenthal schüttelte energisch den Kopf.

»Im Gegenteil. Diese Briefe waren mir doch ein Beweis für deine guten Absichten und deine Ehrlichkeit. In diesen Briefen drückt sich doch eine normale psychologische Reaktion aus: die eines gewissenhaften Menschen, der dazu gezwungen worden ist, ganz allein unter widrigsten Umständen zu arbeiten, im Lager des Feindes. Es war doch normal, dass jeder unter solchen Bedingungen unbedingt seine persönlichen Gefühle denjenigen gegenüber ausdrücken wollte, denen er als Einzigen vertrauen konnte.«[266]

Pujol hatte nicht vergessen, weshalb Harris ihn aufgefordert hatte, Kühlenthal nochmals aufzusuchen.

»Gibt es Pläne, das Netzwerk mit Agenten und früheren Mitarbeitern der Abwehr wieder zu aktivieren?«, fragte Pujol sein Gegenüber.

»Unter den momentanen Bedingungen ist daran überhaupt nicht zu denken«, sagte ›Don Carlos‹ und winkte ab.

Dann fragte ›Don Carlos‹ seinen Agenten noch, ob Pujol ihm dabei helfen könne, nach Südamerika zu reisen. Pujol versprach ihm, sich über mögliche Fluchtwege Gedanken zu machen. ›Don Carlos‹ schien keinerlei Kontakt mehr zu ehemaligen Abwehrmitarbeitern zu besitzen, und Pujol hatte auch nicht den Eindruck, dass der ehemalige Sonderführer daran arbeitete, eine Nachfolgeorganisation aufzubauen. Das Gespräch zwischen beiden dauerte nun schon mehr als drei Stunden.

»Was sind deine Pläne für die Zukunft?«, fragte Kühlenthal zum Schluss seinen ehemaligen Agenten ›Alaric Arabel‹.

»Da ich dir keine Dienste mehr in Spanien leisten kann, werde ich das Land schnell verlassen. Ich habe das Gefühl, dass ich von britischen Agenten verfolgt werde und dass sie mich früher oder später festnehmen werden, wenn ich hier bleibe. Ich gehe nach Portugal und versuche dann nach Südamerika zu reisen.«

»Und wie kommst du von Spanien nach Portugal?«, fragte Kühlenthal.

»Auf geheimen Wegen«, antwortete Pujol knapp.[267] Er reichte Kühlenthal die Hand und gab ihm noch die Adresse seiner Familie in Spanien. Dann verabschiedete er sich von seinem ehemaligen Führungsoffizier und zog die Tür des Wohnzimmers hinter sich zu. Hatte Karl-Erich Kühlenthal

223

sein Spiel der Täuschung nur mitgespielt, um innerhalb der Abwehr keine Schwierigkeiten zu bekommen? Hatte er wirklich die ganzen Jahre über seinem Agenten geglaubt? Auf diese Fragen bekam Pujol keine Antwort mehr. Es war das letzte Mal, dass sich die beiden Männer sahen.

Pujol reiste direkt nach Lissabon. Dort wartete bereits Tomás Harris zusammen mit Eugene Risso-Gil, dem Verbindungsmann des MI6 in Portugal, der Pujol vor drei Jahren aus Lissabon nach Gibraltar geschmuggelt hatte. Beide platzten fast vor Neugier zu hören, was Pujol über seine Gespräche mit Knappe-Rathey und Kühlenthal zu erzählen hatte. Bis zum Morgengrauen feierten die drei ihr Wiedersehen in den Bars der Stadt.

Ávila, 18. Oktober 1945

Die Felder und Wiesen rund um die Stadt Ávila waren vom langen Sommer ausgedörrt und lagen mattbraun in der Oktobersonne. Hier, in über 1000 Metern Höhe, brach der Herbst viel früher herein als anderswo. An einem der windigen Herbsttage tauchte eine Frau in der Stadt auf, die hier ebenfalls nach Karl-Erich Kühlenthal Ausschau hielt und ihm bestens bekannt war. Es war Pujols Frau Araceli, die den deutschen Agentenführer dringend sprechen wollte.[268] Den wahren Grund ihres Besuchs hatte sie ihm ganz offen angekündigt: Sie wollte sich nicht länger abspeisen lassen und das seit Langem noch ausstehende Restgeld für die Agentendienste ihres Mannes jetzt direkt bei ihm eintreiben.

Als Araceli bei ihm eintraf, entschuldigte sich Kühlenthal in aller Form bei ihr und sagte, dass die Außenstände natürlich sofort ausbezahlt werden würden.

»Ich betrachte diese Summe als Ehrenschulden, Señora. Darf ich Sie noch etwas fragen?« Araceli schaute Kühlenthal in die Augen und nickte.

»Könnte ich mich in Ihrem Haus in Lugo verstecken? Es liegt nahe zur portugiesischen Grenze. Ich muss alles versuchen, damit ich nicht nach Deutschland zurückgeschickt werde.«[269]

Araceli ging auf dieses Ansinnen nicht näher ein und verabschiedete sich kurz angebunden, nachdem ihr Kühlenthal nochmals pflichtschuldig versichert hatte, das Geld rasch zu übergeben.

Und Kühlenthal hielt Wort. Araceli bekam einige Tage nach ihrem Besuch in Ávila von einem Boten 35 000 Peseten in bar. Als Joan Pujol davon erfuhr, dass sich seine Frau heimlich mit Kühlenthal getroffen hatte, verlor er die Beherrschung – und zwar komplett. Ein solches Treffen hatte er ihr strikt verboten, und die Auseinandersetzung der beiden Eheleute darüber überschritt alle Grenzen. Am 29. Oktober erschien Araceli in ihrer Verzweiflung im MI6-Büro in Madrid und beschwerte sich bitter über ihren Ehemann.

»Er hat mir am Telefon die unverzeihlichsten Sachen gesagt«, berichtete Araceli dem MI6-Beamten mit tränenerstickter Stimme. »Ich werde alle Bande zu ihm und auch zu Ihnen kappen. Es ist eine Schande, dass es in diesem Land keine Scheidung gibt.«[270]

Der Beamte, der Araceli angehört hatte und selbst kaum zu Wort gekommen war, schrieb in seiner Aktennotiz von einem »launenhaften Wutanfall«, den er miterleben musste. Araceli, so berichtete er, sei kaum noch zu bändigen gewesen. Der MI6 hatte schwere Bedenken wegen ihres eigenmächtigen Verhaltens, denn die Gefahr bestand, dass sie weiter Kontakt zu den Deutschen suchen würde. Tomás Harris notierte besorgt:

»Sollte sie mit Kühlenthal und seinen Freunden eine enge Verbindung eingehen, könnte sie uns in Schwierigkeiten bringen. Was mich aber noch mehr beunruhigt, ist die Tatsache, dass ›Garbo‹ noch immer in Lissabon ist. Wenn seine Frau weiter Ärger macht, könnte er seine Pläne noch ändern und nach Spanien zurückkehren, um mit ihr fertig zu werden. Das kann zu unermesslichen Verwicklungen führen.«[271]

Pujol selbst fürchtete, dass Araceli versuchen könnte, die Abwehr zu erpressen. Ein solcher Versuch hätte auch ihn nochmals in größte Gefahr bringen können. Er nannte seine Frau eine »Abenteurerin, die wahrscheinlich ihre Abenteuer mit den Deutschen erneuern möchte – vielleicht von der Idee beeinflusst, dass sie noch mehr Geld von ihnen bekommen könnte, wenn sie mit ›Garbo‹ bricht«.[272]

Nach wilden Diskussionen und heftigen Streitereien beruhigten sich die beiden Eheleute wieder. Joan und Araceli versöhnten sich; offenbar hatte sie doch nur in bester Absicht versucht, für ihren Mann das ausstehende Geld von Kühlenthal einzutreiben.

Der war plötzlich verschwunden, ohne irgendeine Spur zu hinterlassen. ›Tar‹ Robertson und Tomás Harris wollten ihn so schnell wie möglich verhören und in die britische Zone nach Deutschland bringen lassen, auch, wie Robertson in einem Memorandum notierte, »um künftig die Sicherheit von ›Garbo‹ als Doppelagent bewahren zu können«.[273]

Doch Kühlenthal wollte nicht in die Hände der Amerikaner oder Engländer fallen. Mit seinen hervorragenden Kontakten in Spanien und Portugal war es ihm ein Leichtes unterzutauchen.[274] In den kommenden Monaten versuchte der MI6, ihn zu finden – ohne Erfolg. Als schließlich US-Soldaten seine Spur aufgenommen hatten und ihn hätten festnehmen können, hatte er kurz zuvor einen Hinweis erhalten und war ins kantabrische Gebirge geflohen. Alle Versuche, ihn noch zu finden, scheiterten.

Vorausschauend hatte sich Karl-Erich Kühlenthal schon länger sehr intensiv mit der Zeit nach dem Krieg beschäftigt. So war er noch 1944 nach Deutschland gereist, um in Koblenz an Gesprächen über die zukünftigen Regelungen der Teilhaberschaft an der Wein- und Sektkellerei Deinhard innerhalb der Familie Wegeler teilzunehmen. Das Unternehmen sollte auf die Zeit des Wiederaufbaus nach dem Krieg vorbereitet werden. Als Mitglied der Familie war er auch von einigen Teilhabern gebeten worden, als Sprecher des Unternehmens zu agieren.[275] Doch diesem Wunsch folgte er nicht. Bis er nach Deutschland zurückkehren konnte, sollte es noch einige Zeit dauern.

Der MI5 gab Pujol nun die Hälfte des Geldes, das ihm die Abwehr während seiner Agentenzeit bezahlt hatte. Geld hatte auf deutscher Seite offenbar keine Rolle gespielt, denn die Abwehr hatte stets direkt spanische Peseten in britische Pfund Sterling umgetauscht – und das zum wenig vorteilhaften Zweieinhalbfachen des üblichen Wechselkurses. Von der Gesamtsumme erhielt Pujol sogar etwas mehr als die Hälfte – genau 17 554 Pfund (heute ein Wert von knapp 750 000 Euro).[276] Pujol drängte darauf, Europa schnell wieder verlassen können.

»Ich hatte Angst, dass sich die Deutschen rächen würden. Sie mussten denken, dass ich einer der größten Betrüger war«, erinnerte er sich.[277] Pujol sehnte sich nach künftiger Abgeschiedenheit.

»Ich wollte an einem sicheren und bequemen Ort leben, dessen Zukunft blühend aussah und der frei war von nationalistischem Extremismus. Ich entschied mich für Venezuela«, schrieb er.[278]

Caracas, November 1945

Wieder einmal frisch versöhnt und mit viel Geld in der Tasche hatten Araceli und Joan Abschied von Europa genommen. Mit ihren beiden kleinen Kindern waren sie endlich auf dem Weg nach Venezuela, unterwegs in ein anderes Leben. Tomás Harris und sein Kollege Anthony Blunt – ein früherer renommierter Kunsthistoriker, jetziger MI5-Mitarbeiter und Doppelagent für die Sowjetunion – hatten Pujol für die Ankunft in Lateinamerika mit einer neuen Legende ausgestattet. Blunt bestätigte, dass Pujol ein weltweit führender Kunstexperte sei, der den Einfluss spanischer Kunst auf südamerikanische Länder untersuche. Pujol erhielt ein offizielles Schreiben des renommierten Courtauld-Instituts der Universität London, in dem ihm umfangreiches Expertenwissen und seine wichtige Forschungsarbeit bescheinigt wurden. Blunt hatte ihm zu diesem Thema zahlreiche Vorträge gehalten, mit dem Ziel, dass Pujol nicht sofort als Laie auffallen würde. Tomás Harris stellte ihm aus seiner eigenen Sammlung einige Bilder zur Verfügung, für die Pujol, falls er sie tatsächlich verkaufen könnte, 50 Prozent Provision erhalten sollte.[279]

Aus der geplanten unauffälligen Ankunft des frischgebackenen Kunstexperten in Caracas wurde jedoch nichts. Pujols Eintreffen wurde in der Presse angekündigt, und die spanische Botschaft in Venezuela vermutete sogar, dass Pujol hier Kunstwerke zu verkaufen versuchte, die während des Bürgerkriegs illegal aus Spanien herausgeschafft worden waren. Die venezolanischen Behörden begannen gegen die Pujols zu ermitteln, stellten dies aber schon bald wieder ein.[280]

Nach zwei Jahren in Caracas zog Pujol mit seiner Familie nach Valencia, gut 180 Kilometer östlich von der Hauptstadt Venezuelas gelegen. Wieder einmal begann er von vorn und kaufte eine große Farm. Mit aller Macht suchte er die Einsamkeit.

»Ich wurde nicht belästigt. Niemand wusste um meine Vergangenheit. Niemand wusste, was ich im Zweiten Weltkrieg getan hatte«, schrieb er später.[281]

Doch seine Ruhe währte nicht lange, und wie schon in seinem Heimatland Spanien unter Franco wurde Pujol erneut das Opfer politischer Wirren. In Venezuela putschte eine Gruppe unter Verteidigungsminister Carlos Delgado

Chalbaud, der danach zum Präsidenten einer Militärjunta eingesetzt wurde. Viele Güter fielen auf Befehl der Junta an die ehemaligen Besitzer zurück – notfalls unter Einsatz von Gewalt, wenn sich die jetzigen Inhaber nicht freiwillig davon trennen wollten. Auch Großgrundbesitzer wurden Opfer dieser Umverteilungen, und die neue Politik traf Pujol mit ganzer Härte. Sein Gut wurde niedergebrannt, und er wurde schließlich gezwungen, es zu verkaufen – zu einem Viertel des ursprünglichen Preises.[282]

Auch privat verließ ihn erneut das Glück. Anfangs schien es noch, als ob in Venezuela vieles zwischen Araceli und Joan wieder harmonischer lief, seitdem sie die Isolation in London und das monotone Leben in der Crespigny Road hinter sich gelassen hatten. Ein deutlicher Beweis schien die Geburt ihres dritten Kindes, Maria Eugenia, zu sein. Doch dann erreichten beide 1948 den Punkt, an dem das stetig Spannungen ausgesetzte Band zwischen ihnen endgültig zerriss. Araceli konnte sich nie an das Landleben in Venezuela gewöhnen, Joan hingegen lebte noch immer in der Furcht, enttarnt zu werden, und wollte auf keinen Fall nach Europa zurückkehren. Nach einer schier endlosen Folge von Streitereien und Versöhnungen trennten sich die beiden endgültig.

Joan Pujol blieb allein in Venezuela, Araceli kehrte mit ihren zwei Söhnen Joan junior und Jorge und der neugeborenen Maria Eugenia Ende Juni 1948 nach Spanien zurück.[283] Erst zog sie nach Lugo, später nach Madrid. Sie war plötzlich alleinerziehende Mutter dreier Kinder, und es ging ihr zunächst erbärmlich. Das Geld war sehr knapp, doch Araceli war zäh und gab niemals auf. Zunächst betreute sie hochrangige Gäste aus Diplomatendelegationen und begleitete sie durch die Stadt. Später betrieb sie zusätzlich eine Pension in der Nähe der britischen Botschaft in Madrid. Die Briten erinnerten sich sehr gut an die Frau von ›Garbo‹ und empfahlen Aracelis Pension in ihren Kreisen. Immer mehr Diplomaten stiegen nun bei ihr ab und sicherten damit ihre Existenz.[284]

Zu ihrem Mann Joan gab es keinen Kontakt mehr. Es war der britische Botschafter in Madrid, der ein Jahr, nachdem Araceli zurückgekehrt war, eine bestürzende Nachricht bekannt gab: Joan Pujol war in Angola an Malaria gestorben. Was er in dem Land im Südwesten Afrikas getan hatte, darüber hüllten sich die offiziellen Stellen in Schweigen. Später tauchten Gerüchte auf, er sei am Biss einer Giftschlange gestorben. Araceli war völlig überraschend zur Witwe geworden. ›Garbos‹ letzte Spur war endgültig getilgt.

In den kommenden Jahren verlief Aracelis Leben mühsam, sie hielt sich und die Kinder zusätzlich zu den Einkünften aus der Pension mit verschiedenen kleineren Jobs über Wasser, unter anderem arbeitete sie als Dolmetscherin. Dieser Job führte schließlich 1956 zu einer Wende in ihrer Situation, als nämlich der US-Amerikaner Edward Kreisler in ihr Leben trat. Kreisler, ein ehemaliger Autohändler, wollte sich in Spanien dauerhaft etablieren, in der Hauptstadt ein neues Geschäft eröffnen und Kunsthandwerk verkaufen. Der Tourismus steckte in Spanien in seinen Anfängen, und Kreisler plante, die Branche zu wechseln und mit Souvenirs zu handeln. Araceli stand dem attraktiven Amerikaner als seine Dolmetscherin und Sekretärin zur Verfügung, sie war von Kreisler sofort fasziniert.

Der Mann aus Ohio besaß eine bewegte Vergangenheit. Kreisler stammte aus einer wohlhabenden Familie, hatte in jungen Jahren Engagements als Schauspieler am Broadway in New York gehabt und in den Zwanzigerjahren als Double für den großen Stummfilmstar Rudolph Valentino gearbeitet. Für Araceli war er die dritte große Liebe ihres Lebens. Nie hatte sie übrigens den Verdacht ganz fallen gelassen, dass Joan Pujol noch leben könnte. Deshalb versuchte sie noch ein letztes Mal, mit ihm in Kontakt zu kommen, um ihn um die Annullierung ihrer Ehe zu bitten, damit sie

Kreisler heiraten konnte. Doch es gab kein Lebenszeichen von ihm.[285]

Sie und Kreisler heirateten 1958 in Gibraltar. Die drei Kinder, die Araceli gemeinsam mit Joan Pujol hatte, wurden von Kreisler adoptiert und trugen fortan seinen Namen. Das Glück schien zu ihr zurückgekehrt zu sein. Aracelis und Edwards Souvenirgeschäft, das den Namen »Festival« trug, florierte, täglich kamen Hunderte Kunden. Die Kreislers expandierten und eröffneten 1965 eine Kunstgalerie. In den folgenden Jahren kamen Ableger der Galerie in New York und Barcelona hinzu. Araceli und ihr neuer Ehemann Edward wurden zum festen Teil der oberen Madrider Gesellschaft, das Paar sorgte für Glanz bei Empfängen. Und beide waren selbst hervorragende Gastgeber – auch für viele Prominente aus dem Ausland, die sich in Spanien aufhielten: Schauspieler wie Charlton Heston, Sophia Loren, Roger Moore und auch Frank Sinatra kamen zu Besuch oder trafen sich mit den Kreislers in den besten Restaurants und Bars von Madrid.[286] Stets unterhielt Kreisler gute Kontakte zur US-Botschaft. Diese enge Verbindung zur Vertretung seines Heimatlands sorgte für Gerüchte, dass Araceli und Edward ihren Kunsthandel nur als Tarnung benutzten und in Wahrheit für die CIA in Madrid arbeiten würden. Belege dafür gab es nie.[287] Die Geschäfte liefen bestens, die Kreislers waren eine glückliche Familie, und bis heute besitzt ihre Galerie, die noch immer besteht, Weltruf. Endlich hatte Araceli gefunden, was sie in ihrer Zeit mit Joan Pujol so sehr vermisst hatte. Das Leben mit ihrem ersten Ehemann und die Wunden, die sich die beiden zugefügt hatten, lagen endgültig hinter ihr.

Die Erinnerung an ›Garbo‹ und seine Taten verblassten mit der Zeit. Für viele Jahre blieben Joan Pujol alias ›Garbo‹, die Operation ‹Fortitude› und die Arbeit des XX-Komitees streng gehütete Geheimnisse. Ab und zu blitzten Gerüchte auf, dass Pujol, obwohl sein Tod von britischer Regierungsseite offiziell verkündet worden war, noch immer lebe. Manchmal versuchten ehemalige Geheimdienstmitarbeiter oder Journalisten, etwas über ›Garbo‹ herauszufinden. Aber niemand kam auf eine echte Spur oder fand gar heraus, wer sich wirklich die ganze Zeit hinter dem Decknamen ›Garbo‹ verborgen hatte. Dafür sorgte auch die britische Regierung mit Nachdruck. 1970 wurde es zum Beispiel John C. Masterman, dem ehemaligen Vorsitzenden des XX-Komitees, verboten, seine Memoiren über die Arbeit der britischen Doppelagenten zu veröffentlichen. Er tat es trotzdem und brachte sein Buch 1972 in den USA heraus, trotz vorheriger Drohungen seitens der britischen Regierung, juristisch gegen ihn vorzugehen. Nachdem er 60 Passagen des Buches gestrichen hatte, hatten die Briten schließlich ihr Einverständnis zur Publikation gegeben. Aber auch Masterman verriet das Geheimnis um ›Garbo‹ nicht, und danach geriet ›Garbo‹ allmählich in Vergessenheit. Ganz so, wie er es selbst geplant hatte.

Zehn Jahre später verbot die britische Premierministerin Margaret Thatcher dem Historiker Michael Howard, eine offizielle Chronik der strategischen Täuschungen im Zweiten Weltkrieg zu veröffentlichen.[288] Thatcher wollte es im Kalten Krieg unbedingt vermeiden, Großbritanniens Bündnispartner Deutschland unnötig zu verärgern. Erst 1990, nach der deutschen Wiedervereinigung, kam Howards Buch auf den Markt.

Kapitel 13

Ein Anruf

London, 1981

Ihre Zweifel bestanden fort. Denn so ganz hatte Araceli nie daran geglaubt, dass Joan Pujol wirklich tot war, die Umstände seines Todes schienen ihr doch allzu mysteriös zu sein. Sie wusste, dass ihm alles zuzutrauen war. Trotz aller offiziellen Versuche, das Geheimnis zu bewahren, entbrannte die Jagd nach dem Mann, der ›Garbo‹ gewesen war, immer wieder aufs Neue. Alle ernsthaften Nachforschungen scheiterten jedoch rasch, denn nur wenige MI5- und MI6-Mitarbeiter waren überhaupt in den Fall eingeweiht gewesen und wussten, wie ›Garbos‹ echter Name lautete.

Ein Mann interessierte sich schon seit vielen Jahren besonders intensiv für ›Garbos‹ Schicksal. Es war der ehemalige konservative Abgeordnete im britischen Unterhaus, Rupert Allason, der den Wahlkreis Torbay in der Grafschaft Devon vertreten hatte. Unter seinem Pseudonym Nigel West war er neben seiner politischen Karriere zu einem der führenden Experten der Geschichte des britischen Geheimdienstes geworden. West ließ die Frage nicht los, ob ›Garbo‹ noch lebte. Auch er war sich absolut sicher, dass ›Garbo‹ nur abgetaucht war, und er setzte alles daran, dies zu beweisen.

West war von der britischen Regierung beauftragt worden, ein offizielles Buch über die Geschichte der britischen

Geheimdienste zu schreiben. Dafür interviewte er viele ehemalige MI5- und MI6-Mitarbeiter, unter ihnen auch Anthony Blunt, der Pujol vor seiner Abreise nach Venezuela mit der Legende ausgestattet hatte, ein renommierter Experte für spanische Kunst zu sein. Blunt war seit den Dreißigerjahren als Spion für die Sowjetunion tätig gewesen. Er war eines der Mitglieder der sogenannten »Cambridge-Five«, eines Spionagerings innerhalb des MI5, der für die Sowjetunion arbeitete. Neben Blunt gehörte auch Kim Philby zu dieser Gruppe.

Bei seiner Arbeit als Doppelagent hatte sich Blunt während des Zweiten Weltkriegs über alle Verbote hinweggesetzt, um möglichst viele Informationen für die Sowjetunion zu beschaffen. Immer wieder hatte er während der Mittagspause oder spät abends die Schreibtische seiner Kollegen durchsucht und so vieles über deren Fälle und die von ihnen geführten Doppelagenten herausgefunden. Die Existenz der »Cambridge-Five« war der britischen Regierung bereits seit Ende der Fünfzigerjahre bekannt, wurde aber erst 1979 offiziell von Premierministerin Margaret Thatcher zugegeben, nachdem ein Buchautor Einzelheiten über den Spionagering aufgedeckt hatte.

Für Nigel West wurde es bei seinen Recherchen zur Routine, am Ende seiner Interviews jeden Geheimdienstmitarbeiter zu fragen, ob er etwas über den Fall ›Garbo‹ wisse oder vielleicht sogar dessen echten Namen kenne. Das hatten alle seine Gesprächspartner bisher sofort verneint. Kaum verwunderlich, denn im britischen Geheimdienst galt das »Need to know«-Prinzip, das besagte, dass nur diejenigen Geheimdienstler, die unbedingt etwas über den jeweiligen Fall wissen mussten, auch eingeweiht waren. So galt die strikte Regel, dass der Führungsoffizier des einen Doppelagenten nichts über die Arbeit seines direkten Kollegen wusste, der einen anderen Doppelagenten führte. Das System sollte Agenten wie Geheimdienstmitarbeiter schützen. Anthony Blunt aber durchbrach dieses Prinzip, wo er nur konnte, und wusste dadurch viel mehr, als er wissen durfte.

Als Nigel West Blunt interviewte und auch ihm zum Abschluss seine Fragen zum Fall ›Garbo‹ stellte, waren seine Erwartungen nicht groß. Wie immer, so dachte West, würde auch Blunt routiniert auf das »Need to know«-Prinzip verweisen und abwinken. Doch es kam anders. Blunt besaß ein phantastisches Erinnerungsvermögen, und sein Wissen platzte jetzt förmlich aus ihm heraus.

»Ich habe 1944 mit Tomás Harris und ›Garbo‹ im Garibaldi-Restaurant in der Jermyn Street zu Mittag gegessen«, erzählte Blunt.

»Und können Sie sich noch an seinen echten Namen erinnern?«, fragte West mit angespannter Stimme.

»Ich glaube ja. Er hieß Joan oder José Garcia, ganz genau weiß ich es leider nicht mehr«, sagte Blunt.

Immerhin hatte West eine erste Spur. Problematisch blieb, dass es Hunderttausende von Menschen geben würde, die in Spanien den Allerweltsnamen Joan oder José Garcia trugen. Ohne weitere Informationen würde es sich nicht lohnen, überhaupt mit der Suche nach dem vermeintlich Richtigen zu beginnen.

Zwei Jahre vergingen, ohne dass West nennenswerte Fortschritte bei der Suche machte. Für ein anderes Buch interviewte er dann Desmond Bristow vom MI6, der ›Garbo‹ und dessen Schicksal von Anfang bis Ende aus der Nähe begleitet hatte. Zum Abschluss ihres Gesprächs über verschiedene Geheimdienstthemen stellte West auch Bristow seine Schlussfragen zum Fall ›Garbo‹. Dieses Mal wandte er eine List an, um Bristow aus der Reserve zu locken.

»Sie brauchen mir übrigens nicht den echten Namen von ›Garbo‹ zu nennen. Ich weiß, wie er heißt. Sein Name ist Joan Garcia«, sagte West.

Bristow reagierte darauf, wie er gehofft hatte.

»Nigel, das stimmt nicht ganz«, korrigierte Bristow ihn. »Er hieß mit vollem Namen Joan Pujol Garcia.«

Durch Geduld und einen kleinen Trick war West also doch noch an den vollen und echten Namen ›Garbos‹ gekommen. Übermäßige Hoffnung hegte er trotzdem nicht, denn die Suche nach dem einen, richtigen Joan Pujol Garcia würde weiter sehr mühsam bleiben.

Zu dieser Zeit beschäftigte West eine Haushälterin, die aus Spanien stammte. Sie hatte einen Neffen, der in Barcelona lebte. West sicherte sich dessen Dienste und bat ihn, sich die beste Quelle für Geheimdienstinformationen aller Art vorzunehmen – ein Telefonbuch. Er sollte jeden in Barcelona anrufen, der den Namen Joan Pujol Garcia trug.

Sein Rechercheur, José Escoriza, meldete sich schnell wieder. Er hatte das Telefonbuch durchgesehen und war leicht desillusioniert.

»Es gibt fast 300 Menschen in Barcelona, die Joan Pujol Garcia heißen«, sagte er.

West beschloss, ihn trotzdem die Suche aufnehmen zu lassen. Escoriza sollte allen Gesprächspartnern die gleichen Fragen stellen:

»Sind Sie zwischen 70 und 80 Jahre alt?«

»Waren Sie während des Zweiten Weltkriegs in Großbritannien?«

»Sprechen Sie Englisch?«

Und dann schließlich die entscheidende Frage:

»Sagt Ihnen der Name ›Garbo‹ etwas, abgesehen vom Nachnamen der berühmten Schauspielerin Greta Garbo?«

Es dauerte ungefähr ein Jahr, bis Escoriza mit allen Pujols in Barcelona gesprochen hatte. Das Ergebnis war entmutigend.

»Es gab nicht einen, auf den das Profil gepasst hätte«, berichtete er telefonisch.

»Gab es irgendeine Besonderheit bei all diesen Anrufen?«, fragte West ihn. Er hatte schon fast alle Hoffnung aufgegeben.

»Nein, nicht wirklich. Halt! Moment mal – es gab einen jungen Mann, der auf die Fragen plötzlich sehr wissbegierig und neugierig reagierte. Er war nicht wirklich aggressiv, aber er fragte ziemlich forsch nach, weshalb ich all das von ihm wissen wollte.«

West bat Escoriza, den Mann nochmals anzurufen und ihm einige weitere Fragen zu stellen. Wenig später rief Escoriza seinen Auftraggeber in London zurück.

»Der junge Mann sagte mir, dass auch sein Onkel Joan Pujol Garcia heißt und in Venezuela lebt. Das letzte Lebenszeichen, das er von ihm bekommen hat, war eine Postkarte, die er ihm vor sieben oder acht Jahren geschickt hatte.«

West war wie elektrisiert; die Chance, ›Garbo‹ doch noch zu finden, schien auf einmal wieder in greifbarer Nähe zu sein. Nun beauftragte er einen weiteren Rechercheur in Caracas, nach genau diesem Joan Pujol Garcia zu suchen.

Der Mann lieferte sehr schnell Ergebnisse. Er berichtete West, dass er jemanden gefunden habe, der auf das Profil zu passen schien. Er sei Schriftführer des Klubs der Katalanen in Caracas, er spräche Englisch und schien außerdem das richtige Alter zu haben.

»Er scheint ein ziemlich schwieriger Mensch zu sein und hüllt sich über seine Vergangenheit in Schweigen.« Der Rechercheur gab West die Telefonnummer des Mannes in Caracas. Die letzten vier Ziffern der Nummer lauteten: 1 – 9 – 4 – 5.[289]

Während seiner Suche nach ›Garbo‹ hatte Nigel West bereits zwei Mal gemeint, den Richtigen gefunden zu haben. Zunächst hatte er einen peruanischen Diplomaten ausgemacht, den er für ›Garbo‹ hielt. Dann hatte er einen Journalisten aus Spanien im Visier, der für die führende katalanische Zeitung *La Vanguardia* arbeitete. Doch in beiden Fällen hatte er falsch gelegen. Er war sich deshalb nicht sicher, ob er gleich einen dritten Versuch wagen solle, jetzt, da er die Telefonnummer des Mannes in Caracas besaß.

Auch wegen seiner Erfahrungen verfolgte West dieses Mal eine andere Strategie. Zunächst rief er im Buckingham-Palast an und ließ Prinz Philip, dem Ehemann der britischen Königin Elizabeth II., ausrichten, dass er im Fall ›Garbo‹ weiter recherchieren würde. Sollte er ihn tatsächlich gefunden haben, wäre es dann nicht eine gute Idee, so fragte er Prinz Philips Mitarbeiter, Pujol jetzt – 40 Jahre nach dem D-Day – in einer offiziellen Zeremonie im Buckingham-Palast endlich seinen Orden zu überreichen?

Zwar war Pujol 1945 in einer kleinen geheimen Feierstunde zum Mitglied des Ordens vom britischen Empire (MBE) ernannt worden, doch den eigentlichen britischen Ritterorden samt silbernem Kreuz hatte er nie erhalten, und niemals war seine Leistung öffentlich anerkannt worden. Der Hof reagierte verhalten auf Wests Vorschlag. Immerhin ließ Prinz Philip, ein ausgemachter Liebhaber erfundener wie echter Spionagegeschichten aller Art, über seine persönlichen Assistenten mitteilen, dass sich das Königshaus überaus glücklich schätzen würde, für Pujol eine Ordensverleihung im Buckingham-Palast auszurichten. Voraussetzung sei allerdings, dass ›Garbo‹ wirklich lebendig sei, was – so ließ der Prinz mit Skepsis verlauten – nach Lage der Dinge wohl eher ausgeschlossen werden müsse.

London/Caracas Mai 1984

Das Telefon klingelte mehrere Male. Als der alte Mann endlich den Apparat erreicht hatte und abhob, rauschte und knackte es in der Leitung. Die Verbindung war sehr schlecht, der Anrufer am anderen Ende der Leitung befand sich offenbar im Ausland.

»Guten Tag. Ich rufe im Auftrag des Buckingham-Palasts

an. Mein Name ist Nigel West. Sind Sie Joan Pujol Garcia, und sagt Ihnen der Name ›Garbo‹ etwas?« Am Telefon entstand eine lange Pause. Gut zehn oder 15 Sekunden herrschte völlige Stille. Der alte Mann zögerte. Er atmete aus, er räusperte sich und schien all seine Kräfte sammeln zu wollen. Dann sagte er schließlich mit klarer Stimme: »Ja. Sie sprechen mit dem Richtigen.«

»Der Buckingham-Palast möchte Sie nach London einladen, um Ihnen die Auszeichnung als Mitglied des Ordens vom britischen Empire offiziell in einer feierlichen Zeremonie zu verleihen«, sagte West. »Ich würde Sie gern in Venezuela besuchen und mit Ihnen darüber sprechen.«

Pujol kämpfte am Telefon offensichtlich weiter mit sich. Er hatte selbst mit seiner Antwort soeben dafür gesorgt, dass seine Tarnung nun aufgeflogen war. War es die richtige Entscheidung gewesen? Etwas schien ihn mit Macht in seine Vergangenheit zurückzuziehen. Nach insistierendem Bitten von Wests Seite willigte er schließlich in ein Treffen ein.

»Wir können uns in einigen Tagen sehen. Aber nicht in Caracas, sondern in New Orleans. Sie finden mich in der Lobby des Hilton-Hotels.« Dann legte ›Garbo‹ auf.

Joan Pujol war am Leben, sein 1949 verkündeter Tod war lediglich vorgetäuscht gewesen. Er selbst hatte panische Angst gehabt, dass die ehemaligen Mitarbeiter der Abwehr ihn suchten, ihm vielleicht sogar nach dem Leben trachteten und Rache nehmen wollten. Und er hatte allen Grund dazu. Denn im Mai 1948 hatte Pujols Schwager Ramón einen Brief von Friedrich Knappe-Rathey alias ›Federico‹ erhalten, der auf diesem Weg versucht hatte, mit Pujol wieder in Kontakt zu kommen.[290]

Pujol schrieb an ›Federico‹ zurück, erhielt aber nie eine Antwort. Ein Verhalten, das ihn noch mehr irritierte. Wieso hatte ›Federico‹ ihn testen wollen? Auf einmal flammte Pujols Angst, dass die früheren Abwehrmitarbeiter ihn vielleicht töten wollten, wieder auf, und sie wurde fast übermächtig. In seiner Verzweiflung besuchte er Tomás Harris 1948 in dessen Villa in Camp de Mar auf Mallorca und bat ihn und den MI5 um Hilfe. Auf sein Drängen hin hatte der britische Dienst schließlich das Gerücht gestreut, dass ›Garbo‹ nach Angola ausgewandert und dort an Malaria gestorben sei.

New Orleans, 20. Mai 1984

Wenige Tage nach ihrem Telefonat waren Nigel West und Joan Pujol im Hilton-Hotel verabredet. Das riesige Hotel umfasst beinahe einen ganzen Straßenblock. West hatte keine Ahnung, wie Pujol aussah. Er suchte die gesamte Lobby ab, in der eine riesige Menge von wuchtigen Ledersesseln, Sofas und Couchtischen aus dunklem Holz stand. Die Lobby war voll mit Menschen. Elegant gekleidete Geschäftsleute trafen sich hier, Touristen aus allen Ländern erzählten sich aufgeregt von ihren Erlebnissen in der Bourbon Street im French Quarter und von den Jazzkonzerten des vergangenen Abends. Neben der Bar spielte ein Pianist auf einem Flügel und versuchte dabei nicht allzu laut zu werden. Ober servierten geräuschlos monströse Gläser mit Eiswasser und reichten dazu Käsegebäck und Salzmandeln. Das war der völlig falsche Ort für ein diskretes Treffen – wenn es denn überhaupt dazu kommen sollte. West fühlte sich in diesem Gewirr verloren. Schließlich fasste er sich ein Herz und fragte jeden allein sitzenden älteren Herrn, ob er Joan Pujol Garcia sei. Jeder, den er ansprach, verneinte. Nach zahlreichen Versuchen verließ West frustriert die gewaltige Lobby, um in sein eigenes Hotel zurückzukehren. Es trug den Namen Windsor Court – ein reiner Zufall, aber passend für jemanden, der vorgegeben hatte, im Auftrag des Buckingham-Palasts zu handeln. Als er in sein Hotel zurückkam, wollte seine damalige Ehefrau den Misserfolg nicht hinnehmen und zwang West, ins Hilton zurückzukehren.

»Frag weiter und zwar wirklich alle männlichen Gäste in der Lobby«, gab sie ihm noch mit auf den Weg.

»Ich hatte mir vorgestellt, dass ein echter, geheimnisvoller Doppelagent mich aus einer versteckten Ecke heraus die ganze Zeit beobachten würde. Aber dann kam alles ganz anders«, erinnerte sich West später. War doch alles umsonst gewesen? In seiner rasant wachsenden Enttäuschung fragte er schließlich auch noch einen kleinen älteren Herrn mit leichtem Bauchansatz, einer Glatze und weißem Haarkranz. Dieser saß auf einem Sofa neben einer dunkelhäutigen Frau mittleren Alters und zwei jungen Männern. West wagte kaum, den älteren Herrn anzusprechen, aber er überwand seine englische Zurückhaltung.

»Guten Tag. Ich will Sie nicht stören. Mein Name ist Nigel West. Sind Sie Joan Pujol Garcia?«

Pujol nickte. Er hatte knapp eineinhalb Stunden auf dem Sofa ausgeharrt. Zusammen mit seiner zweiten Ehefrau Carmen Cilia Álvarez und seinen Söhnen Carlos Miguel und Joan Carlos war er nach New Orleans gekommen. Nach der Ehe mit Araceli hatte er in Venezuela nochmals geheiratet und war Vater dreier weiterer Kinder geworden – neben den beiden Söhnen, die ihn begleiteten, hatte es auch noch die Tochter Maria Elena gegeben, die 1975 auf tragische Weise mit nur 22 Jahren gestorben war. Er hatte seinen Kindern niemals von seiner Rolle im Zweiten Weltkrieg erzählt.

»Mr. West, Sie müssen vor allem meinem jüngsten Sohn Joan Carlos erklären, was ich im Zweiten Weltkrieg getan habe«, bat Pujol den Briten nun um Unterstützung. West versuchte sein Bestes und schilderte den beiden Söhnen die früheren Abenteuer ihres Vaters in knappen Worten und so schonend wie möglich. Beide fielen aus allen Wolken. Kopfschüttelnd hörten sie Wests Erzählungen an und konnten kaum glauben, was sie über die Vergangenheit ihres Vaters hörten.

London, 31. Mai 1984

39 Jahre, nachdem er Großbritannien verlassen hatte, kehrte Joan Pujol auf die Insel zurück, um seinen Orden in Empfang zu nehmen. Doch vor seiner Audienz im Buckingham-Palast stand für ihn ein ganz besonderes Wiedersehen im »Special Forces Club« an, dem Klub der Sondereinsatzkräfte.

Dieser Klub im Stadtteil Knightsbridge, in dem sich seit 1945 Offiziere, Geheimdienstler, ehemalige Agenten der britischen Sabotageeinheiten, aber auch Mitglieder ähnlicher Organisationen aus dem Ausland und sogar Widerstandskämpfer aus ganz Europa treffen, bot maximale Diskretion. Die Mitglieder legten anfangs keinen besonderen Wert darauf, als solche erkannt zu werden; und bis heute ist am Sitz des Klubs, Herbert Crescent 8, nur ein paar Gehminuten von Hyde Park Corner entfernt, noch kein Schild montiert worden, das auf dessen Existenz hinweist.

Nigel West hatte hier ein Wiedersehen mit einigen noch lebenden MI5- und MI6-Mitarbeitern organisiert; unter ihnen waren ›Tar‹ Robertson und Cyril Mills, der Pujols erster Führungsoffizier nach seiner Ankunft in Großbritannien gewesen war, bevor Tomás Harris den Fall übernommen hatte.

Der Klub war an diesem Tag gut besucht, obwohl die Veteranen ohnehin damit rechneten, dass sich Nigel West gleich erneut vor ihnen blamieren würde. Niemand konnte sich vorstellen, dass ›Garbo‹ jemals nach London zurückkehren würde oder dass er überhaupt noch lebte. Nachdem Nigel West schon zwei Mal bei seiner Suche nach ›Garbo‹ falsch gelegen hatte, waren ›Tar‹ Robertson und die anderen erfahrenen Geheimdienstler ziemlich sicher, dass West auch jetzt wieder die falsche Person im Klub präsentieren würde. Die Aussicht auf freie Drinks auf Wests Kosten wollten sich die Veteranen aber nicht entgehen lassen. Tagelang schon hatten sie sich über seinen neuerlichen Versuch lustig gemacht und waren gespannt, wen er heute als vermeintlichen ›Garbo‹ präsentieren würde. Gleich würden sie wieder ein paar derbe Witze auf Wests Kosten reißen können, der auch dieses Mal bestimmt wieder eine falsche Fährte aufgenommen hatte. So viel stand für die ehemaligen Geheimdienstler fest.

Draußen vor dem Haus aus roten Ziegelsteinen hielt ein schwarzes Londoner Taxi. Der Cabbie öffnete die Autotür. Ein kleiner Mann stieg an der Seite von Nigel West die Stufen hoch. Dann betrat er den großen Klubraum im Erdgeschoss. Mit einem schüchternen Lächeln blickte er in die Runde. ›Tar‹ Robertson, der lebhaft mit einigen anderen Clubmitgliedern geplaudert hatte, drehte sich zu dem Mann um. Er riss die Augen weit auf, sein Gesicht rötete sich schlagartig, und er schien um Fassung zu ringen.

»Good Lord! Er ist es wirklich!«, sagte Robertson zu Cyril Mills und schaute Pujol direkt an. Robertson konnte seine Gefühle nicht mehr zurückhalten, er stürmte auf Pujol zu, umarmte ihn herzlich und brach in Tränen aus. Der Leiter der Abteilung B1a und sein wichtigster Spion waren wieder vereint. Keiner von beiden hatte es für möglich gehalten, dass es jemals dazu kommen würde. Für alle wurde es ein Tag der Freude und großer Emotionen. Der Klub füllte sich mit Gelächter, Schultern wurden geklopft, ständig wurden frische Gläser für den nächsten Toast auf den verschollen geglaubten Doppelagenten gereicht. ›Garbo‹ war wieder unter ihnen. All das, was sie alle gemeinsam erlebt hatten, wurde jetzt wieder lebendig, und aus allen sprudelten die Erinnerungen und die Wehmut über Erlebnisse heraus, die jetzt knapp 40 Jahre hinter ihnen lagen.

Am Nachmittag stand die Verleihung des Ordens durch Prinz Philip im Buckingham-Palast an. Es war eine streng private Zeremonie, ohne andere Gäste. Pujol hatte eine längere Unterhaltung mit dem Prinzgemahl, der gespannt

243

anhörte, was ihm Großbritanniens bester Doppelagent zu erzählen hatte. Danach stieg Pujol die breiten Treppen des Palasts hinab. In seinem Gesicht lagen Freude und Stolz.

Draußen vor dem Palast posierte Pujol mit seinem Orden. Er strahlte glücklich in die Kameras. Nach fast 40 Jahren war nun auch öffentlich bekannt, wer ›Garbo‹ wirklich gewesen war. Die Londoner Boulevardzeitungen kamen kurze Zeit später mit Schlagzeilen in großen Lettern auf den Markt. West hatte mit der Zeitung *Mail on Sunday* einen Exklusivvertrag abgeschlossen, die als Erste davon berichtete.

»Das größte Geheimnis des D-Days enthüllt«, titelten die Blätter reißerisch nach Joan Pujols Zeremonie beim Prinzgemahl, und auch: »Der Spion, der von den Toten zurückkam.«

Am Abend, als die ersten Zeitungen verkauft wurden, füllten sich Pujols Gedanken und sein Blick mit Sorge. Als er die Schlagzeilen der Boulevardblätter las, kippte seine Stimmung völlig, sein Stolz verwandelte sich in Beklemmung.

»Werden sie das auch in Madrid lesen können?«, fragte er seinen Begleiter Nigel West und zeigte auf einen der Artikel, neben dem groß sein Foto prangte.

»Aber sicher! Du bist ein Kriegsheld. Davon gibt es in Spanien nicht viele. Aber du bist einer von ihnen. Es werden noch viel mehr Artikel über dich in den nächsten Tagen erscheinen«, sagte West, der ihn damit aufmuntern wollte. Doch jetzt schaute Pujol nur noch bedrückter.

Er seufzte kurz und deutete in Richtung des Nebenraums, in dem sich seine Frau Carmen befand.

»Da drüben sitzt die zweite Mrs. ›Garbo‹«, sagte Pujol bedrückt. West schien ihn nicht ganz zu verstehen, und Pujol schob eine Erklärung nach.

»Das Problem ist, dass es noch meine erste Ehefrau gibt – die erste ›Mrs. Garbo‹. Sie heißt Araceli, lebt in Madrid und denkt, ich sei tot.«

Nicht nur in Großbritannien machte Pujols Rückkehr Schlagzeilen. Einen Tag später, am 4. Juni 1984, titelte Spaniens größte Tageszeitung *El País:* »›Garbo‹ – der Doppelagent, der die Deutschen bei der Landung in der Normandie täuschte, war ein Spanier: Joan Pujol.« *Diario 16* verkündete: »Ein Katalane war der Doppelagent ›Garbo‹, der den D-Day 1944 ermöglicht hat.« Als Erste in der Familie schöpfte Pujols jüngste Schwester Elena Verdacht. Sie war in der Metro von einer Kollegin auf einen der Zeitungsartikel über den wichtigsten Spion des D-Days aufmerksam gemacht worden. Elena konnte kaum glauben, was sie da entdeckte. Ihren Bruder hatte sie Jahrzehnte nicht mehr gesehen, aber der ältere Mann auf dem Bild sah ihm sehr ähnlich.[291]

Pointe du Hoc/Normandie, 6. Juni 1984

Es war an diesem Tag genau 40 Jahre her, dass die ersten alliierten Soldaten die Strände der Normandie erstürmt hatten. Sieger und Siegermächte blieben unter sich, als sie an der Pointe du Hoc der Landung gedachten – an der Steilküste der Normandie unweit des Omaha Beach. Die Sonne schickte einige dünne Strahlen, und es blies ein kräftiger Wind, als am Strand US-Präsident Ronald Reagan, die britische Premierministerin Margaret Thatcher, Königin Elizabeth II., der französische Staatspräsident François Mitterrand und der kanadische Ministerpräsident Pierre Trudeau mit Tausenden Veteranen den offiziellen Festakt begingen. Der deutsche Bundeskanzler Helmut Kohl war nicht eingeladen worden.

Nicht weit von der offiziellen Feier entfernt, betrat an diesem Tag auch Joan Pujol zum ersten Mal in seinem Leben einen Strand der Normandie. Pujol war von London direkt eingeflogen worden, ein Fernsehteam begleitete ihn den ganzen Tag. Er trug einen dunklen Anzug mit Krawatte und Einstecktuch, seine Hände behielt er in den Hosentaschen, als er einige Schritte Richtung Wasser ging. Dann blickte er hinaus aufs Meer. Irgendwo da hinten musste die englische Küste liegen. Nun sah er endlich erstmals viele der Orte, an denen Tausende von Soldaten ihr Leben verloren hatten, während er zusammen mit Tomás Harris den wichtigsten Funkspruch seines Lebens abgesetzt hatte.

Auch wegen der vielen Berichte der vergangenen Tage erkannten ihn die ordensbehangenen Veteranen sofort. Pujol schüttelte an diesem Tag unzählige Hände, er musste für zahllose Gruppenbilder posieren, schrieb Autogramme auf Papierservietten und überstand zahlreiche Lokalrunden auf sein Wohl, die die Veteranen pausenlos ausgaben. Auch Cyril Mills und Desmond Bristow waren an diesem Tag unter den Feiernden.

Ohne es anzukündigen, verließ Pujol plötzlich den Trubel. Allein ging er vom Strand zu einer Anhöhe. Dort lag einer der Soldatenfriedhöfe mit seinen schier endlos langen Reihen weißer Kreuze. Hier waren Hunderte derjenigen begraben worden, die ›Garbo‹ mit seinen Falschmeldungen hatte retten wollen.

Gut 20 Minuten blieb Pujol allein auf dem Friedhof, bedächtig schritt er die Reihen der Gräber ab. Immer wieder schüttelte er den Kopf. Dann ging er langsam von der kurzgeschnittenen Rasenfläche des Friedhofs zurück zum Strand. Tränen liefen seine Wangen herunter, er schluchzte. Nigel West hatte am Strand auf ihn gewartet.

»Joan, ich verstehe das nicht«, sagte West zu dem aufgelösten Pujol. »Das ist doch heute ein Tag der Freude.«

»Das kannst du auch nicht verstehen«, sagte Pujol leise. »Mir hat man gesagt, dass ich durch meine Arbeit Tausende Menschenleben gerettet hätte, und zwar auf beiden Seiten. Aber ich habe nicht genug getan.« Noch einmal blickte Pujol in Richtung Friedhof.[292]

Madrid/Barcelona, Juni 1984

Joan Kreisler, der älteste Sohn von Joan Pujol aus der Ehe mit Araceli, stand morgens im Badezimmer und rasierte sich. Er hörte dabei die populäre Sendung »Protagonistas« mit Luís del Olmo. Der Moderator kündigte ein Interview an und berichtete, dass der erfolgreichste katalanische Spion des Zweiten Weltkriegs wieder aufgetaucht sei. »Sein Name ist Joan Pujol Garcia«, sagte er noch, bevor das Interview begann. Kreisler verharrte wie gelähmt vor dem Badezimmerspiegel.

Als er den kompletten Namen des Interviewgastes gehört hatte, zögerte er nicht eine Sekunde. Er rannte aus dem Bad, rief seine Mutter Araceli an und erzählte ihr, wer da gerade im Radio zu hören sei. Und Kreisler bat seine Mutter inständig, ihm zu erzählen, ob dieser Mann sein Vater sei oder nicht.

Araceli bestätigte ihrem ältesten Sohn sofort, dass der Mann, der da gerade im Radio zu hören war, sein leiblicher Vater sein musste. Joan Kreisler verständigte dann sofort seine Geschwister und berichtete ihnen in größter Aufregung, dass ihr Vater noch lebe.

Trotz einiger Skrupel hatte Joan Pujol den Medienanfragen aus Spanien letztlich nicht widerstehen können. Presse, Hörfunk und Fernsehen in Spanien überschlugen sich, als bekannt geworden war, dass Pujol mit allen protokollarischen Ehren im Buckingham-Palast empfangen worden war. Was Araceli stets nur insgeheim vermutet hatte, war endgültig Gewissheit: Ihr erster Ehemann Joan lebte noch.

Wenig später erhielt Nigel West in London einen Anruf von Joan Pujols Tochter Maria Eugenia. Es kam zu einem Treffen zwischen ihr und ihrem Vater in London. West stellte die beiden einander vor, und Joan Pujol musste seiner Tochter zerknirscht erklären, weshalb er sie und ihre Geschwister im Stich gelassen und sich so lange versteckt hatte. Erst jetzt erfuhren seine beiden Familien, dass es jeweils noch eine andere Familie gab – eine in Spanien und eine in Venezuela.

Die drei Kinder aus Pujols Ehe mit Araceli drängten darauf, ihren leiblichen Vater in Barcelona zu treffen. Araceli erzählte vorher Joan, Jorge und Maria, was zwischen den beiden Eheleuten geschehen war. Vor dem Wiedersehen gab sie ihren drei Kindern noch einen Rat, wie sich ihr ältester Sohn Joan Kreisler erinnert: »Lasst ihn erzählen, was er will. Wühlt nicht in den Wunden der Vergangenheit herum.«[293] Trotz aller Verletzungen, die ihr erster Ehemann ihr zugefügt hatte: Araceli wollte auf keinen Fall, dass seine drei Kinder ihrem Vater Vorwürfe machten. Als diese sich schließlich mit Joan Pujol in Barcelona trafen, fielen sie einander voller Freude in die Arme.

Die drei Kinder aus erster Ehe blieben in den kommenden Jahren in Kontakt mit ihrem Vater. Bis zuletzt schrieb Pujol seinem ältesten Enkelkind, Tamara Kreisler, lange Briefe. Seine in Spanien lebenden Kinder besuchten ihn auch in Venezuela, um die zweite Familie von Joan Pujol kennenzulernen. Später reiste er auch nach Madrid und lernte dort seine Enkelkinder kennen. Seine erste große Liebe, Araceli, sah Joan Pujol noch ein einziges Mal während eines Aufenthalts in Madrid. Danach verloren sie sich für immer aus den Augen. Wann immer Joan Pujol nach seinen Erlebnissen während des Zweiten Weltkriegs gefragt wurde: Araceli erwähnte er mit keinem Wort mehr. Auch in seiner Autobiografie kommt sie nicht vor.

Epilog

Beruflich hatte Pujols weiteres Leben nach dem Desaster mit seiner Farm in Venezuela, die er hatte verkaufen müssen, einer Achterbahnfahrt geglichen. Er führte einen Kiosk, arbeitete für die Ölfirma Shell als Sprachlehrer für Spanisch und Englisch am Maracaibo-See und leitete später einen Souvenirladen in einem Luxushotel. Danach besaß er selbst ein Hotel in dem kleinen Dorf Choroní, doch noch kamen nicht allzu viele Touristen in diese Gegend. Seine Geschäfte liefen wieder einmal schleppend.

Am 10. Oktober 1988 starb Joan Pujol Garcia nach einem Schlaganfall – genau 44 Jahre, vier Monate und vier Tage, nachdem die Alliierten am 6. Juni 1944 in der Normandie gelandet waren. Er ist in Choroní begraben, am Rand des Henri-Pittier-Nationalparks, unweit des karibischen Meers. Ein Kruzifix, geformt aus drei Metallstäben mit einer kleinen Jesusfigur, ist auf der Grabplatte befestigt. Auf dem hellen, fünfeckigen Grabstein steht: »Seiner gedenken seine Ehefrau, Kinder und Enkelkinder.« Das schließt die Mehrheit seiner beiden Familien mit ein.

Araceli überlebte Joan um zwei Jahre und starb in Madrid an einem Gehirnschlag.

Tomás Harris widmete sich nach seiner Geheimdienstzeit völlig der Kunst. Nur manchmal zog es ihn noch nach London, um dort eines seiner Gemälde zu verkaufen. Er und seine Frau Hilda verbrachten immer mehr Zeit auf Mallorca und lebten zurückgezogen in ihrer Villa in Camp de Mar. Am 27. Januar 1964 fuhren Harris und seine Frau nach Palma de Mallorca. Harris hatte sich mit einem Antiquitätenhändler verabredet und gab später noch in einer Töpferei einige seiner Keramikskulpturen ab, um sie brennen zu lassen. Danach trafen er und seine Frau sich am Hafen von Palma und nahmen einige Drinks. Es folgte ein lautstarker Streit. Dabei ging es darum, so berichtete seine Frau später unter Tränen, dass er zu spät zurückgekommen sei und sie habe warten lassen. Nach einem ausgiebigen Austausch gegenseitiger Vorwürfe stiegen beide in ihr Cabriolet. Tomás Harris fuhr in seiner Erregung immer schneller, seine Wut hielt an, und in seinem Blut war zu viel Alkohol.

Auf einer kleinen, steinernen Bogenbrücke verlor das Auto den Bodenkontakt. Harris war machtlos, er konnte den Wagen nicht mehr kontrollieren, und das Cabrio prallte gegen einen Mandelbaum. Seine Frau Hilda wurde aus dem Wagen geschleudert. Als sie aus einer kurzen Ohnmacht erwachte und sich zum Wagen zurückschleppte, atmete Harris nicht mehr. Nach dem harten Aufprall des Wagens war er nicht mehr zu retten gewesen. Der ehemals engste Verbündete ›Garbos‹ war auf der Stelle tot.[294] Seine Witwe Hilda machte sich für den Rest ihres Lebens bittere Vorwürfe. Am 29. Januar 1964 wurde Harris auf dem Friedhof von Palma bestattet.

Die Kollegen von Thomas Argyll Robertson waren von seiner Entscheidung nach Kriegsende überrascht. In einem Rundschreiben »an alle Offiziere im Inland und in Übersee« wurde zusammen mit anderen Personalien bekanntgegeben, dass Robertson »auf eigenen Wunsch zum 31. August 1948 sein Amt aufgeben wird«. ›Tars‹ Entscheidung bedeutete, darin waren sich seine Kollegen einig, einen der größten Verluste, den der MI5 je erlitten hat.[295] Fortan widmete er sich der Landwirtschaft. Als Leiter der B1a hatte er neben ›Garbo‹ auch mit den anderen Agenten, etwa ›Zigzag‹,

›Artist‹, ›Tricycle‹ und ›Tate‹, und mit seinem System der Täuschung großen Erfolg gehabt. Dafür war er 1944 ebenfalls vom Buckhingham-Palast zum Offizier des Ordens vom Britischen Empire ernannt worden. Seine Agenten hatten für ihn Hunderte von Einsätzen überstanden. Besonderen Anteil hatte Robertson am Gelingen der ›Operation Fortitude‹. Dass er sich stets in die Denkweise seiner deutschen Gegner einfühlen konnte, machte ihn zu einem der fähigsten Agentenführer seiner Zeit.

In den kommenden Jahren heiratete ›Tar‹ zweimal, bewirtschaftete verschiedene Farmen, züchtete Schafe, Kühe und Schweine und stellte Cider her. Er starb am 10. Mai 1994. In einem der Nachrufe auf ihn hieß es, er sei »der unbekannteste Diener seines Landes während der Kriegszeit« gewesen.

John Cecil Masterman, der Leiter des XX-Komitees, kehrte nach Kriegsende nach Oxford zurück und widmete sich erneut seiner Wissenschaft. Von 1946 bis 1961 stand er dem Worcester College vor. 1957 und 1958 war er Vizekanzler der Universität Oxford. Für seine Verdienste wurde er 1959 zum Ritter geschlagen. Sir John starb am 6. Juni 1977.

Guy Liddell, der beim MI5 für die Gegenspionage zuständig war und den Fall ›Garbo‹ eng begleitet hatte, wurde stellvertretender Generaldirektor des MI5. 1953 verließ er den Geheimdienst und arbeitete dann als Sicherheitsberater für die britische Atomenergiebehörde. Immer wieder hatte es Gerüchte gegeben, dass auch er ein Doppelagent in sowjetischen Diensten gewesen sei. Alle Gerüchte stellten sich als haltlos heraus. Liddell verstarb 1958.

Desmond Bristow, der als Erster richtig darauf getippt hatte, wer sich hinter dem Namen ›Alaric Arabel‹ wirklich verbarg, und dabei geholfen hatte, Joan Pujol zu rekrutieren, leitete das MI6-Büro für Spanien und Portugal. 1954 quittierte er den Dienst beim MI6 und arbeitete fortan für den weltweit größten Diamantenproduzenten und -händler, die

Firma De Beers. Bristow untersuchte den illegalen Handel mit geschmuggelten Diamanten aus Westafrika und wurde später zum Sicherheitschef der Firma befördert. Als Pensionär lebte er in Málaga in einer alten Zuckerrohrfabrik. 1993 schrieb er seine Memoiren. Sein Buch war eines der ersten, das ein ehemaliger MI6-Agent veröffentlichte. Der britische Geheimdienst hatte zuvor mehrere Versuche unternommen, ihn davon abzubringen. Bristow erhielt auch unmissverständliche Warnungen, dass er dafür ins Gefängnis kommen könne. Doch er ließ sich nicht einschüchtern, publizierte seine Erlebnisse zuerst auf Spanisch und rief dann die Europäischen Gerichte in seiner Sache an. Das schützte ihn vor weiteren juristischen Schritten seiner Gegner. Er starb im Jahr 2000 im Alter von 83 Jahren in Spanien.

Friedrich Knappe-Rathey alias ›Federico‹ lebte noch viele Jahre in Spanien. 1946 war er untergetaucht und hatte sich unter falschem Namen auf der Finca von Ángel Alcázar de Velasco versteckt, einem der Anführer der faschistischen Falange-Bewegung und großen Unterstützer der Nationalsozialisten. Mit diesem verband ihn eine enge Freundschaft. Knappe-Rathey stand wegen seiner Vergangenheit auf einer Liste von 104 Deutschen in Spanien, die die Alliierten wegen ihrer Taten während des Zweiten Weltkriegs in Deutschland vor Gericht bringen wollten. Er befand sich auf Platz 47 der Liste, die ihn als »wichtiges Mitglied des deutschen Geheimdienstes, dessen Hauptaufgabe in der Ausbildung von Agenten bestand«, führte. Er wurde jedoch nie ausgeliefert. Der einzige deutsche Abwehrmitarbeiter, dem das passierte, war Wilhelm Leissner, der ehemalige Leiter der Abwehr in Spanien. Er wurde an die US-Armee überstellt und 1947 in Deutschland verhört. Nachdem er rasch wieder freigelassen worden war, kehrte Leissner nach Spanien zurück und pflegte jahrzehntelang eine enge Freundschaft zu Knappe-Rathey. Leissners Ende war dann grausam. Anfang der Siebzigerjahre rutschte er eines Morgens auf einer Treppenstufe seines Hauses im Stadtzentrum von Madrid aus. Dabei bohrte sich ihm der Stiel eines Besens ins Auge.

Knappe-Rathey wurde im Lauf der Zeit zu einem erfolgreichen Unternehmer und akquirierte wichtige Aufträge für deutsche Firmen, unter anderem für den Bau von US-Armeestützpunkten in Spanien. Das gelang ihm, weil er gute Verbindungen zur spanischen Verwaltung besaß und zu Luis Carrero Blanco, der rechten Hand des Diktators Francisco Franco.

Knappe-Rathey pflegte auch eine enge Verbindung zum langjährigen Präsidenten des Fußballklubs Real Madrid, Santiago Bernabéu, mit dem ihn die grenzenlose Leidenschaft für die Jagd und für den traditionsreichen Fußballklub verband, in dem ›Federico‹ eines der langjährigsten Mitglieder war. Diejenigen, die ›Federico‹ kannten, betonten immer wieder, dass er sich eher mit der spanischen als mit der deutschen Mentalität identifizierte. Sie beschrieben ihn als friedfertig, ruhig, ein wenig zur Faulheit neigend und leichtlebig. All das waren Züge, die nur schwer zu seiner ehemaligen Arbeit als Agentenführer passten. Über seine Arbeit für die Abwehr sprach er nicht gern. 1979 starb er in Madrid.[296]

Auch Karl-Erich Kühlenthal hatte sich noch einige Zeit unter falschem Namen in Spanien versteckt gehalten, um nicht interniert zu werden. Alte Verbindungen zu den Anhängern Francos schienen niemals abgerissen zu sein. Immer wieder war er gewarnt worden, dass ihm seine alliierten Verfolger dicht auf den Fersen waren, immer wieder hatte er irgendwo Unterschlupf gefunden. Als er sich schließlich in Sicherheit wähnte, gründete er eine Bettenfabrik in Spanien, zog aber Ende 1950 mit seiner Familie zurück nach Deutschland und führte das Modegeschäft seiner Schwiegereltern in Koblenz. Von 1971 bis 1975 amtierte er als Präsident des Bundesverbands des Deutschen Textileinzelhandels. Nach Kriegsende sprach Kühlenthal nie wieder öffentlich über seine Arbeit in Madrid und lehnte alle Interviewanfragen strikt ab.

Er war sich offenbar immer der Gefahr bewusst gewesen, dass Joan Pujol ein Doppelagent gewesen sein könnte. Seine Zweifel an dem Katalanen waren beständig da, aber in all den Jahren nach Ende des Krieges äußerte er nie direkt einen solchen Verdacht. Er hatte seine eigene Philosophie über Spione und ihre Motive entwickelt. Denn er wusste, dass sie unter ständigem Erfolgsdruck handelten und dass niemand sicher sein konnte, auf welcher Seite ein Spion tatsächlich stand. Vertrauen gab es keines, aber es wurde beständig vorgetäuscht. Wie er wirklich über diese Zeit dachte, behielt er für sich. Nur seinem Sohn gab er einige klare Hinweise und erzählte ihm im Sommerurlaub 1960 an der Costa Brava von seiner Arbeit für die Abwehr und von seinen großen Zweifeln an allen Agenten – auch denen gegenüber Joan Pujol. In dem Gespräch wies Kühlenthal seinen Sohn auf das Paradoxon des griechischen Philosophen Epimenides hin, von dem der Satz stammt: »Ein Kreter sagte: Alle Kreter lügen.« Dann erklärte Karl-Erich Kühlenthal: »Das kann man auch abwandeln.« Er schaute dabei seinen Sohn an und fügte hinzu: »Ein Agent sagte: Alle Agenten lügen.«[297]

Kühlenthal hatte sich stets als Überlebenskünstler erwiesen. Er spielte ein menschenverachtendes und für ihn potenziell lebensbedrohliches System gegen sich selbst aus, indem er ihm diente und sich zugleich bestimmter systemimmanenter Mechanismen – Vetternwirtschaft, Verstellung, Hang zu Größenwahn und Realitätsverlust – bediente, um sich selbst der Bedrohung zu entziehen. Es gelang ihm, den Niedergang und das Ende der nationalsozialistischen Terrorherrschaft zu überleben, die kritischen Nachkriegsjahre im franquistischen Spanien unbeschadet zu überstehen und sich dann im Nachkriegsdeutschland erfolgreich eine neue Existenz aufzubauen. Kühlenthal war insoweit sowohl Opfer als auch Täter. Welche Eigenschaft bei ihm überwiegt, lässt sich rückblickend nicht mehr bewerten. Im Dunklen bleibt, ob Kühlenthal, wie sein oberster Vorgesetzter Wilhelm Canaris, die Meldungen von Pujol und die anderer Doppelagenten als falsch erkannt hat und sie trotzdem weiterleitete, um dem NS-Regime so von innen heraus zu schaden. Falls er die Täuschung durchschaut hatte, so blieb ihm in seiner Position kaum eine andere Wahl, als dieses Spiel zum Schein mitzuspielen. Ob und inwieweit Kühlenthal von irgendeiner tiefergehenden Überzeugung geprägt war, bleibt unklar. Am 25. Oktober 1975 starb ›Don Carlos‹ nach einem Herzinfarkt.

Nur ganz wenige hatten innerhalb des britischen Geheimdiensts vom Geheimnis um ›Garbo‹ gewusst. Einer dieser Eingeweihten hatte in der Abteilung des MI6 gearbeitet, die für Gegenspionage in Spanien und Portugal zuständig war. Später wurde er ein weltberühmter Schriftsteller.

1958 veröffentlichte Graham Greene, der seit 1941 für den MI6 gearbeitet hatte, sein Buch »Unser Mann in Havanna«. Darin nimmt der Staubsaugervertreter James Wormold, der auf Kuba lebt, aus Geldnot das Angebot des britischen Geheimdienstes an, als Spion zu arbeiten. Da Wormold keine echten Informationen sammeln kann, entwickelt er ein Netzwerk fiktiver Agenten und sendet seine frei erfundenen Meldungen nach London. Greene verwendete vieles von dem, was er vom Leben Joan Pujol Garcias mitbekommen hatte, für seine Geschichte.[298] So ist eines seiner bekanntesten Bücher auch zu einer Verneigung geworden – vor den unglaublichen, aber wahren Erlebnissen des Spions aus Barcelona und damit vor dem Mann, der ›Garbo‹ hieß.

Danksagung

Tarnen und Täuschen waren ihr tägliches Geschäft. Wer in die Geschichte der Geheimdienste und Doppelagenten des Zweiten Weltkriegs eintaucht, sieht sich schnell auf britischer wie auf deutscher Seite von einer Mischung aus Legenden, Lügen, Wahrheiten und Gerüchten umringt. Manchmal vermischen sich in den Quellen Fakten und Fiktion, und beide Seiten besaßen stets ein starkes Interesse daran, ihre Erfolge zu betonen.

Ich danke allen, die mir dabei geholfen haben, den Fall ›Garbo‹ zu entwirren, und mich vor Fehlern beim Erzählen der Lebensgeschichte von Joan Pujol bewahrt haben. Sollten doch Irrtümer vorhanden sein, gehen sie allein zu meinen Lasten.

Rüdiger Strempel hat das Entstehen dieses Buchs immer ganz aus der Nähe begleitet. Ihm gilt mein besonderer Dank.

Adelheid Barbara Döll hat mir über das Leben ihres Vaters Alexis von Roenne berichtet, mir aus ihrem Privatbesitz viele Quellen zur Verfügung gestellt und an einigen Passagen des Textes mitgearbeitet.

Nigel West hat mir bei Gesprächen in London viel über seine persönlichen Erlebnisse mit Joan Pujol erzählen können und mir seine Sicht des Falles geschildert.

Edgar Kühlenthal hat mir viele Hintergründe zum Leben seines Vaters Karl-Erich Kühlenthal und zu dessen möglichen Motiven erklärt.

Danken möchte ich auch Markus Bickel, Cedric Bierganns, Henry Bräutigam, Dr. Stefanie Dannenmann-Di Palma, Gerd Engel, Markus Göbel, Peter Kathmann, Harald Kirchner, Thorsten Knuf, Dr. Eberhard Kromer, Elke Molfenter, Jennifer Niño, Giovanna Ranilla-Göbel, Gerd von Rundstedt, Gunther Salazar, Birgit Schardt, Gesche Schifferdecker, Julie Tumler, Jason Webster sowie einigen, die hier nicht namentlich genannt werden möchten.

Martina Voigt, Linda von Keyserlingk und viele Mitarbeiter der Archive und Museen in Deutschland und Großbritannien haben mir bei meinen Recherchen geholfen.

Mein Dank für das Entstehen dieses Buchs gehört meinem Agenten Peter Molden sowie Kristin Rotter und Ulrich Wank vom Piper Verlag. Meinem Lektor Dr. Klaus Stadler danke ich für viele Anregungen und ein stets wachsames Auge.

Ohne meine Familie wäre aus einer Idee nicht dieses Buch geworden. Deshalb gebühren Anke, Mia, Annika und Henry diese letzten Zeilen.

ANHANG

Editorische Notiz 1

Die ersten Kapitel dieses Buches beruhen hauptsächlich auf der Autobiografie von Joan Pujol Garcia. Er hat sie zusammen mit Nigel West verfasst. Über seine Kindheit und Jugendzeit und vor allem seine Erlebnisse während des Bürgerkriegs in Spanien liegen keine direkten anderen Quellen vor. Pujols Erinnerungen sind naturgemäß vollkommen subjektiv und lassen sich kaum vollständig nachprüfen. Nach seiner Ankunft in Großbritannien haben die Mitarbeiter des britischen Geheimdienstes seine Schilderungen, soweit es ging, zu überprüfen versucht, doch Zweifel an Pujols eigenen Darstellungen lassen sich nicht restlos ausräumen.

Editorische Notiz 2

Die Dialoge zwischen den Figuren in diesem Buch sind nicht fiktiv, sondern lassen sich anhand der benutzten Quellen dokumentieren. Vor allem in den Akten, die im britischen Nationalarchiv lagern, sind viele direkte Gesprächsprotokolle und -notizen sowie Zusammenfassungen der Verhöre zum Fall ›Garbo‹ vorhanden. Hinzu kommen der ausführliche Bericht von Tomás Harris, die Tagebucheinträge von Guy Liddell sowie zahlreiche Briefe, Funksprüche und Telegramme anderer Beteiligter.

Einige der in diesem Buch wiedergegebenen Dialoge zeugen von der bemerkenswerten Offenheit, mit der die Mitarbeiter der britischen Geheimdienste und der Regierung untereinander kommunizierten. Das war nur deshalb der Fall, weil sie annehmen konnten, dass ihre Gespräche und ihre Korrespondenz niemals an die Öffentlichkeit dringen und so das Geheimnis um das XX-System für immer gewahrt bleiben würde. Doch seit 2001 werden immer mehr dieser ehemals streng geheimen Akten von der britischen Regierung freigegeben.

Der britische Kampf gegen das nationalsozialistische Deutschland war auch ein Papierkrieg. Allein über Joan Pujol Garcia gibt es im britischen Nationalarchiv 13 Aktenbände. Hinzu kommen zahlreiche weitere Dokumente in anderen Archiven, die mit seiner Arbeit als Doppelagent indirekt zu tun haben. Insgesamt sind zum Fall ›Garbo‹

nach Schätzung einiger Experten rund eine Million Papierseiten erhalten geblieben. Auch die Tatsache, dass die britische Seite den gesamten deutschen Funkverkehr abhören konnte, hat mit dazu beigetragen, dass die im Text beschriebenen direkten Äußerungen belegbar sind.

Quellen und Literatur

Archive/Museen
The National Archives, Kew, Richmond, Surrey
Imperial War Museum, London
Bundesarchiv, Berlin
Bundesarchiv/Militärarchiv, Freiburg
Militärhistorisches Museum, Dresden

Bücher/Sammelbände
Andrew, Christopher: MI5 – Die wahre Geschichte des britischen Geheimdienstes, Berlin: 2011.
Barbier, Mary: D-Day Deception – Operation Fortitude and the Normandy Invasion, Westport/Connecticut: 2007.
Beevor, Antony: D-Day – Die Schlacht um die Normandie, München: 2009.
Breuer, William B.: Hoodwinking Hitler – The Normandy Deception, Westport/Connecticut: 1993.
Breuer, William B.: Feuding Allies – The Private Wars of the High Command, New York: 1995.
Bristow, Desmond: A Game of Moles – The Deceptions of an MI6 Officer, London: 1993.
Delmer, Sefton: The Counterfeit Spy, London: 1971.
Destremau, Christian: Opération Garbo – Le dernier secret du jour J, Paris: 2004.
Elliott, Geoffrey: Gentleman Spymaster – How Lt. Col. Tommy ›Tar‹ Robertson Double-Crossed The Nazis, London: 2011.

Farago, Ladislas: Das Spiel der Füchse – Deutsche Spionage in England und den USA 1918 – 1945, Berlin: 1972.

Fröhlich, Elke (Hg.): Die Tagebücher von Joseph Goebbels, 32 Bände in drei Teilen, München: 1993 – 2008.

Harris, Tomás (Introduction by Mark Seaman): Garbo – The Spy Who Saved D-Day (Secret History Files), Richmond: 2000.

Haufler, Hervie: The Spies Who Never Were, New York: 2006.

Hesketh, Roger: Fortitude – The D-Day Deception Campaign, Woodstock: 2000.

Holland, James: Fortress Malta – An Island Under Siege, 1940 – 1943. New York: 2003.

Holt, Thaddeus: The Deceivers: – Allied Military Deception in the Second World War, London: 2004.

Howard, Michael: British Intelligence in the Second World War. Volume V. Strategic Deception, London: 1990.

Hubatsch, Walter: Hitlers Weisungen für die Kriegsführung 1939 – 1945, Erlangen: 1999.

Jonason, Tommy/Olsson, Simon: Agent Tate: The True Wartime Story of Hary Williamson, London: 2011.

Juárez, Javier: Juan Pujol, el espia que derrotó a Hitler, Madrid: 2004.

Kampe, Hans Georg: Deckname »Zeppelin« – Die Bunker im Hauptquartier des Oberkommandos des Heeres in Zossen, Militärgeschichtliche Blätter, Hönow: 2006.

Levine, Joshua: Operation Fortitude – The Greatest Hoax of the Second World War, London: 2011.

Liss, Ulrich: Westfront 1939/40 – Erinnerungen des Feindbearbeiters im O. K. H., Neckargemünd: 1959.

Longerich, Peter: Joseph Goebbels – Biographie, München: 2010.

MacIntyre, Ben: Operation Mincemeat – The True Spy Story That Changed The Course of World War II, London: 2010.

Masterman, John, C.: On the Chariot Wheel – An Autobiography, Oxford: 1975.

Masterman, J. C.: The Double-Cross System – The Incredible True Story of How Nazi Spies Were Turned Into Double Agents, London: 2003.

Miller, Russell: Codename Tricycle – The True Story of the Second World War's Most Extraordinary Double Agent, London: 2005.

Public Record Office, Secret History Files: Camp 020 – MI5 and the Nazi Spies. The Official History of MI5's Wartime Interrogation Centre, introduced and edited by Oliver Hoare, Public Record Office, Richmond: 2000.

Rankin, Nicholas: Churchill's Wizards – The British Genius for Deception 1914–1945, London: 2009.

Rommel, Manfred: 1944 – Das Jahr der Entscheidung. Erwin Rommel in Frankreich, Stuttgart, Leipzig: 2010.

Ryan, Cornelius: The Longest Day – The Classic Epic of D-Day, June 6, 1944, New York: 1994.

Smith, Michael: Enigma entschlüsselt – Die »Codebreakers« von Bletchley Park, München: 2000.

Smyth, Denis, »Our Man in Havana, Their Man in Madrid – Literary Invention in Espionage Fact and Fiction«, Spy Fiction, Spy Films and Real Intelligence (Wesley K. Wark, Ed.), London: 1991.

Scholtyseck, Joachim: Das »Amt Ausland/Abwehr« – eine Position der unbegrenzten (Widerstands-)Möglichkeiten?, in: Schröder, Stephen/Studt, Christoph: Der 20. Juli 1944 – Profile, Motive, Desiderate, XX. Königswinterer Tagung 23.–25. 2. 2007, Berlin: 2007.

Talty, Stephan: Agent Garbo – The brilliant, eccentric Secret Agent who tricked Hitler and saved D-Day, New York: 2012.

West, Nigel/Pujol, Joan: Operation Garbo – The Personal Story of the Most Successful Double Agent of World War II, New York: 1985.

West, Nigel (Ed.): The Guy Liddell Diaries, Volume II: 1942–1945, New York: 2005.

Wieviorka, Olivier: Normandy – The Landings to the Liberation of Paris, Cambridge/Massachusetts: 2008.

Zeitschriften/Zeitungen
Ahlers, Conrad: Ich würfelte mit dem Schicksal – Dwight D. Eisenhower und die Invasion am 6. Juni 1944, in: *Der Spiegel*, Nr. 23/1964.
Malanowski, Wolfgang: »Schluss mit dem Krieg, Ihr Idioten«, in: *Der Spiegel*, Nr. 22/1994.
Rivera de la Cruz, Marta: Una espía con mucho Garbo, in: *El País*, 11. Dezember 2009.
Wiegrefe, Klaus: Sieg um jeden Preis, in: *Der Spiegel*, Nr. 23/2004.

Sonstige Quellen
Dokumentarfilm: »Garbo: The Spy« von Edmon Roch, Ikiru Films, Barcelona, 2009.
Dokumentarfilm: »Garbo, l'espia que va enganyar Hitler« von Joan González, TV 3, Televisió de Catalunya, 1984.
TV-Interview mit Joan Pujol in: »Identitats«, TV 3, Televisió de Catalunya vom 14. September 1984.

Interviews des Autors mit
Adelheid Barbara Döll, geb. Freiin von Roenne (Tochter von Alexis von Roenne) am 6. 9. 2012.
Edgar Kühlenthal (Sohn von Karl-Erich Kühlenthal) am 24. 10. 2012.
Gerd von Rundstedt (Enkel von Generalfeldmarschall Gerd von Rundstedt) am 8. 8. 2012.
Jason Webster am 31. 10. 2012.
Nigel West am 25. 7. 2012.

Anmerkungen

(Die zitierte Literatur wird in den Anmerkungen jeweils nur in verkürzter Form genannt. Die vollständigen bibliografischen Angaben finden sich bei »Quellen und Literatur«.)

Kapitel 1

1 Harris, Tomás: Garbo, p. 41, und in: Brief Nummer 39, The National Archives, Kew, Richmond, Surrey, (im weiteren Verlauf abgekürzt als: TNA): KV2/63.
2 Die Zentrale der Abwehr in Berlin lag am Tirpitzufer 72–76, heute Stauffenbergstraße, Ecke Reichpietschufer. Vgl.: Farago, Ladislas: Das Spiel der Füchse, S. 14.
3 Holland, James: Fortress Malta, p. 148.
4 Holt, Thaddeus: The Deceivers, p. 127, und: Andrew, Christopher: MI5, S. 267.
5 Memorandum an Guy Liddell von Dick White vom 24.10.1942, in: TNA KV2/102.
6 Bristow, Desmond: A Game of Moles, p. 21.
7 Ebenda.
8 Ebenda.
9 Siehe Akte des britischen Geheimdienstes über Joan Pujol Garcia, 2.4.1942, TNA KV2/39.
10 Vgl. Harris, Tomás: Garbo, p. 58.

Kapitel 2

11 In seiner Autobiografie erklärt Joan Pujol, dass er selbst in der britischen Botschaft gewesen sei. Alle dazu verfügbaren offiziellen Akten im britischen Nationalarchiv belegen jedoch, dass seine Frau Araceli González diesen ersten Schritt gemacht hat

und Pujol davon nichts wusste. Vgl. Introduction by Mark Seaman, in: Harris, Tomás: Garbo, p. 15.

12 Vgl. Akte über Josef von Ledebur-Wicheln, TNA KV2/159.

13 Eintrag vom 30.4.1943, TNA ADM 223/490, und vgl. auch MacIntyre, Ben: Operation Mincemeat, p. 157.

14 Vgl. Akte über Georg Helmut Lang, TNA KV2/2863.

15 Vgl. West, Nigel/Pujol, Joan: Operation Garbo, pp. 67–70.

16 Vgl. Akte über Friedrich Knappe-Rathey, TNA KV2/101.

17 Vgl. Eintrag vom 26.2.1945, TNA KV2/102.

18 Akte »Persönliche Besonderheiten von Karl-Erich Kühlenthal«, TNA KV2/102.

19 Verhör von Hans Joachim Rudolph, Januar 1942 – April 1947, TNA KV2/102.

20 Ebenda.

21 Interview des Autors mit Edgar Kühlenthal (Sohn von Karl-Erich Kühlenthal) am 24.10.2012.

22 Vgl. Akte »Persönliche Besonderheiten von Karl-Erich Kühlenthal«, TNA KV2/102.

23 Vgl. TNA KV2/102.

24 Siehe Akte über Friedrich Knappe-Rathey, TNA KV2/101.

25 Ebenda.

26 West, Nigel/Pujol, Joan: Operation Garbo, p. 72.

27 Vgl. Levine, Joshua: Operation Fortitude, pp. 154 ff.

28 Siehe Akte des britischen Geheimdienstes über Joan Pujol Garcia, 5.5.1942, TNA KV2/39.

29 Vgl. Rankin, Nicholas: Churchill's Wizards, p. 482, und Harris, Tomás: Garbo, p. 50.

30 Elliott, Geoffrey: Gentleman Spymaster – How Lt. Col. Tommy ›Tar‹ Robertson Double-Crossed The Nazis, London: 2011, p. 144 f.

31 Elliot, Geoffrey: a.a.O., p. 146.

32 Vgl. Haufler, Hervie: The Spies Who Never Were, p. 81.

33 Brief Nummer 1 vom 29.7.1941, TNA KV2/63.

34 Brief von ›Federico‹ vom 2.11.1941, TNA KV2/63.

35 Vgl. Brief Nummer 21, TNA KV2/63.

36 Vgl. TNA KV2/40.

37 Vgl. Levine, Joshua: Operation Fortitude, p. 159.

38 Vgl. Jonason, Tommy/Olsson, Simon: Agent Tate, p. 39.

39 Auf Englisch lautete Robertsons Spitzname »Passion Pants«. Vgl. Andrew, Christopher: MI5, S. 268 f.

40 Bristow, Desmond: A Game of Moles, p. 36.
41 Ebenda.
42 Bristow, Desmond: a. a. O., p. 37.
43 Ebenda.
44 Vgl. Levine, Joshua: Operation Fortitude, p. 262.
45 West, Nigel/Pujol, Joan: Operation Garbo, p. 97.

Kapitel 3

46 Im Trauschein wurde Joan Pujols Vater als »Witwer von Teresa Llombart Puig« aufgeführt. Interview des Autors mit Jason Webster am 31. 10. 2012, der in Spanien die Familiengeschichte der Pujols in Archiven und Standesämtern rekonstruiert hat.
47 West, Nigel/Pujol, Joan: Operation Garbo, p. 24.
48 West, Nigel/Pujol, Joan: a. a. O., p. 28.
49 West, Nigel/Pujol, Joan: a. a. O., p. 36.
50 Harris, Tomás: Garbo, p. 42.
51 West, Nigel/Pujol, Joan: Operation Garbo, p. 40.
52 West, Nigel/Pujol, Joan: a. a. O., p. 54.

Kapitel 4

53 Der spanische Autor Javier Juárez schreibt, dass Joan Pujol in der Elliot Road 55 untergebracht worden sei. Diese Adresse habe Pujol nach Kriegsende im spanischen Konsulat in London als damaligen Wohnsitz angegeben. Beide Adressen – die Crespigny Road 35 und die Elliot Road 55 liegen im Londoner Stadtteil Hendon und sind fünf Gehminuten voneinander entfernt. Vgl. Juárez, Javier: Juan Pujol, pág. 432 (Anmerkungen).
54 West, Nigel/Pujol, Joan: Operation Garbo, p. 117.
55 Brief Nr. 18 vom 30. 5. 1942, TNA KV2/63
56 Brief vom 25. 5. 1942, TNA KV2/63.
57 Harris, Tomás: Garbo, p. 327.
58 Vgl. Introduction by Mark Seaman, in: Harris, Tomás: a. a. O., p. 19.
59 Vgl. Bristow, Desmond: A Game of Moles, p. 39.
60 Vgl. Bristow, Desmond: a. a. O., p. 41. Bristow berichtet, dass sich seine Frau nach Kriegsende eng mit Araceli González anfreundete: »Offenbar hat Pujols Bruder niemals einen Fuß nach Frankreich gesetzt. Deshalb bin ich mir wegen seiner Motive noch immer nicht sicher.«

61 Vgl. Holt, Thaddeus: The Deceivers, p. 210.

62 West, Nigel/Pujol, Joan: Operation Garbo, pp. 119–120.

63 Die B1g hatte ihren Sitz in der Londoner Jermyn Street. Harris arbeitete mit B1a aber sehr eng zusammen und besuchte die Kollegen fast täglich. Vgl. Andrew, Christopher: MI5, S. 289 und S. 813 (Anmerkungen).

64 Vgl. Archiv des Security Service, zitiert nach: Andrew, Christopher: MI5, S. 269 und S. 810 (Anmerkungen).

65 Haufler, Hervie: The Spies Who Never Were, p. 12.

66 Ebenda.

67 Masterman, J. C.: The Double-Cross System, p. 67.

68 Vgl. Levine, Joshua: Operation Fortitude, p. 26.

69 Vgl. Public Record Office, Secret History Files: Camp 020 MI5 and the Nazi Spies, pp. 155–156.

70 Vgl. Jonason, Tommy/Olsson, Simon: Agent Tate, p. 51.

71 Masterman, J. C.: The Double-Cross System, p. 66.

72 TNA KV2/63.

73 Vgl. Howard, Michael: British Intelligence in the Second World War, pp. 232–233.

74 Zitiert nach: Howard, Michael: a. a. O., pp. 20 f.

75 Zitiert aus dem Bericht ›Garbo‹ (nach der Notiz des MI5 vom 5. November 1943 »ein Bericht, den Duff Cooper zur Vorlage für Premierminister Churchill vorbereitet hatte« und der auf Informationen des MI5 beruhte), TNA KV4/83. Vgl. auch Andrew, Christopher: MI5, S. 299 f.

76 Vgl. TNA KV2/39.

77 Zitiert nach: Howard, Michael: British Intelligence in the Second World War, p. 21.

78 TNA KV2/40.

79 Ebenda.

80 Ebenda.

81 Zitiert nach: Haufler, Hervie: The Spies Who Never Were, p. 134.

82 TNA KV2/40.

83 Vgl. Holt, Thaddeus: The Deceivers, p. 268.

Kapitel 5

84 Harris, Tomás: Garbo, p. 106.

85 Harris, Tomás: a. a. O., p. 107.

86 TNA, KV2/40.

87 Harris, Tomás: Garbo, p. 132.
88 Harris, Tomás: a. a. O., p. 128.
89 Ebenda.
90 Harris, Tomás: a. a. O., p. 117.
91 Harris, Tomás: a. a. O., p. 118.

Kapitel 6

92 Vgl. MacIntyre, Ben: Double Cross, p. 140.
93 Vgl. Harris, Tomás: Garbo, p. 327.
94 Vgl. West, Nigel (Ed.): The Guy Liddell Diaries, Volume II, p. 79.
95 Harris, Tomás: Garbo, p. 327.
96 Harris, Tomás: a. a. O., p. 328.
97 Ebenda.
98 Vgl. West, Nigel (Ed.): The Guy Liddell Diaries, Volume II, p. 79.
99 Ebenda.
100 Zitiert nach: Levine, Joshua, Operation Fortitude, p. 168.
101 Harris, Tomás: Garbo, p. 331.
102 Harris, Tomás: a. a. O., p. 330.
103 Vgl. Haufler, Hervie: The Spies Who Never Were, p. 163.
104 Vgl. West, Nigel (Ed.): The Guy Liddell Diaries, Volume II, p. 80.
105 Vgl. Jonasson/Olsson: Agent Tate, p. 22.
106 Vgl. Hoare, Oliver, in: Public Record Office, Secret History Files: Camp 020 MI5 and the Nazi Spies, p. 19.
107 Vgl. Public Record Office, Secret History Files: a. a. O., p. 107.
108 Vgl. Levine, Joshua: Operation Fortitude, p. 70.
109 Vgl. Andrew, Christopher: MI5, p. 273.
110 Vgl. West, Nigel (Ed.): The Guy Liddell Diaries, Volume II, p. 80.
111 Vgl. Hoare, Oliver, in: Public Record Office, Secret History Files: Camp 020 – MI5 and the Nazi Spies, p. 18.
112 Vgl. Harris, Tomás: Garbo, p. 331.
113 Vgl. Andrew, Christopher: MI5, S. 300.
114 Vgl. West, Nigel (Ed.): The Guy Liddell Diaries, Volume II, p. 81.
115 Harris, Tomás: Garbo, p. 333.
116 Harris, Tomás: a. a. O., p. 332.
117 Harris, Tomás: a. a. O., pp. 136 – 137.

Kapitel 7

118 Vgl. Scholtyseck, Joachim; Das »Amt Ausland/Abwehr«, S. 122.
119 Harris, Tomás: Garbo, p. 128.

120 Ebenda.

121 Verhör von Hans Joachim Rudolph, TNA KV2/102.

122 Harris, Tomás: Garbo, p. 74.

123 Harris, Tomás: a. a. O., p. 69.

124 Ebenda.

125 Harris, Tomás: a. a. O., p. 146.

126 TNA KV2/102.

127 Vgl. West, Nigel (Ed.): The Guy Liddell Diaries, Volume II, p. 179.

128 Verhör von Josef von Ledebur-Wicheln am 25. 11. 1944 in Camp 020, TNA KV2/102.

129 Brief von Agent ›Junior‹ an J. C. Masterman vom 1. 3. 1945, TNA KV2/102.

130 Interview des Autors mit Edgar Kühlenthal am 24. 10. 2012.

131 Telegramm von Berlin nach Madrid vom 18. 7. 1941, TNA KV2/102.

132 Ebenda.

133 Eintrag vom 18. 7. 1941, TNA KV2/102.

134 Interview des Autors mit Edgar Kühlenthal am 24. 10. 2012.

135 Verhör von Josef von Ledebur-Wicheln, 29. 1. 1945 in Camp 020, TNA KV2/102.

136 Ebenda.

137 Harris, Tomás: Garbo, pp. 98 – 99.

138 Vgl. TNA KV2/102.

139 Verhör von Josef von Ledebur-Wicheln, 25. 11. 1944 in Camp 020, TNA KV2/102.

Kapitel 8

140 Vgl. Breuer, William, B.: Hoodwinking Hitler, p. 116.

141 Vgl. Holt, Thaddeus: The Deceivers, p. 540.

142 Vgl. Breuer, William, B.: Hoodwinking Hitler, p. 115.

143 Vgl. Wieviorka, Olivier: Normandy, p. 145.

144 Vgl. Howard, Michael: British Intelligence in the Second World War, p. 120.

145 Vgl. Haufler, Hervie: The Spies Who Never Were, p. 177.

146 Vgl. Breuer, William B.: Feuding Allies, p. 171.

147 Vgl. Breuer, William B.: Hoodwinking Hitler, p. 159.

148 Weisung Nr. 51, vom 3. 11. 1943, in: Hubatsch, Walter: Hitlers Weisungen für die Kriegsführung 1939 – 1945, S. 233.

149 Vgl. Levine, Joshua: Operation Fortitude, p. 214.
150 Vgl. Andrew, Christopher: MI5, S. 302.
151 Masterman, John, C: The Double Cross System in the War of 1939 to 1945, p. 145.
152 Harris, Tomás: Garbo, p. 183.
153 Vgl. Howard, Michael: British Intelligence in the Second World War, p. 107.
154 MacIntyre, Ben: Double Cross, p. 187.
155 Memorandum von John Bevan an ›Tar‹ Robertson vom 23.10.1943, TNA KV2/42
156 Vgl. Rankin, Nicholas: Churchill's Wizards, p. 569.
157 Vgl. Harris, Tomás: Garbo, p. 306.
158 Vgl. West, Nigel/Pujol, Joan: Operation Garbo, pp. 137–138.
159 Harris, Tomás: Garbo, p. 179.
160 Levine, Joshua: Operation Fortitude, pp. 236–237.
161 West, Nigel/Pujol, Joan: Operation Garbo, p. 152.
162 Vgl. Kampe, Hans Georg: Deckname »Zeppelin«, S. 45.
163 Vgl. Kampe, Hans Georg: a. a. O., S. 46.
164 Zitiert aus: Liss, Ulrich: Westfront 1939/40, S. 29.
165 Howard, Michael: British Intelligence in the Second World War, p. 51.
166 ›Alaric Arabel‹ wird direkt im Lagebericht West Nummer 1230 vom 9.4.1944 zitiert und zwar mit seinem Brief Nummer 18 vom 23.2.1944. Vgl. Harris, Tomás: Garbo, p. 190.
167 Ebenda.
168 Howard, Michael: British Intelligence in the Second World War, p. 131.

Kapitel 9

169 Vgl. TNA KV2/861.
170 Elliott, Geoffrey: Gentleman Spymaster, p. 279.
171 Vgl. Miller, Russell: Codename Tricycle, pp. 16–18.
172 Vgl. Levine, Joshua: Operation Fortitude, p. 240.
173 Vgl. TNA KV2/856.
174 Zehnter Bericht zu den Aktivitäten des Security Service vom 7.3.1944, in: TNA KV4/83. Vgl. hierzu auch Andrew, Christopher: MI5, S. 302–303.
175 Liddell, Guy: Tagebucheintrag vom 16.4.1944, in: West, Nigel (Ed.): The Guy Liddell Diaries, Volume II, p. 184.

176 Vgl. Verhörprotokoll von Aloys Schreiber vom 6.1.1947, TNA KV2/3568.

177 Vgl. Miller, Russell: Codename Tricycle, p. 221.

178 Vgl. Verhörprotokoll von Aloys Schreiber vom 6.1.1947, TNA KV2/3568.

179 Vgl. ebenda.

180 Vgl. Miller, Russell: Codename Tricycle, p. 226.

181 Bericht über die Folgen der Entführung von ›Artist‹, (April–Mai 1944), TNA KV2/858.

182 Ebenda. Vgl. auch Liddell, Guy: Tagebucheintrag vom 10.5.1944, in: West, Nigel (Ed.): The Guy Liddell Diaries, Volume II, pp. 192–193.

183 Bericht zu den Aktivitäten des Security Service im Mai 1944, vom 3. Juni 1944, TNA KV4/83.

184 Masterman, John, C: The Double Cross System, p. 154.

Kapitel 10

185 Fröhlich, Elke (Hg.): Die Tagebücher von Joseph Goebbels, Tagebucheintrag vom 15. April 1944, Vgl. hierzu auch Longerich, Peter: Joseph Goebbels, S. 619.

186 Vgl. Malanowski, Wolfgang: »Schluss mit dem Krieg, Ihr Idioten«, in: *Der Spiegel*, 22/1994, S. 117.

187 Vgl. Rommel, Manfred: 1944 – Das Jahr der Entscheidung, S. 98.

188 Brief von Hans-Joachim Hirche (ehemaliger FHW-Mitarbeiter) vom 5.7.1985, im Privatbesitz von Adelheid Barbara Döll, geb. Freiin von Roenne (Tochter von Alexis Freiherr von Roenne).

189 Vgl. Eidesstattliche Versicherung von Maria Hofmann (ehemalige FHW-Mitarbeiterin) vom 18.5.1982, im Privatbesitz von Adelheid Barbara Döll.

190 Interview des Autors mit Gerd von Rundstedt (Enkel von Generalfeldmarschall Gerd von Rundstedt) am 8.8.2012.

191 Rommel, Manfred: 1944 – Das Jahr der Entscheidung, S. 91.

192 Zitiert nach: Holt, Thaddeus: The Deceivers, pp. 565–566.

193 Vgl. Howard, Michael: British Intelligence in the Second World War, p. 115.

194 Zitiert nach: Breuer, William, B.: Hoodwinking Hitler, p. 189 und p. 249. Breuer verweist darauf, dass in der Dwight David Eisenhower Bibliothek in Abilene/Kansas insgesamt 56 ver-

schiedene Versionen von General Eisenhowers Befehl zur Landung vermerkt sind.

195 Vgl. Ahlers, Conrad: Ich würfelte mit dem Schicksal – Dwight D. Eisenhower und die Invasion am 6. Juni 1944, in: *Der Spiegel*, 23/1964, S. 63.

196 Ryan, Cornelius: The longest day, pp. 81–82.

197 Vgl. Wiegrefe, Klaus: Sieg um jeden Preis, in: *Der Spiegel*, 23/2004, S. 68.

198 Vgl. Delmer, Sefton: The Counterfeit Spy, p. 175.

199 Vgl. Beevor, Antony: D-Day, S. 63.

200 Vgl. Wieviorka, Olivier: Normandy, p. 186.

201 West, Nigel/Pujol, Joan: Operation Garbo, p. 168.

202 Vgl. West, Nigel/Pujol, Joan: a.a.O., p. 224.

203 Vgl. Wieviorka, Olivier: Normandy, p. 200.

204 Vgl. Kurze Feindbeurteilung West – Anlage zu Lagebericht West vom 6.6.1944, in: Bundesarchiv – Militärarchiv Freiburg, Signatur: 67/851.

205 Zitiert nach: Wiegrefe, Klaus: Sieg um jeden Preis, in: *Der Spiegel*, 23/2004, S. 53.

206 Lagebeurteilung West (LBW) 1288 vom 6.6.1944, Imperial War Museum, London, MI 14–499. Vgl. auch Holt, Thaddeus: The Deceivers, pp. 582f.

207 Meldung von London nach Madrid um 6:01 Uhr und um 21:47 Uhr am 7.6.1944, TNA, KV2/42.

208 Meldung von Madrid nach London um 0:12 Uhr am 8.6.1944, TNA KV2/42. (Hinweis des Autors: In der Akte steht der 7.6.1944, es muss aber der 8.6.1944 gewesen sein.)

209 Vgl. Howard, Michael: British Intelligence in the Second World War, p. 187.

210 Holt, Thaddeus: The Deceivers, p. 579.

211 Vgl. Hesketh, Roger: Fortitude, p. 202.

212 Harris, Tomás: Garbo, p. 205.

213 Meldung von Madrid nach Berlin am 9.6.1944 um 10:50 Uhr (GMT), TNA KV 2/42. Das deutschsprachige Original der von den Engländern abgefangenen und transkribierten Meldung mit einigen Rechtschreib- und Grammatikfehlern befindet sich im Archiv von Bletchley Park. Das Original wurde erst 2010 im Archiv entdeckt und veröffentlicht und ist im Bildteil dieses Buches abgedruckt.

214 Faksimile der Originalmeldung in: Hesketh, Roger: Fortitude, p. XXIII (Introduction).

215 Vgl. Barbier, Mary: D-Day Deception, p. 167.

216 Zitiert nach: Malanowski, Wolfgang: »Schluss mit dem Krieg, Ihr Idioten«, in: *Der Spiegel*, 22/1994, S. 187.

217 Zitiert nach: Hesketh, Roger: Fortitude, p. 202.

218 Zitiert nach: Hesketh, Roger: a. a. O., p. 210.

219 Zitiert nach: Howard, Michael: British Intelligence in the Second World War, p. 235.

220 Vgl. Meldung vom 11. 6. 1944 von Berlin nach Madrid um 11:42 Uhr (GMT), KV2/42.

221 Levine, Joshua: Operation Fortitude, p. 287.

222 Vgl. Holt, Thaddeus: The Deceivers, p. 584.

223 Zitiert nach: Miller, Russell: Codename Tricycle, p. 241.

Kapitel 11

224 Vgl. Website: www.flyingbombsandrockets.com, Artikel: »The first V1 to hit London« und: Jonason, Tommy/Olsson, Simon: Agent Tate, pp. 168 f.

225 Vgl. Harris, Tomás: Garbo, p. 248.

226 Vgl. Destremau, Christian: Opération Garbo, p. 204.

227 Meldung von Madrid nach Berlin um 14:09 Uhr (GMT) am 17. 6. 1944, TNA KV2/42.

228 Meldung von London nach Madrid um 20:40 Uhr (GMT) am 18. 6. 1944, TNA KV2/42.

229 Brief vom 22. 6. 1944, TNA KV 2/69.

230 Meldung vom 14. 7. 1944 von London nach Madrid, TNA KV2/69.

231 Meldung von Madrid nach London um 20:50 Uhr (GMT) am 29. 7. 1944, TNA KV2/42.

232 Meldung von London nach Madrid um 19:06 Uhr (GMT) am 31. 7. 1944, TNA KV2/42.

233 Brief Nummer 25, vom 12. 8. 1944, TNA KV2/69.

234 Vgl. Andrew, Christopher: MI5, S. 315.

235 Vgl. »Bericht über den 8. Abschnitt des Prozesses gegen die Verräter- und Verschwörerclique des 20. Juli 1944 vor dem Volksgerichtshof am 19. und 20. September 1944«, in: Bundesarchiv Berlin-Lichterfelde, Akz.: RY 1/I 2/3, Nr. 151.

236 »Bericht über den Prozess gegen die Verräter- und Verschwö-

rerclique vor dem Volksgerichtshof am 5. Oktober 1944«, in: Bundesarchiv Berlin-Lichterfelde, Akz.: RY 1/I 2/3, Nr. 151.

237 Brief von Hans Otto Behrendt (ehemaliger Mitarbeiter der FHW) vom Januar 1986, im Privatbesitz von Adelheid Barbara Döll, geb. Freiin von Roenne (Tochter von Alexis von Roenne).

238 Interview des Autors mit Adelheid Barbara Döll am 6. 9. 2012.

239 Zitiert nach: Eidesstattliche Erklärung von Theodor Baron von der Osten-Sacken vom 6. 7. 1984, im Privatbesitz von Adelheid Barbara Döll.

240 Vgl. Levine, Joshua: Operation Fortitude, pp. 295 – 296.

241 Talty, Stephan: Agent Garbo, p. 226.

242 Zitiert nach: Harris, Tomás: Garbo, p. 264.

243 Vgl. Harris, Tomás: a. a. O., p. 271.

244 Vermerk über ein Gespräch mit Viktor von Schweinitz (Mitarbeiter von FHW), geführt am 21. 5. 1985 in Essen, im Privatbesitz von Adelheid Barbara Döll.

245 Kassiber von Alexis von Roenne vom 1. 10. 1944, im Privatbesitz von Adelheid Barbara Döll. Die Kassiber von Alexis von Roenne sind samt Transkriptionen in der Dauerausstellung des Militärhistorischen Museums in Dresden zu sehen.

246 Abschrift des Abschiedsbriefs von Alexis Freiherr von Roenne vom 11. 10. 1944, in: Brief von Hermann Freiherr von Roenne, in: Bundesarchiv Berlin-Lichterfelde RY 1/I 2/3, Nr. 150.

247 Einige britische und US-amerikanische Historiker vermuten noch einen anderen Grund: Von Roenne habe die Zahlen über die feindlichen Armeegrößen fast verdoppelt, weil er wusste, dass der SD sie noch halbieren würde, bevor sie Hitler gezeigt wurden. Problematisch an dieser Deutung ist, dass Roenne nicht für den SD arbeitete, sondern direkt für den Wehrmachtsführungsstab. Seine Analysen wurden also nicht vom SD kontrolliert. Vgl. hierzu besonders Howard, Michael: British Intelligence in the Second World War, p. 51.

248 Vgl. Brief von Hans-Joachim Hirche (ehemaliger FHW-Mitarbeiter) vom 5. 7. 1985, im Privatbesitz von Adelheid Barbara Döll.

249 Brief vom 4. 12. 1944, TNA KV 2/70.

250 Vgl. West, Nigel/Pujol, Joan: Operation Garbo, p. 226.

Kapitel 12

251 Zitiert nach: Andrew, Christopher: MI5, S. 322.

252 West, Nigel/Pujol, Joan: Operation Garbo, p. 227.

253 Die gesammelte Korrespondenz ›Garbos‹ in britischen Archiven umfasst mehr als 50 Bände.

254 Harris, Tomás: Garbo, p. 280.

255 Ebenda sowie West, Nigel/Pujol, Joan: Operation Garbo, p. 221.

256 Tagebucheintrag von Guy Liddell vom 23.4.1945, in: West, Nigel (Ed.): The Guy Liddell Diaries, Volume II, p. 287.

257 West, Nigel/Pujol, Joan: Operation Garbo, p. 228.

258 Zitiert nach: Bristow, Desmond: A Game of Moles, p. 274.

259 Tagebucheintrag von Guy Liddell vom 13.4.1945, in: West, Nigel (Ed.): The Guy Liddell Diaries, Volume II, p. 284.

260 Vgl. Tagebucheintrag von Guy Liddell vom 25.5.1944, in: West, Nigel (Ed.): a.a.O., p. 296.

261 West, Nigel/Pujol, Joan: Operation Garbo, p. 227.

262 Vgl. Notiz von Tomás Harris vom 28.8.1945, TNA KV2/101.

263 Vgl. Harris, Tomás: Garbo, pp. 283–285.

264 Zusammenfassung des Gesprächs mit ›Federico‹ vom 10.11.1945, TNA KV2/102.

265 Vgl. Zusammenfassung des Gesprächs mit ›Carlos‹ vom 10.11.1945, TNA KV2/102.

266 Vgl. Harris, Tomás: Garbo, p. 287.

267 Vgl. Harris, Tomás: a.a.O., p. 288.

268 Notiz von Tomás Harris vom 9.11.1945, TNA KV2/102,

269 Vgl. SIS Report No. 5108 vom 2.11.1945, TNA KV2/102.

270 Ebenda.

271 Brief von Tomás Harris vom 1.11.1945, TNA KV2/102.

272 Undatiertes Telegramm nach Madrid, TNA KV2/102.

273 Brief von ›Tar‹ Robertson vom 19.12.1946, TNA KV2/102.

274 Interview des Autors mit Edgar Kühlenthal am 24.10.2012.

275 Ebenda.

276 Vgl. Harris, Tomás: Garbo, p. 336.

277 Zitiert nach: »The Spy Who Saved Europe«, *Mail on Sunday,* 3.6.1984.

278 West, Nigel/Pujol, Joan: Operation Garbo, p. 227.

279 Vgl. Brief von Tomás Harris vom 1.11.1945, TNA KV2/102.

280 Vgl. Talty, Stephan: Agent Garbo, pp. 235–236.

281 West, Nigel/Pujol, Joan: Operation Garbo, p. 231.

282 Vgl. Talty, Stephan: Agent Garbo, p. 236.
283 Vgl. Brief von Joan Pujol Garcia an Tomás Harris vom 23.6.1948, TNA KV2/101.
284 Vgl. Rivera de la Cruz, Marta: Una espía con mucho Garbo, in: El País, 11.12.2009.
285 Vgl. Talty, Stephan: Agent Garbo, p. 242.
286 Vgl. Talty, Stephan: a.a.O., p. 238.
287 Vgl. Rivera de la Cruz, Marta: Una espía con mucho Garbo, in: El País, 11.12.2009.
288 Vgl. Levine, Joshua: Operation Fortitude, p. 303.

Kapitel 13
289 Interview des Autors mit Nigel West am 25.7.2012.
290 Vgl. Brief von Friedrich Knappe-Rathey an Ramon González Abogado vom 2.5.1948, TNA KV2/101.
291 Vgl. Juárez, Javier: Juan Pujol, pág. 35.
292 Interview des Autors mit Nigel West am 25.7.2012.
293 Rivera de la Cruz, Marta: Una espía con mucho Garbo, in: El País, 11.12.2009.

Epilog
294 Vgl. Bristow, Desmond: A Game of Moles, pp. 278–279.
295 Vgl. Masterman, John, C.: On the Chariot Wheel, S. 219.
296 Vgl. Juárez, Javier: Juan Pujol, pág. 118.
297 Interview des Autors mit Edgar Kühlenthal am 24.10.2012.
298 Vgl. Smyth, Denis, »Our Man in Havana, Their Man in Madrid«, pp. 117–135. Darüber, ob nur Joan Pujol Garcia das Vorbild für Greenes Hauptfigur Wormold war, wird weiter heftig diskutiert. Als ein anderes real existierendes Vorbild für Greene wird auch immer wieder Peter Edmund James Leslie genannt. Leslie war 1931 zum britischen Vizekonsul im estnischen Tallinn ernannt worden.

Bildnachweis

Adelheid Barbara Doell: Abb. 16, 18
Bletchley Park Ltd.: Abb. 10, 21 (Crown, by permission of Direktor, GCHQ)
Edgar Kuehlenthal: Abb. 15
Familienarchiv Knappe: Abb. 17 (aus: Javier Juárez, Juan Pujol, el espia que derrotó a Hitler)
Getty Images: Abb. 9
NPR Berlin / Tamara Kreisler: Abb. 1
The National Archives, Kew: Abb. 11, 12, 13, 14
Ullstein Bild: Abb. 6, 7, 8, 19, 20, 22, 23, 24, 25

Namenregister

Verwandte / Nachkommen